Klaus Freckmann

Die Mosel

Ein Kunstreiseführer

Michael Imhof Verlag

Alken mit der Burg Thurant

Für Heinz Bölling
(1935–2003)

Abbildungsnachweis

Alle Abbildungen von Klaus Freckmann und Michael Imhof mit Ausnahme von:

D. B. Steinicke, Wittlich: Titelbild u. S. 6

Staatsbibliothek Berlin: S. 16/17.

Landesvermessungsamt Rheinland-Pfalz, Koblenz: S. 19 u. 73 oben.

Domaine Henri Ruppert, Schengen (Lux.): S. 40 unten.

Gemeindeverwaltung Perl (Tourismus u. Kulturförderung): S. 40 oben rechts.

Volkskunde- und Freilichtmuseum Roscheider Hof, Konz: S. 44 unten.

K. Freckmann, Bürgerhaus Trier, 1984 (S. 69 u. 126): S. 58 oben u. unten links.

„Stift Kloster Machern" AG: S. 63 oben.

Tourist-Information, Kröv: S. 64, 66 oben.

Mittelmosel-Museum, Traben-Trarbach: S. 70.

Rheinland-Pfälzisches Landeshauptarchiv, Koblenz: S. 79 unten.

Restaurierung F. Lawen, Briedel: S. 91 unten links, 102 links in der Mitte.

Verkehrsamt Ediger-Eller/W. Wolpert: S. 98 unten.

P. J. Herudek, Senheim: S. 103 unten links.

Kunstdenkmäler von Rheinland-Pfalz, Landkreis Cochem, 1959 (1. Bd., S. 320f., 366, 115): S. 105 links, 110 links, 113 rechts.

M. Neufelder (Archiv Dr. Willicks, Karden): S. 123 unten.

Prof. Dr. G. U. Großmann, Nürnberg: S. 126, 133 unten.

Service historique de la défense/Département armée de Terre, Château de Vincennes: S. 137.

G. Steinle, Trier: S. 152, 156 unten rechts, 167, 175 oben.

Rheinisches Landesmuseum Trier (Th. Zühmer): S. 157 Mitte.

Zahn, Trier, 1976 (S. 33): S. 158 oben.

© OpenStreetMap contributors; www.openstreetmap.org; geändert durch Michael Imhof Verlag: S. 28, 31, 35 oben, 38, 46 oben, 62, 89 oben links, 120, 139, 148, 182/183, 189.

Abbildung Umschlag vorne: Moselschleife bei Bremm mit der Klosterruine Stuben (Foto: D. B. Steinicke, Wittlich)
Abbildung Umschlag hinten: Metz, „Temple Protestant" (Foto: Klaus Freckmann)

© 2012 Michael Imhof Verlag GmbH & Co. KG
Stettiner Straße 25 · 36100 Petersberg
Tel.: 0661-9628286 · Fax: 0661-63686
www.imhof-verlag.de · info@imhof-verlag.de

Reproduktion und Gestaltung: Michael Imhof Verlag
Druck: B.o.s.s Druck und Medien GmbH, Goch

Printed in EU

ISBN 978-3-86568-082-2

Inhalt

Die Landschaft

Die *Mosella*, die Tochter des Rheins, gliedert sich nach üblichem deutschem Verständnis in den oberen Flusslauf – die Region westlich von Trier –, den mittleren, der sich je Definition bis Briedel oder Cochem erstreckt, und in die Untermosel, die in Koblenz in den Rhein mündet. Diese Sicht ist allerdings geographisch nicht korrekt, denn sie lässt außer Acht, dass *la Moselle* französischen Ursprungs ist, zirka 314 ihrer insgesamt 545 oder 550 km (je nach Zählweise) durch Frankreich fließt und zudem als *Musel* luxemburgische Züge besitzt. So ist die einst von Magnus Ausonius im letzten Drittel des vierten nachchristlichen Jh. besungene Mosella eine übernationale Erscheinung. In ihrem 715 m hoch gelegenen Quellgebiet am *Col de Bussang* in den *Hohen* oder *Oberen Vogesen*, dem Département Vosges, sieht man sich einem Gebirgsflüsschen gegenüber, das Wald- und Wiesenlandschaften durchfließt und in *Remiremont* sein erstes städtisches Zentrum erreicht. Dem Lauf folgend gelangt man nach etwa 30 km nach *Épinal* und nach weiteren 90 oder 115 Straßen- oder Autobahnkilometern nach *Toul*, Mittelpunkt des Weinbaugebietes Côtes de Toul, für das besonders ein heller, aus der Gamay-Traube gekelterter Rosé – *le vin gris* – charakteristisch ist. Toul ist nach Nancy und Lunéville die drittgrößte Stadt des Départements Meurthe-et-Moselle, das als ein Zentrum von Mirabellenkulturen gilt und dem Lothringen den Titel *Land der Mirabellen* verdankt. Die *Meurthe*, ebenfalls ein Gebirgsgewässer der Vo-

gesen, mündet unmittelbar nördlich von Nancy in die Mosel. Von dort sind es bis *Pont-à-Mousson* 20 km und weitere zwanzig bis *Metz*, dem Verwaltungssitz des Départements Moselle. Reizende Partien einer Flusslandschaft wechseln mit Industriekomplexen, welche die große Montangeschichte Lothringens, insbesondere an *Orne* und *Fentsch*, bezeugen. Sie münden bei Richemont und Florange in die Mosel. In *Uckange*, moselabwärts von Metz, ist ein fossiles Hochofenaggregat museal zu besichtigen. Es folgt in diesem weiter gewordenen Moseltal die Grenzstadt *Thionville* (Diedenhofen); und hinter ihr wird in Richtung der französisch-deutsch-luxemburgischen Grenze der Atomreaktor von *Cattenom* sichtbar. Mit *Sierck-les-Bains* hat man diese Industrieregion hinter sich gelassen, und die Hügel der Muschelkalkhochfläche des Mosel-Saar-Gaues zwischen *Perl* und *Konz* wie die des luxemburgi-

schen Gutlandes säumen den Fluss. Der landschaftliche Eindruck wird von Wald, Feld und Weinbergen bestimmt, und das ändert sich nicht bis *Trier*, dessen Tallage die Berge des Hunsrücks im Süden und Südosten sowie die der Eifel im Norden begleiten. Ab *Schweich* – 13 Straßenkilometer von Trier entfernt – verengt sich das Moseltal und behält bis Koblenz, beispielsweise in der Gegend des so genannten *Zeller Hamms* oder des *Cochemer Krampens*, seinen Charakter der „romantischen" Mosella. Es sind die entlang des Flusses liegenden Fachwerkdörfer und Städtchen mit ihren spitzen Kirchtürmen und den sich auf manchen Bergvorsprüngen erhebenden Burgen oder Ruinen, die den unverwechselbaren Charakter des sich schlängelnden Flussbandes ausmachen und die auch das touristische Bild dieser Landschaft bestimmen. Die Eindrücke sind häufig idyllisch. Gleichwohl bleibt festzustellen, dass sich die jüngere Architektur mit der tradierten nicht immer glücklich verbindet. Man kann solche weniger gelungenen Nachbarschaften fotografisch ausblenden, indem man den Fokus nur auf das Attraktive richtet. Damit wird selbstverständlich die Realität nicht aufgehoben. Erfreulicherweise haben sich einige Winzer entgegen diesem Trend eines häufig banal-folkloristischen baulichen Verschnitts zur Moderne entschlossen und ihre Betriebe architektonisch entsprechend gestaltet. Hervorhebenswert sind solche Weingüter vor allem an der luxemburgischen *Route du Vin*, so in Schengen, Stadtbredimus-Hёttermillen, in Machtum oder Ahn. Es zeigt sich, dass dem Weinbau ein neuzeitliches Gesicht gut steht.

Kaum bemerkt von der Öffentlichkeit vollzieht sich ein struktureller, wirtschaftlich bedingter Wandel, der auch die Physiognomie dieser Kulturlandschaft ändert. Nicht nur von der Natur wenig begünstigte Weinbaulagen, die schattenseitigen Nebenlagen, werden aufgegeben, sondern auch solche, die aufgrund ihrer Boden- und Klimaverhältnisse durchaus attraktiv sind, aber deren Bestellung, sei es wegen ihrer isolierten Lage und der Kleinheit der Fläche, sei es wegen ihrer Steilheit, kaum profitabel sind. Mit Hilfe so genannter Flurbereinigungen versucht man, größere Weinbergsareale zu schaffen, deren Bewirtschaftung rationeller ist. Sinnvoll erweist sich der Einsatz spezieller schmalspuriger Zahnradbahnen, mit denen sich auch höchst gelegene Parzellen anfahren lassen. Sie können auf diese Art im Verbund unter Beibehaltung ihrer traditionellen Größe und der sie stützenden oder umfassenden Trockenmauern bestellt werden. Somit entfallen im Gegensatz zur Flurbereinigung Eingriffe in das Landschaftsbild. Fazit ist, dass die Winzer unter einem enormen Kostendruck stehen. Reine wirtschaftliche Zweckmäßigkeit war bereits vor Jahrzehnten das Argument, den Weinbau bis in die flache Uferzone der Mosel zu verlegen. Die dort gepflanzten Reben – aufgrund ihres großen Ertrags „Massenträger" genannt – können indes qualitativ-geschmacklich mit dem Riesling nicht mithalten. Seine schiefrigen Steillagen gewähren ihm eine besondere Gunst der Sonneneinstrahlung. Riesling-Wein ist nach wie vor ein Synonym für das Engtal der Mosel unterhalb von Trier, ebenso für die Seitenflüsse Saar und Ruwer. Die zweite bekannte Rebsorte, der Elbling, findet sich vor allem am deutschen Oberlauf der Mosel und an den Hängen der luxemburgischen Seite. Diese regional eng begrenzte Verbreitung hat territoriale Gründe. Im Jahre 1787 verfügte die kurtrierische Regierung den ausschließlichen Anbau der Riesling-Rebe. Das Flusstal oberhalb von Trier wurde von dieser Anordnung nicht berührt, lag es doch weitgehend auf dem Gebiet der habsburgischen Niederlande.

Für die Verbindung von Wirtschaftsgeschichte und Kulturlandschaft ist die Weinbauregion der Mosel ein hervorragendes Beispiel. Die frühesten sichtbaren Zeugnisse des Weinbaues sind die archäologisch ergrabenen Fundamente römischer Kelterbauten, von denen die Anlage bei Piesport die alte Technik besonders anschaulich vorstellt. Dreidimensional erlebbare Wirtschaftsgeschichte stellen die im Mittelalter bis zu den Berghöhen angelegten Weinbergsterrassen dar, als deren steilste Lage der Calmont oberhalb von Edi-

ger-Eller und Bremm gilt. Wanderern mit alpiner Erfahrung oder solchen Ambitionen erschließen sich die dortigen Weinberge als Klettersteig.

Fasziniert von den landschaftlichen Perspektiven, vergisst man leicht, dass der Weinbau letztlich eine Monokultur ist. Er war zwar immer die Lebensgrundlage der Moselaner, sie waren aber auch immer auf den wirtschaftlichen Austausch mit den Nachbarlandschaften angewiesen – mit dem Rheintal und vor allem Köln als Absatzgebiet des Weins sowie mit der Eifel und dem Hunsrück aufgrund der land- und waldwirtschaftlichen Ressourcen. Zu ihnen gehört – es klingt vielleicht trivial – auch der Bezug von Eichenholz, aus dem die Dauben für die Weinfässer gefertigt wurden; und es mussten die Weinbergspfähle beschafft werden, an

Piesport, römische Kelteranlage, rekonstruiert nach archäologischem Befund

dingten Eingriffe. Im 19. Jh. (ab 1876) war es der Eisenbahnbau, der vor allem aus strategischen Erwägungen Frankreich gegenüber – „Kanonenbahn" – forciert wurde. Manches Dorf wird seitdem durch die Trasse mit dem Bahndamm halbiert. Dem Reisenden bietet sich andererseits eine abwechslungsreiche Strecke vor allem zwischen Koblenz und Bullay. Bei Ediger-Eller passiert man mit dem „Kaiser-Wilhelm-Tunnel" von 1877 den längsten Eisenbahntunnel Deutschlands (4 230 m Länge). Im 20. Jh. hat der Autobahnbau der Region zwar eine bessere Anbindung an die Zentren gegeben, zugleich aber auch die Landschaft erheblich beeinträchtigt. Die Moseltalbrücke bei Winningen (A 61) und der im Bau befindliche, höchst umstrittene „Hochmoselübergang" zwischen Zeltingen-Rachtig und Ürzig (B 50) sind hierfür Beispiele. Beide Brücken führen mit 136 m und zirka 160 m in Schwindel erregenden Höhen über das Moseltal. Allerdings hat man von einigen Aussichtspunkten neben den Rastplätzen

die Reben angebunden werden. In den Steillagen werden solche hölzernen Stickel noch heute größtenteils verwendet. In den flacheren Lagen ist diese so genannte Stockziehung mittlerweile durch Drahtrahmen ersetzt worden, die auch den Einsatz von Vollerntemaschinen erlauben. Die Traubenlese per Hand ist wie früher üblich den Steillagen mit ihren exzellenten Gewächsen eine Selbstverständlichkeit.

Gravierender als die Änderungen im Landschaftsbild, die aufgrund technischer Neuerungen im Weinbau verursacht werden, sind die verkehrsbe-

großartige Ausblicke in die Flusslandschaft. Dies gilt auch für die „Mehringer Höhe" an der Autobahn Saarbrücken – Trier (A 1, E 422).

Einen erheblichen Eingriff in den Flusslauf stellt auch die als politisches Zugeständnis für die Rückgliederung des Saarlandes an Deutschland durchgeführte Moselkanalisation zwischen Thionville und Koblenz dar, deren erste Phase zwischen 1958 und 1964 durchgeführt wurde. Mit Hilfe von 12 Staustufen wird ab der französischen Grenze ein Höhenunterschied von etwa 150 m zu 59 m an der Mündung in den Rhein überwunden. Da die Fahrrinne und die Schleusen für die heutige Schifffahrt nicht mehr ausreichen, werden sie – der zweite Schritt des Ausbaues – auf entsprechende neue Kapazitäten vergrößert. Vor allem geht es um die Erweiterung der Schleusen mit einer zweiten Kammer. So befindet sich einiges im Wandel; und aus den „fröhlichen Fluten der friedlichen Mosel", der einst Ausonius mit seinem Gedicht *Mosella* (verfasst 371 n. Chr.) ein poetisches Denkmal gesetzt hat, sind weitgehend glatte, von Staumauern zurückgehaltene Wasserflächen geworden.

Blick vom Petersberg bei Neef/ St. Aldegund auf die Staustufe, im Hintergrund Alf

Staustufe bei St. Aldegund mit der alten Parrkirche St. Bartholomäus

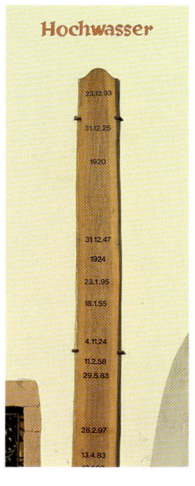

Siedlung. Zu Füßen dieses heutigen Aussichtspunktes sieht man sowohl flussaufwärts wie flussabwärts jeweils die Mosel und das Dorf Pünderich auf der einen Seite sowie die Umgebung von Bullay und Alf auf der anderen. Panoramen ähnlichen Weitblickes gewähren die beidseitig der Mosel verlaufenden Höhenwanderwege an etlichen Stellen. Es offenbaren sich zugleich die Urgewalt eines Flusses, der sich seinen Weg durch ein Gebirge gebahnt hat, und der Charme einer Landschaft mit ihren abwechslungsreichen Panoramen.

Die Mosel ist nicht nur der liebliche Fluss, wie man sie gerne sieht; sie verbreitet mit ihrem gelegentlich schnell steigenden Hochwasser auch Schrecken. Über Generationen vermerkte Wasserstandsmarkierungen an etlichen Häusern der nahe am Fluss gelegenen Dörfer bezeichnen die unwahrscheinlichen Höhen, welche diese Überschwemmungen erreichen können.

Manchmal gibt sich die Mosel auch geheimnisvoll, besonders im Frühjahr und Herbst. In diesen Zeiten hält sich im Flusstal öfters sehr lang der Morgennebel, während über den beidseitigen Bergen bereits die Sonne scheint. Von einem erhöhten Standort aus betrachtet, sieht man das Moseltal wie von einem langen hellen Tuch überdeckt, das die untere von der oberen Welt trennt. „Wallende Nebel erfüllen dann alles verschleiernd die Tiefe", so hat Ludwig Mathar dieses Szenario in seinem romanhaften Loblied auf „Die Mosel" formuliert (1924). Die Flusslandschaft Mosel kennt weder in ihrem französischen noch in ihrem deutschen Teil ein städtisches Zentrum, das für den jeweiligen Bereich in seiner Gänze wirtschaftlich

Trotz allem, die geomorphischen Grundzüge der Mosel sind geblieben und nach wie vor ihr größter landschaftlicher Reiz, insbesondere ihr kurvenreicher Verlauf, bei dem man manchmal den Eindruck hat, sie verlaufe nach einer Biegung entgegengesetzt zu ihrer eigentlichen Richtung. Im Tal, beispielsweise auf der Strecke Pünderich – Zell – Alf – Bullay, irritiert die Schlingenbewegung des Flusses vollends. Von Pünderich bis Bullay zieht sich die Bundesstraße (B 53) ungefähr 12,5 km hin, und als Autofahrer hat man den Eindruck, man bewege sich kontinuierlich nach Nordosten. Tatsächlich beschreibt der Fluss aber einen Kurs, der zunächst von Nordost nach Südwest schwenkt und erst danach wieder den gewohnten Verlauf aufnimmt. Diese Situation verdeutlicht sich aus der Vogelperspektive, und zwar am besten von der Marienburg aus, die im Mittelalter als Kloster auf dem schmalen, zwischen Pünderich und Zell/Alf gelegenen Bergsattel errichtet und im frühen 16. Jh. zu einer kurtrierischen befestigten Anlage umgebaut wurde. Schon in spätrömischer Zeit befand sich hier eine

wie kulturell kompetent ist. In Lothringen wird Metz wohl derartigen Ansprüchen für den Raum Toul bis Thionville gerecht. Dem unweit von Metz gelegenen Nancy kommt aber die zentrale Funktion für ganz Lothringen zu, die bis in die Vogesen mit dem Oberlauf der Mosel ausstrahlt. Im Großherzogtum Luxemburg, dessen östliche Grenze die Mosel bildet, sind Remich und Grevenmacher die bedeutendsten Mosel-Städte. Aus Sicht des Landes ist ihre Situation peripher; ihre Orientierung richtet sich selbstverständlich zur Hauptstadt. Oberzentren an der deutschen Mosel sind Trier und Koblenz, die auch für die Landstriche der benachbarten Mittelgebirge starke Anziehungskraft besitzen. Sie verebbt allerdings, je weiter man sich von ihnen weg in die Region der deutschen Mittelmosel begibt. Am Flusslauf zwischen Trier und Koblenz – immerhin eine Strecke von zirka 185 km,

über die Autobahn (A 1; E 44) dagegen nur 128 km – finden sich neben einer großen Zahl an Dörfern auch einige Kleinstädte, von denen Bernkastel-Kues und Cochem besondere Magnete des Fremdenverkehrs darstellen.

In Koblenz, an der Mündung der Mosel in den Rhein, wird dem Mosel-Reisenden die nationale Bedeutung des

Blick vom Laurentiusberg ins Moseltal Richtung Neumagen mit den charakteristischen frühmorgendlichen Nebelschwaden im Frühjahr und Herbst

Flusses nochmals bewusst, wenn er sich am so genannten Deutschen Eck mit dem martialischen Reiterdenkmal konfrontiert sieht, das an Kaiser Wilhelm I. erinnert. Das Monument wurde 1897 errichtet, 1945 größtenteils zerstört und entstand 1993 als Kopie erneut. Der Name dieser Lokalität rührt jedoch von der dortigen Ballei des Deutschen Ordens her und wurde im späten 19. Jh. zu einem Begriff des deutschen Nationalismus. Er reklamierte die Mosel für sich – diesen europäischen Fluss, der auf seinem langen Weg von den Vogesen bis an den Rhein doch so viele landschaftliche wie auch kulturhistorische Facetten bietet. Das Koblenzer Deutschherrenhaus beherbergt seit 1993 das „Museum Ludwig", das sich vorzugsweise der Vermittlung französischer Kunst des 20. Jh. widmet.

Koblenz, Deutsches Eck, Denkmal Kaiser Wilhelms I. (Erste Errichtung 1897)

Die territoriale und politische Geschichte

Die Territorialgeschichte der Moselregion nimmt ab dem ersten vorchristlichen Jh. genauere Konturen an, nachdem Cäsar Gallien dem Römischen Reich einverleibt hatte. Der größte Teil des Gebietes gehörte seitdem der Provinz Gallia Belgica an, während die Untermosel in ihrem Mündungsbereich Germania Inferior zugerechnet wurde. Unter den auf die Römer zurückgehenden Städten verdient *Augusta Treverorum* besondere Beachtung – ein Name, der auf Kaiser Augustus und die keltischen Treveri hinweist und der im heutigen *Trier* wie im französischen *Trèves* fortlebt. Schon bis Mitte des ersten nachchristlichen Jh. hatte sich diese Gründung aus den Jahren um 15 n. Chr. zu einem bedeutenden Verwaltungs- und Kulturzentrum entwickelt, das 268 zur Hauptstadt Galliens erhoben wurde und unter den Kaisern Diokletian und Konstantin eine solche Funktion für das gesamte römische Westreich wahrnahm. Trier konnte diese Vorrangstellung bis Ende des 4. Jh. behaupten. Anfang des 5. Jh. wurde die Stadt mehrfach von Germanen und Hunnen eingenommen und geplündert und ging schließlich um 480 im Frankenreich auf.

Die Rolle des mittlerweile stark entvölkerten Trier nahm im 6./7. Jh. Metz ein, das Hauptstadt des fränkisch-merowingischen Königreichs Austrasien wurde. Gleichwohl verblieb Trier unter den Karolingern Sitz eines Erzbischofs mit den zugeordneten Diözesen oder Suffraganen Metz, Toul und Verdun. Unter den Nachfolgern Ludwigs des Frommen gehörte die Mosellandschaft dem Mittelreich, *Francia Media*, an, und nach dem Vertrag von Meersen, 870, bildete sie als Lotharingien den westlichen Bereich des Ostfränkischen Reichs, das nun von der mittleren Mosel begrenzt wurde. Etwa bis in diese Zeit, das heißt bis in die Jahre um 900, lassen sich die Anfänge der weltlichen Hoheitsrechte der Erzbischöfe von Trier verfolgen. Aus Schenkungen der Könige und anderer Großer entwickelte sich ein Territorium, das als Kurfürstentum Trier, so genannt ab dem 12./13. Jh., bis ungefähr 1800 bestand. Diese lange während Existenz ist durchaus erstaunlich, wenn man bedenkt, um welch fragiles staatliches Gebilde es sich bei Kurtrier mit endlos sich hinziehenden Grenzen und den zahlreichen Einsprengseln etlicher Herrschaften in das Kerngebiet handelte. Von einem Flächenstaat mit zentraler Struktur konnte naturgemäß keine Rede sein. Erschwert wurde die Verwaltung noch durch die beidseitige Lage an der Mosel, deren Ufer nur in Trier und Koblenz mit Brücken verbunden waren. Den West-Ost- oder Süd-Nord-Verkehr gewährleisteten Fähren.

Das faktische Ende der geistlich-fürstlichen Souveränität bedeutete Triers Einnahme durch französische Revolutionstruppen im Jahre 1794. Einige Zeit später wurden die westlich des Rheins gelegenen Gebiete, und damit auch das ehemalige Kurtrier, von Frankreich annektiert. Der Friede von Lunéville, 1801, bestätigte diesen Zustand völkerrechtlich. Trier sank zum Sitz der Präfektur des *Département de la Sarre* hinab und Koblenz zu dem des *Département de Rhin-et-Moselle*. Mit dem Sturz Napoleons nach der Schlacht bei Waterloo/Belle-Alliance, 1815, war diese französische Ära beendet; und auf dem Wiener Kongress wurde das linke Rheinland Preußen zugesprochen, das aus ihm die Rheinprovinz bildete. Eine ihrer Nachfolgerinnen ist das 1946 gegründete Bundesland Rheinland-Pfalz. Die kurtrierische Vergangenheit lebt heute noch sichtbar in manchen Gebäuden fort, so vor allem im ehemaligen Kurfürstlichen Palais in Trier selbst, das aufgrund seiner Angliederung an den mächtigen Ziegelbau der Basilika aus dem frühen vierten Jh. die enge Verbundenheit mit der römischen Epoche vor Augen führt. Das zweite erhaltene kurtrierische Schloss befindet sich in Koblenz, der eigentlichen Residenz des Kurstaates seit dem späten 17. Jh. Stellt das Trierer Palais den Höhepunkt des moselländischen Barock dar, so ist der Koblenzer Bau das bedeutendste Beispiel des rheinischen frühen Klassizismus. Errichtet ab 1777 unter dem letzten Kurfürsten nach Plänen des französischen Architekten *Pierre Michel d'Ixnard*, wurde es schon bald Opfer der französischen Revolutionsarmee, die es in eine Kaserne umwandelte.

Ein ebenso fragiles Gebilde wie Kurtrier war das Herzogtum Lothringen, das sich nie zu einem in sich geschlossenen Flächenstaat entwickeln konnte. Es musste sich gegen die Ansprüche des Königreichs Frankreich und des Herzogtums Burgund behaupten, was mit dem Sieg über Karl den Kühnen, 1477, knapp gelang. Es musste die starken Freien Reichsstädte Metz, Toul und Ver-

dun sowie die dortigen Bischöfe dulden und ebenso die Macht der großen Abteien. Im Jahre 1431 wurden aufgrund der Hochzeit Renés von Anjou – Erbe des Herzogtums Bar – mit Isabella von Lothringen – Erbin des verstorbenen Herzogs von Lothringen – die Länder Bar und Lothringen vereinigt. Zwei Jahre später kam – wieder über

einen Ehevertrag – die Grafschaft Vaudémont dazu, und unter Herzog René II. (1470–1508) – in Personalunion Graf von Vaudémont, Herzog von Lothringen und von Bar – wurde Nancy Hauptstadt, in der das herzogliche Schloss standesgemäß ausgebaut wurde (heute Musée Lorrain). Es folgte unter Herzog Anton (1509–1544) eine

glanzvolle Zeit, nach der allerdings das Herzogtum mehr und mehr in die Abhängigkeit seines großen westlichen Nachbarn geriet.

Kurtrier und die königlich-französische Provinz Lothringen hatten auf der Linie Perl/Mosel – Wellingen – Merzig – im heutigen Saarland gelegen – eine gemeinsame Grenze. Die, aus deutscher Richtung gesehen, erste französische Stadt, Sierck-les-Bains, war zunächst herzoglich-lothringisches Territorium und wurde 1661 der französischen Krone zugeschlagen. Ein weiteres Beispiel für den vor allem zentraleuropäischen Machtkampf, der im 17. Jh. zwischen dem bourbonischen Frankreich und dem zumindest förmlich habsburgisch bestimmten Deutschen Reich ausgetragen wurde, ist das etwa 20 km südwestlich von Sierck gelegene Thionville (Diedenhofen). Es war einst luxemburgisch und zwischen 1462 und 1477 burgundisch, wurde danach habsburgisch und kam nach der Einnahme durch die Franzosen, 1643 und erneut 1657, im Pyrenäen-Frieden (1659) endgültig an Frankreich. Die einstigen Freien Reichsstädte Metz, Toul und Verdun waren bereits 1552 französischer Besitz geworden und bildeten – bestätigt durch den Friedensschluss des Dreißigjährigen Kriegs, 1648 – als die Drei-Bistümer (Trois-Évêchés) eine eigene französische Provinz, die mit ihren vorzugsweise unter Vauban gebauten Festungen gleichzeitig zu einem Bollwerk und Glacis gegenüber dem Herzogtum Lothringen und dem östlichen Nachbarn wurden. Wie hoch Frankreich diese Neuerwerbungen bewertete, zeigen bis auf den heutigen Tag die aus dem späten 17. Jh. stammenden Festungswerke der bastionierten Stadt Toul. Aufgrund seiner Reunionspolitik, die sich auf zweifelhafte dynastische Erbansprüche stützte, sah sich Ludwig XIV. sogar in der Lage, oberhalb von Traben-Trarbach mit dem so genannten Mont-Royal eine Festung auf deutschem Reichsgebiet zu etablieren. Gleiches gilt für Landau. Wurde die gigantische Anlage über der Mosel bereits 1697 gemäß den Bestimmungen des Friedens zu Rijswijk aufgegeben

und die dort geplante Garnison überhaupt nicht realisiert, so lösten sich in der pfälzischen Stadt über Jahrzehnte französische und deutsche Kommandanturen nach der jeweiligen Einnahme ab. Das Schicksal als Grenzregion des gesamten linken Rheinlandes mit der Pfalz ist ebenso symptomatisch wie für den lothringischen Raum, der zwischen 1632 und den letzten Jahren des 17. Jh. immer wieder mit neuen Kriegen, Verwüstungen und damit verbundenen Seuchen überzogen wurde. Am Ende des Jh. war die Bevölkerung des herzoglichen Lothringen um bis zu fünfzig Prozent reduziert. Das um einiges amputierte Fürstentum blieb noch eineindrittel Jh. selbständig. Im Vertrag von Wien, 1735, willigte Herzog Franz Stephan in den Tausch seiner Erbländer Bar und Lothringen mit dem Großherzogtum der Toskana ein. Damit war der Weg für die endgültige Eingliederung aller lothringischen Gebiete in das Königreich Frankreich vorbereitet. Sie fand allerdings erst 1766 nach dem Ableben von Stanislaus Leszczynski statt. Von 1736 an hatte der polnische Exkönig als Stellvertreter seines Schwiegersohns Ludwig XV. die Herrscherwürde in Lothringen wahrgenommen. Seine Residenz war Lunéville und seine Hauptstadt Nancy.

Das Herzogtum Luxemburg – der dritte der wichtigen Mosel-Anrainer – besaß im Mittelalter mit Thionville eine der größeren Mosel-Städte, die allerdings im bereits erwähnten Pyrenäen-Frieden (1659) an Frankreich verloren ging. Luxemburg war damals infolge der burgundisch-habsburgischen Verbindungen ein Teil der Spanischen, ab 1713/14 der Österreichischen Niederlande und befand sich damit innerhalb der andauernden bourbonisch-habsburgischen Auseinandersetzungen in einer direkten Frontlinie. Im Alten Reich erstreckte sich das luxemburgische Territorium auf der Höhe von Grevenmacher – Tawern auch bis auf das rechte Ufer der Mosel. In der napoleonischen Ära war Luxemburg als *Département des Forêts* (Wälder-Departement) wie das ganze linke Rheinland Teil Frankreichs. Der Wiener Kongress stellte bekanntlich die Souveränität der annektierten Gebiete wieder her und konstituierte 1815 das Großherzogtum Luxemburg. Seine südöstliche Grenze wurde mit dem Lauf der Mosel gleichgesetzt.

Die bisher genannten territorialen Verhältnisse von Kurtrier und der Herzogtümer Lothringen und Luxemburg vermitteln nur die großen politischen Züge im Moselraum bis zu den fulminanten Veränderungen, welche die Französische Revolution für die linksrheinischen Landschaften mit sich brachte. Zu berücksichtigen wären etliche Herrschaften, die vor allem im kurtrierischen Umfeld dessen Dominanz beeinträchtigten. So bestand mit Veldenz, Hauptort einer ehemaligen gleichnamigen Grafschaft unweit von Bernkastel, eine kurpfälzische Exklave, die bei Dusemond – 1925 in Brauneberg umgetauft – von den Höhen des Hunsrücks bis über die Mosel reichte. Das Herzogtum Pfalz-Zweibrücken war in Trarbach sowie im benachbarten Traben und damit beidseitig der Mosel präsent und teilte sich mit Kurtrier als Kondominium das so genannte „Kröver Reich". Die Markgrafschaft Baden verfügte über Winningen an der unteren Mosel und stand dort aufgrund der Förderung der protestantischen Konfession im Gegensatz zum katholischen Kurtrier. Gleiches galt für das ebenfalls protestantische Veldenz wie für das Trarbacher Gebiet. Dagegen bestand in

Alken – an der unteren Mosel gelegen – eine gemeinsame Herrschaft von Kurköln und Kurtrier, die sich in der von beiden Herrschaften unterhaltenen Burg Thurant ausdrückt. Sie besitzt entsprechend den territorialen Vorgaben zwei Türme, die das Bild einer der markantesten rheinischen Burganlagen charakterisieren. Wirkt diese über Alken thronende Fortifikation bis auf den heutigen Tag noch ausgesprochen wehrhaft, so sind die Burgruine Metternich und das unter ihr gelegene Beilstein bei Cochem – früherer Sitz der Grafen von Metternich-Winneburg – zu einer besonderen Metapher der Mosel-Romantik geworden. Vielleicht wird ihr Bild aber noch stärker von der Burg Eltz in die Welt getragen, die indes nicht eine der Moselhöhen bekrönt, sondern sich in dem Eifeltal des Baches El(t)z „verbirgt", der bei Moselkern in die Mosel mündet.

Zurück zu Luxemburg und Lothringen: Das seit 1815 selbständige Großherzogtum unterhielt über Jahrzehnte, im 19. Jh., enge Beziehungen zum Deutschen Bund, dem es bis zu dessen Auflösung, 1866, als Mitglied angehörte. In dieser Zeit wurde die Hauptstadt als Festung ausgebaut, die indes nach 1867 geschleift werden musste. Der Deutsch-Französische Krieg von 1870/71, die sich anschließende Gründung des Deutschen Reichs sowie die Annexion der östlichen französischen Provinzen als „Reichsland Elsass-Lothringen" tangierten das Großherzogtum kaum; in den Ersten Weltkrieg war es als besetztes Land aber involviert. Elsass und Lothringen kehrten 1918 nach Frankreich zurück. Im Zweiten Weltkrieg wurden sie erneut eingenommen und sollten dem geplanten Reichsgau Westmark angegliedert werden. Das Großherzogtum erfuhr 1940 eine zweite Aggression seines östlichen Nachbarn und ging in dem Gau Koblenz-Trier, dem späteren Gau Moselland, auf. In den Jahren der Okkupation liefen in allen diesen Ländern Kampagnen der Eindeutschung, die auch eine Neugestaltung der traditionellen Dörfer zum Ziel hatten. Dies galt besonders für Lothringen, das weitgehend der Saarpfalz angeglichen werden sollte. Bemerkenswerterweise kamen dabei aber eher ökonomisch-technisch geprägte Lösungen zum Tragen, die mit Anschauungen des so genannten Heimatschutzes verknüpft waren. Landwirtschaftliche Musterbetriebe wurden Anfang der vierziger Jahre als „Erbhöfe" errichtet. Allerdings war schon kurze Zeit später dieses Programm überholt; denn im September 1944 wurde Luxemburg durch amerikanische Truppen befreit. Für Lothringen war dies etwas später ebenso der Fall.

Symptomatisch für die besondere regionale und strategische Situation der Mosel-Maas-Region ist die Berghöhe zwischen Mars-la-Tour und Vionville im Départemant Moselle – etwa 22 km westlich von Metz, direkt an der Departementstraße D 903. Dort stehen in trauter Nachbarschaft, nur einige hundert Meter voneinander entfernt, zwei Gefallenendenkmäler. Das eine, ein hohes Steinkreuz, hält die Namen der Franzosen fest, die 1870 gefallen sind. Das andere, ein pyramidenartiger Obelisk, ehrt die gefallenen Deutschen. Es lässt sich von einer bemerkenswerten Gedächtniskultur sprechen, und es ist erstaunlich, dass diese Erinnerungsstätten die Widrigkeiten der Zeiten unbeschadet überstanden haben, auch diejenigen des so genannten „Dritten Reichs."

An den Ersten und Zweiten Weltkrieg erinnern zahlreiche Denkmäler, die in Frankreich manchmal in der Gestalt der nationalen Marianne personifiziert sind oder mit dem gallischen Hahn einen symbolischen Ausdruck bekunden. Hin und wieder sind auch Szenarien zu entdecken, die das Kriegsgeschehen in drastisch-realistischer Weise vor Augen führen, beispielsweise in Pagny-sur-Moselle, wo ein Soldat als Beobachtungsposten mit seinem Meldehund dargestellt ist (Abb. S. 33).

Die Geschichte der Region Saarland – Lothringen – Luxemburg, heute abgekürzt *Saar-Lor-Lux*, ist von vielen Gemeinsamkeiten und Brüchen gekennzeichnet. Die territorialhistorischen Kämpfe um die Vormacht im *Bassin Mosellan* oder *Bassin Houiller Mosellan*, des lothringisch-saarländisch-luxemburgischen Industrie- oder Steinkohlereviers, besonders die nationalistischen Ambitionen des 19. und der ersten Hälfte des 20. Jh. haben nicht nur zu politischen, sondern auch zu mentalen Verwerfungen geführt, die bis in die Gegenwart nachwirken. Erfreulicherweise hat man in diesem Dreiländereck in den letzten Jahrzehnten gemeinsame sprachliche Wurzeln wie-

derentdeckt. Im Großherzogtum ist das Lëtzebuergesche die Hochsprache. Dieses moselfränkische Idiom ist eng mit den Dialekten verwandt, wie man sie beispielsweise im Saarland, in der Westpfalz und im Nordosten Lothringens – noch – spricht. Man hört sie gegenwärtig im Zuge regionaler Identität wieder öfters, vor allem bei literarisch-musikalischen Veranstaltungen.

Schließlich ist daran zu erinnern, dass die Moselregion bis auf die wenigen protestantischen Exklaven am mittleren und unteren Flussverlauf angestammtes katholisches Gebiet ist. Diese Zugehörigkeit manifestiert sich auch heute noch im Gemeinschaftsleben. Baulich drückt sich die religiöse Verbundenheit auch in den zahlreichen Kapellen und Flurdenkmälern aus, die oft an markanten landschaftlichen Punkten, etwa auf Berghöhen, errichtet worden sind. Bildstöcke und Wegekreuze barocker Gestaltungsfreude finden sich sowohl an der lothringischen und luxemburgischen als auch an der deutschen Mosel.

Alken,
Burg Thurant

Thematische Reiseempfehlungen
Das Wichtigste kurzgefasst

Die Landschaft

Die Mosellandschaft bietet, gleichgültig ob man sie von der Eifel oder dem Hunsrück aus bereist, zahlreiche Ausblicke aus den verschiedensten Perspektiven. Die Möglichkeiten sind derartig mannigfaltig, dass hier nur einige Beispiele genannt werden können:

- Die so genannte **Panoramastraße** auf der linken Moselseite zwischen **Piesport und Minheim:** von Piesport aus der Serpentinenstrecke Richtung Klausen – Wittlich folgen und etwa auf halber Höhe nach Minheim abbiegen. Die Straße führt am oberen Weinberg entlang.
- Von der **Ürziger Höhe** (linke Moselseite) aus bei Wittlich ein Stück der „Römerstraße" folgen und dann Richtung **Kröv** abbiegen.
- Auf der rechten Moselseite ab **Neef** zum **„Eulenköpfchen"** mit Aussicht auf Bremm und weitere Orte in der Umgebung des Cochemer Krampens. Auf dem Petersberg oberhalb von Neef liegt die **Peterskapelle**, deren Bau einen noch mittelalterlichen Kern hat. Einst befand sich hier eine spätrömische Befestigung.
- Von **Bremm** aus (linke Moselseite) auf dem **Calmont-Höhenweg** (Wanderweg) zum Bahnhof von Ediger-Eller.
- Von **Ediger-Eller** aus (linke Moselseite; Ortsteil Ediger) mit dem PKW der Serpentinenstraße durch die Weinberge zur **Heilig-Kreuz-Kapelle** mit dem Relief „Christus in der Kelter" folgen, dann in Richtung Cochem-Faid (Beginn der Südeifel) weiterfahren und anschließend in Richtung **Cochem** mit Blick auf die Burg.
- Von **Moselkern** aus (linke Moselseite) durch das El(t)zbachtal in Richtung **Burg Eltz**.
- Von **Oberfell** aus (rechte Moselseite) in Richtung Koblenz-Waldesch und im Wald rechts ab zur **Wallfahrtskirche Bleidenberg**, die auf einem Hochplateau liegt. Es beherbergte einst ein keltisches *oppidum*. Wunderbare Aussicht auf die **Burg Thurant** oberhalb von Alken.
- Von **Bruttig-Fankel** aus (rechte Moselseite) über die nächste Hunsrückhöhe in Richtung Treis-Karden mit Blicken auf die Burgen Treis und Wildburg (rechte Moselseite) und später auf **Karden** (linke Moselseite).
- Wanderung vom Hünsrück-Bahnhof Boppard-Buchholz aus (zu erreichen mit der Regionalbahn ab Boppard oder von der Autobahn A 61) durch das **Ehrbachtal,** an der **Burg Ehrenburg** vorbei in Richtung Brodenbach an der Mosel. Besonders im Frühjahr zu empfehlen, wenn die Höhe noch winterlich wirkt und im Moseltal die Baumblüte einsetzt.
- Fahrt oder Wanderung von **Kobern-Gondorf** aus (linke Moselseite; Ortsteil Kobern am bergseitigen Ortsende) in Richtung Mühlental, dann rechts ab und hoch zur **Oberburg und Matthiaskapelle**.

• Die Moselstrecke Metz – Koblenz ist als **Radweg** ausgebaut, insgesamt 311 km. Sehr reizvoll sind Abstecher ins Saartal in Richtung Saarburg, in das Sauertal an der deutsch-luxemburgischen Grenze und in das Liesertal, ab Lieser, danach eifelwärts in Richtung Wittlich und Daun. Diese Trasse benutzt eine ehemalige Bahnstrecke einschließlich der für sie gebauten Viadukte.

Frühe Zeugnisse und Siedlungen

- Wer frühgeschichtliches Leben nachempfinden möchte, kann dies im prähistorischen Zentrum in Darney (**Centre d'Animations de la Préhistoire à Darney**) in der Nähe von Épinal in den Vogesen tun. Der an der Wasserscheide zwischen der Nordsee und dem Mittelmeer gelegene Ort, in dessen Nachbarschaft ein keltisches *oppidum* lag, bezeichnet die Nord-Süd-Passage vom Madon- und Moseltal in Richtung Saônetal. Es handelt sich um eine Art Erlebnispark, in dem man beispielsweise prähistorisches Werkzeug nacharbeiten und sich in der Fertigkeit des Feuerentfachens mit Hilfe eines Feuersteins üben kann und ist daher für Kinder besonders interessant.

- Möchte man detaillierte Kenntnisse einer gallorömischen, stadtähnlichen Siedlung gewinnen, sollte man sich zum luxemburgischen **Titelberg** bei **Pétange** im Dreiländereck Luxemburg-Frankreich-Belgien begeben – erreichbar vom luxemburgischen Schengen oder Remich an der Mosel über Mondorf-les-Bains, östlich vorbei an Esch-sur-Alzette, danach folgt Pétange an der belgischen Grenze, jeweils ca. 45 km. Dieses ergrabene und zu besichtigende *oppidum* erlebte seine Blütezeit im

1. Jh. v. Chr. und in den folgenden Jahrzehnten nach der Zeitenwende. Danach verlor es zugunsten von *Augusta Treverorum* (Trier) seine Bedeutung.

- Zwischen Thionville und Metz liegt an der Mosel der gut über die Autobahn zu erreichende Ort **Mondelange** mit seinem Museum **Archéosite celte**. Es handelt sich um eine keltische Nekropole, deren archäologische Ausgrabungen anhand von Grabbeigaben einen guten Einblick in die keltische Kultur erlauben. Man ist erstaunt über ihren hohen Stand.

- Eine der beeindruckendsten keltischen Ringwallanlagen ist der so genannte „Hunnenring" bei **Nonnweiler-Otzenhausen** auf dem westlichen Hunsrück. Ein mächtiger, über 2 km langer Steinwall, der eine Höhe von bis zu 10 m erreicht, umfasst ein Gelände von mehr als 10 ha. Bauhistorisch ist die am Westtor zu beobachtende Befestigungsart hervorhebenswert. Sie besteht als eine Kombination eines aus Stämmen und Balken gefügten Holzgerüstes, das mit Bruchsteinen in der Art eines Trockenmauerwerks ausgefüllt ist. Die besondere Wehrhaftigkeit dieser Technik ist bereits von Cäsar als *murus gallicus* herausgestellt worden. Im *oppidum* **Wallendorf** am Zusammenfluss von Our und Sauer, unweit von Bollendorf und Echternach (Luxemburg) oder in **Kastel-Staadt** bei Saarburg – auch einst ein bedeutendes keltisches *oppidum* – trifft man übrigens ebenfalls auf diese Mauertechnik. Im etwa 2 km vom „Hunnenring" entfernten Schwarzenbach sind die so genannten „Fürstengräber" bereits im 19. Jh. entdeckt worden, deren goldene Beigaben – Schmuck und ein Trinkservice – auf eine etruskische Provenienz hinweisen. Dieses überaus qualitätvolle Grabzubehör gelangte in die Antikensammlung der Staatlichen Museen zu Berlin. Nonnweiler-Otzenhausen erreicht man, von Schweich an der Mosel kommend, über die Hunsrück-Autobahn (A 1; E 422) in Richtung Saarbrücken nach etwa 45 km.

- Will man sich ein Bild von der landschaftlichen Situation und der Dimension machen, die ein *oppidum* einst eingenommen hat, empfiehlt sich eine Wanderung zum **Martberg** über den so genannten Lenus-Mars-Weg, den man sowohl in **Pommern** als auch in Treis-Karden (Ortsteil Karden) erreicht. Reizvolle Ausblicke ins Moseltal lohnen die kleine Anstrengung. Außerdem kann man zu dieser früheren spätkeltischen Siedlung über die Autobahn (A 48, Abfahrt Kaifenheim, Richtung Treis-Karden) gelangen. Der **Martberg** ist nach dem luxemburgischen **Titelberg**, dem an der Saar gelegenen **Kastel-Staadt** und **Wallendorf** an der Sauer das östlichste der vier großen *oppida* in der weiteren Moselregion.

- Lohnenswertes Ziel ist auch die aus dem zweiten bis ersten vorchristlichen Jh. stammende keltische Anlage **„Altburg"** bei **Bundenbach** auf dem Hunsrück. Es handelt sich um ein befestigtes Dorf, dessen Innenausbau – bescheidene Fachwerkhäuser – Archäologen des Rheinischen Landesmuseums Trier anhand von Pfostenlöchern früherer Bauten rekonstruieren konnten. Das als Freilichtmuseum wieder errichtete Dorf – es liegt in pittoresker Lage über dem Hahnenbachtal und in unmittelbarer Nähe zur Schmidtburg – ist ein didaktisches Lehrbeispiel keltischer Siedlungsweise. Von Zell an der Mosel gelangt man auf der B 421 über Kappel und Kirchberg (Huns-

rück) in Richtung Kirn nach etwa 40 km zur „Altburg", die unterhalb des Dorfes Bundenbach liegt.

Römisches Land

Will man auf den Spuren der Römer wandeln, bieten sich ländliche Routen und vor allem eine Stadtbesichtigung von Trier an.

- Als Hauptziele einer ländlichen Strecke empfiehlt sich die **Römervilla** in **Nennig** mit ihrem großartigen Gladiatorenmosaik (Strecke Trier – Nennig, moselaufwärts auf dem rechten, d. h. deutschen Ufer). Verknüpfen lässt sich mit dieser Tour ein Besuch des **Archäologischen Parks** in **Borg** bei **Perl**. Die Rückfahrt auf der linken (luxemburgischen) Moselseite führt über Remich, Grevenmacher und Wasserbillig an der Grenze nach **Igel (Igeler Säule** in der Dorfmitte) und zu dem schon aus der Ferne gut sichtbaren, auf halber Berghöhe gelegenen **Grutenhäuschen** in **Igel-Liersberg**.

- Ab Trier, Stadtteil Zurlauben, ist flussabwärts mit dem Schiff oder über die B 53 als nordöstlicher Stadtteil Pfalzel zu erreichen – ein einstiger römischer, palastartiger Landsitz und eine spätere kurtrierische Burg. Reste römischen Mauerwerks haben sich in der ehemaligen Stiftskirche und in benachbarten Häusern erhalten. Weiter über Trier hinaus lassen sich die rekonstruierte **römische Villa** im Weinberg oberhalb von **Longuich-Kirsch** (rechte Moselseite) und **Mehring** ansteuern. Die dortige Villa liegt im Gegensatz zum eigentlichen Dorf Mehring am rechten Ufer. Von Mehring aus gelangt man moselabwärts nach Neumagen (rechte Moselseite; Besuch des Heimatmuseums und archäologischer Rundgang) und weiter nach Veldenz, das sich in einem Seitental befindet und das man am einfachsten über Mülheim und Burgen (rechte Moselseite) erreicht. In der Ortsmitte von **Veldenz** befindet sich das **„Haus des Gastes" (Villa Romana)** mit einer Hypokaustenheizung. Von Veldenz aus erreicht man, vorbei an Gornhausen, nach ungefähr 16 km die Hunsrückhöhenstraße bei Morbach. In Richtung Koblenz sind es nur wenige Kilometer bis zur Abfahrt **Wederath** und dem **Archäologiepark Belginum**. Als Rückfahrt empfiehlt sich die Moselroute.

- Unter den in den letzten Jahren ausgegrabenen und nach archäologischem Befund rekonstruierten römischen Kelteranlagen an der mittleren Mosel sind vor allem die Beispiele in **Piesport** (linke Moselseite, einige hundert Meter flussaufwärts vom historischen Ortskern entfernt) und bei **Erden** sehenswert. Letztere Anlage befindet sich auf der nördlichen Moselseite am Fuße der bekannten Weinbergslage „Erdener Treppchen", das heißt gegenüber von dem auf der rechten Moselseite gelegenen Dorf. In Piesport findet alljährlich Anfang Oktober das folkloristische „Römische Kelterfest" statt.

- Fahrt zu den römischen **Grabtempeln** oberhalb von **Nehren**: von der B 53, links der Mosel, zwischen Alf und Senheim im Weinbergsgelände zu erreichen. Als anschließendes Ziel bietet sich **Bremm** mit dem **Calmont** und dem rekonstruierten römischen Tempel an.

Mittelalter

Die Fülle bedeutender mittelalterlicher Bauwerke in der Moselregion ist überaus groß. Wer sich ein detailliertes Bild

von ihnen machen möchte, seien neben der Lektüre des territorialhistorischen Teils die Reisetipps in den Kapiteln von **AM FLUSS ENTLANG – Kulturgeschichte in Etappen** empfohlen. Wer sich auf einige Höhepunkte beschränken will, kann sich nach den folgenden Ratschlägen richten:

Für die Romanik ist der **Dom** zu **Trier** unverzichtbar. Aus der Fülle der ländlichen Kirchen sei **St. Kastor** in **Karden** an der unteren Mosel herausgegriffen. Ein Kleinod stellt die **Matthiaskapelle** auf der Höhe oberhalb von **Kobern** dar. Ratsam ist auch ein Besuch von **St. Kastor** in **Koblenz**. Nähere Hinweise zu Trier und Koblenz finden sich in den Kapiteln der **Stadtrundgänge**.

Die Gotik erschließt sich am ehesten durch die Kathedralen von **Toul** und **Metz**. Auf deutschem Boden nimmt die **Liebfrauenkirche** in **Trier** einen wichtigen Rang ein. Was die ländliche Mosel betrifft, so seien exemplarisch für die Vielzahl der Kirchen das frühere **Kloster Klausen**, das **Cusanusstift** in **Bernkastel-Kues** und die **Pfarrkirche St. Martin** in **Ediger-Eller** (Ortsteil Ediger) genannt.

Die größte Zahl mittelalterlicher Profanbauten findet sich in **Metz**. An zweiter Stelle ist **Trier** zu nennen (vgl. die Stadtrundgänge). Für die ländliche Mosel ist **Karden-Treis** (Ortsteil Karden) unverzichtbar.

Den besten Eindruck einer Höhenburg erhält man von der einige Kilometer abseits der Mosel gelegenen **Eltz** (bei Moselkern). Die Ruine der **Burg Thurant** oberhalb von Alken ist das Beispiel einer besonderen Wehrhaftigkeit. **Burg Cochem** steht stellvertretend für die Burgenromantik des 19. Jh.

Neuzeit

Repräsentative Bauten der Renaissance von überregionaler Bedeutung finden sich an der Mosel nicht. Was die darstellende Kunst betrifft, so sind die Kanzel und Grabdenkmäler des 16. und frühen 17. Jh. im **Trierer Dom** unübertroffen.

Fachwerkarchitektur, deren Blütezeit im späten 16. und in der ersten Hälfte des 17. Jh. lag, ist in vielen Dörfern und Kleinstädten an der mittleren deutschen Mosel anzutreffen. Bekanntestes Beispiel ist **Bernkastel-Kues**.

Als Kirchenbau von hohem Rang ist für das 18. Jh. **St. Paulin in Trier** herauszustellen.

Bedeutendster barocker Schlossbau ist das **Kurfürstliche Palais in Trier**. Den Übergang zum Klassizismus verkörpert vor allem das **Kurfürstliche Schloss in Koblenz**.

Die städtebauliche Form des Historismus lässt sich besonders gut in der um 1900 ausgebauten **Neustadt von Metz** studieren. **Traben-Trarbach** kann als eine Hochburg des Jugendstils gelten.

In Metz befindet sich als jüngste Bauschöpfung der Moderne das **Centre Pompidou**.

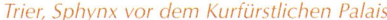

Trier, Sphynx vor dem Kurfürstlichen Palais

Regionale Reiseempfehlungen am Fluss entlang

Kulturgeschichte in Etappen

Von der Moselquelle über Remiremont nach Épinal

Auf dem Weg von der Quelle der Mosel am Col de Bussang in Richtung Remiremont bietet sich als erste Station die kleine Stadt Le Thillot an, in deren Nähe sich das Besucherbergwerk **Les Hautes-Mynes** befindet. Dort wurde zwischen 1560 und 1760, zur Zeit der Herzöge von Lothringen, Kupfer abgebaut. Der Höhepunkt dieser Ausbeute lag im 17. Jh. Kürzliche archäologische Recherchen haben die Besonderheiten dieser Abbaustätte, vor allem die eingesetzten Techniken offengelegt, bei denen man sich bereits hydraulischer Maschinen bediente. Interessanterweise wurde auch schon früh Schwarzpulver bei Sprengungen verwandt.

Von Le Thillot folgt man dem Flüsschen Mosel über Rupt-sur-Moselle und erreicht nach etwa 25 km **Remiremont**. Bekannt ist die Stadt vor allem aus zwei Gründen: wegen ihrer Arkadengänge, welche die gesamte Hauptstraße – die Rue Charles de Gaulle – begleiten, und wegen ihrer früheren Stiftskirche, der heutigen Pfarrkirche St. Pierre. Sie geht auf ein adeliges Kanonissenstift zurück, das sich im 13. Jh. aus einem Konvent entwickelt hatte und bis zur Französischen Revolution bestand. Die heutige Kirche wurde um 1300 über der erhaltenen romanischen Krypta ihres Vorgängerbaues aus dem 11. Jh. errichtet. Es handelt sich um

einen betont schlichten, aber deswegen ästhetisch nicht anspruchslosen gotischen Bau, der zwischen 1788 und 1803 einen Turm mit barocker Haube erhielt. Um 1520 wurde an das nördliche Langhaus eine Portalvorhalle mit Renaissancedekor angefügt.

Im Jahr 1752 ließ die damalige Äbtissin an die Kirche ihr Palais anbauen, das als ein Höhepunkt des Barock in Lothringen gilt. Entworfen wurde der elegante dreiflügelige und zweigeschossige Bau mit Ehrenhof von dem vor allem aus Nancy bekannten Architekten *Jean-Nicolas Jennesson*, der auch in Nancy und Lunéville für Stanislaus Leszczynski tätig war. Um das klösterliche Palais in Remiremont, das ausschließlich der als Fürstin regierenden Äbtissin und Mitgliedern ihres hochadeligen Hauses vor-

Remiremont, Rue Charles de Gaulle mit der Statue des revolutionären Freiheitskämpfers

Remiremont, ehem. Kirche des adeligen Kanonissenstifts St. Pierre (gotischer Ausbau um 1300)

behalten war, befinden sich die Kanonissenhäuser des 17./18. Jh.

In zwei solcher Kanonissenhäuser ist das Musée Charles Friry (12, Rue du Général Humbert) etabliert, das vor allem die Kunstsammlung seines Stifters präsentiert, darunter Gemälde von Georges de la Tour. Im Mittelpunkt des zweiten Museums – Musée Charles de Bruyères (70, Rue Charles de Gaulle) – steht die Stadtgeschichte, die mit der des Kanonissenstiftes über weite Strecken identisch ist. Städtebaulich geurteilt, ist Remiremont aufgrund der Geschlossenheit seiner Arkadenarchitektur des 18. Jh. ein großartiges Ensemble. Betrachtet man die Rue Charles de Gaulle, so dokumentiert sich ein beachtlicher Konsens im Baulichen, der allerdings kaum ohne Direktiven der damaligen Stadtobrigkeit vorstellbar ist. Städtisches Symbol ist die Statue des Freiwilligen in der Rue Charles de Gaulle, der mit pathetischer Gestik zur Revolution von 1792 aufruft (*Statue du Volontaire de 1792*). Die Skulptur stammt von 1899 (Bildhauer: Paul-François Choppin).

Épinal, Basilique St. Maurice (Mittelschiff 13. Jh.)

Épinal, 30 km von Remiremont entfernt, ist der Verwaltungssitz des Vogesen-Departements. Historischer Kern der Stadt ist die von den Metzer Bischöfen gegründete Burg, unter der sich ab dem 10. Jh. eine Siedlung einrichtete. Eine kurze Zeit erfreute sich die Bürgerschaft im 14. und frühen 15. Jh. bürgerlicher Freiheiten. 1444 begab sich die Stadt unter den Schutz des französischen Königs, der sie 1466 an den Herzog von Lothringen abtrat. Ludwig XIV. besetzte Épinal 1670.

Im Stadtteil rechts der Mosel liegt die ehemalige Abteikirche St. Maurice, deren mächtiger und wuchtiger Rechteck-

Remiremont, ehem. Äbtissinnenpalais St. Pierre, heute Rathaus (1752)

turm eher an eine Burg als eine Kirche denken lässt. Dieser Turm war ursprünglich tatsächlich in die Stadtbefestigung einbezogen und stammt aus dem 11./12. Jh. Sein befremdlich wirkendes neoromanisches Portal datiert 1843. Der frühen Zeit gehören auch die beiden runden Flankierungstürme und das Querschiff der Vorgängeranlage an. Der Ausbau erfolgte im 13. Jh., wie sich vor allem an der inneren Wandgliederung mit Triforium und Obergaden ablesen lässt. An der Nordseite wurde im 13./14. Jh. ein Außenportal in gotischen Formen – das Bürgerportal – angefügt. Die Trumeau-Madonna zwischen den beiden Eingängen stammt auch aus dieser Zeit. Insgesamt gesehen, verschmelzen bei St. Maurice maas- und moselländische Gestaltungen mit Einflüssen der Champagne.

Die Place des Vosges, der Marktplatz neben St. Maurice, besitzt vor allem Barockbauten und ein gut gegliedertes Haus von 1604 (Nr. 5), das weitgehend die klaren Proportionen der Renaissance bewahrt hat.

Im Stadtteil rechts der Mosel befindet sich die Kirche Notre-Dame-au-Cierge. Sie wurde in den Jahren 1956/58 nach Plänen von Jean Crouzillard anstelle eines 1944 zerstörten Baues errichtet. Der Neubau, der ein markantes Beispiel für die frühe Moderne darstellt, ist auch wegen seiner Glasfenster von Gabriel Loire bekannt.

Épinal beherbergt drei Museen – das Musée Départemental d'Art Ancien et Contemporain (Place Lagarde), das Musée de l'Imagerie (42, Quai de Dogneville) und das Musée du Chapitre (14, Rue du Chapitre). Das erstgenannte Haus, das 1822 gegründet wurde, widmet sich einerseits als städtisches Museum der Regionalgeschichte von der gallo-römischen Epoche, über die merowingische und das Mittelalter bis zum

Épinal, Basilique St. Maurice, Triforium

Épinal, 5 Place des Vosges (1604)

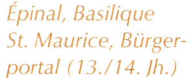

Épinal, Basilique St. Maurice, Bürgerportal (13./14. Jh.)

*Châtel-sur-Moselle
(Dép. Vosges),
Pfarrkirche
St. Laurent (15. Jh.)*

neuzeitlichen Lothringen und andererseits als Gemäldegalerie den italienischen, französischen und niederländischen Meistern vor allem des 17./18. Jh. Auch die moderne Kunst, etwa die Minimal Art, Land Art, Pop Art, ist in beachtlicher Weise vertreten. Im Mittelpunkt einiger Präsentationen (Salles d'imagerie d'Épinal) steht auch die Bilderbogenwelt von Épinal, die allerdings die eigentliche Domäne des zweitgenannten Hauses ist, das, so heißt es, über einen Fundus von zirka 23.000 historischen Bilderbögen nicht nur französischer, sondern internationaler Provenienz verfügt. Solche Druckblätter in der Art von Comics, die auf Jahrmärkten und Kirmessen feilgeboten wurden, gaben vor allem aktuelles Geschehen wieder. In Épinal ist diese vorindustrielle Produktion, die sich im größeren Stil Ende des 19. Jh. etablierte, mit dem Namen von Jean-Charles Pellerin verbunden. Die von seinen Erben fortgeführte Manufaktur wurde in den achtziger Jahren des vorigen Jh. als Monument Historique klassifiziert. Das dritte der Museen von Épinal, le Musée du Chapitre, eine kleinere Einrichtung, befindet sich in einem mittelalterlichen Stadtturm und thematisiert die Stadtgeschichte von Spinalium, der römische Name von Épinal.

*Toul, Kathedrale
(vgl. Abb. S. 138)*

Von Épinal über Toul nach Pont-à-Mousson

Als nächstes flussabwärts gelegenes Ziel bietet sich **Châtel-sur-Moselle** an, das von Épinal gut 20 km entfernt liegt. Das Städtchen war im Mittelalter burgundischer Besitz und lag sozusagen wie ein Stachel im Lothringischen. Diese Situation nutzten die Burgunder, indem sie die dortige Höhenburg ab dem 15. Jh. zur Festung ausbauten. Sie wurde allerdings 1670/71 von dem königlichen Marschall de Créqui eingenommen und anschließend geschleift. Die ausgegrabenen Fundamente sind zu besichtigen. Sehenswert ist auch die benachbarte Kirche St. Laurent – ein Bau der zweiten Hälfte des 15. Jh. Unter dem Glockenturm befindet sich als ein Parvis eine sterngewölbte Vorhalle mit zwei Eingängen, die von hohen Kielbögen mit Krabbenbesatz bekrönt werden.

Etwa 11 km moselabwärts befindet sich die Kleinstadt **Charmes**, die 1944 nahezu vollständig zerstört wurde. Erhalten blieb aber die Kirche des 15. Jh. Schon ab 1947 wurde der Ort in nur wenigen Jahren völlig einheitlich wieder aufgebaut. Oberhalb der Stadt erhebt sich als Mahnmal des Ersten Weltkrieges das so genannte **Monument de Lorraine**, das an die für Frankreich siegreiche „bataille de la trouée de Charmes" im August 1914 erinnert. Unternimmt man einen Abstecher in die ländliche Region westlich von Charmes, so wird man von mancher bauhistorischen Besonderheit im dörflichen Umfeld überrascht, und zwar von einer Architektur, die mit ihrem Dekor der späten Gotik wie auch der Renaissance sehr deutliche städtische Züge aufweist. Dies mögen zwei Beispiele aus den Ortschaften **Avrainville** (Dép. Vosges) und **Pulligny** (Dép. Meurthe-et-

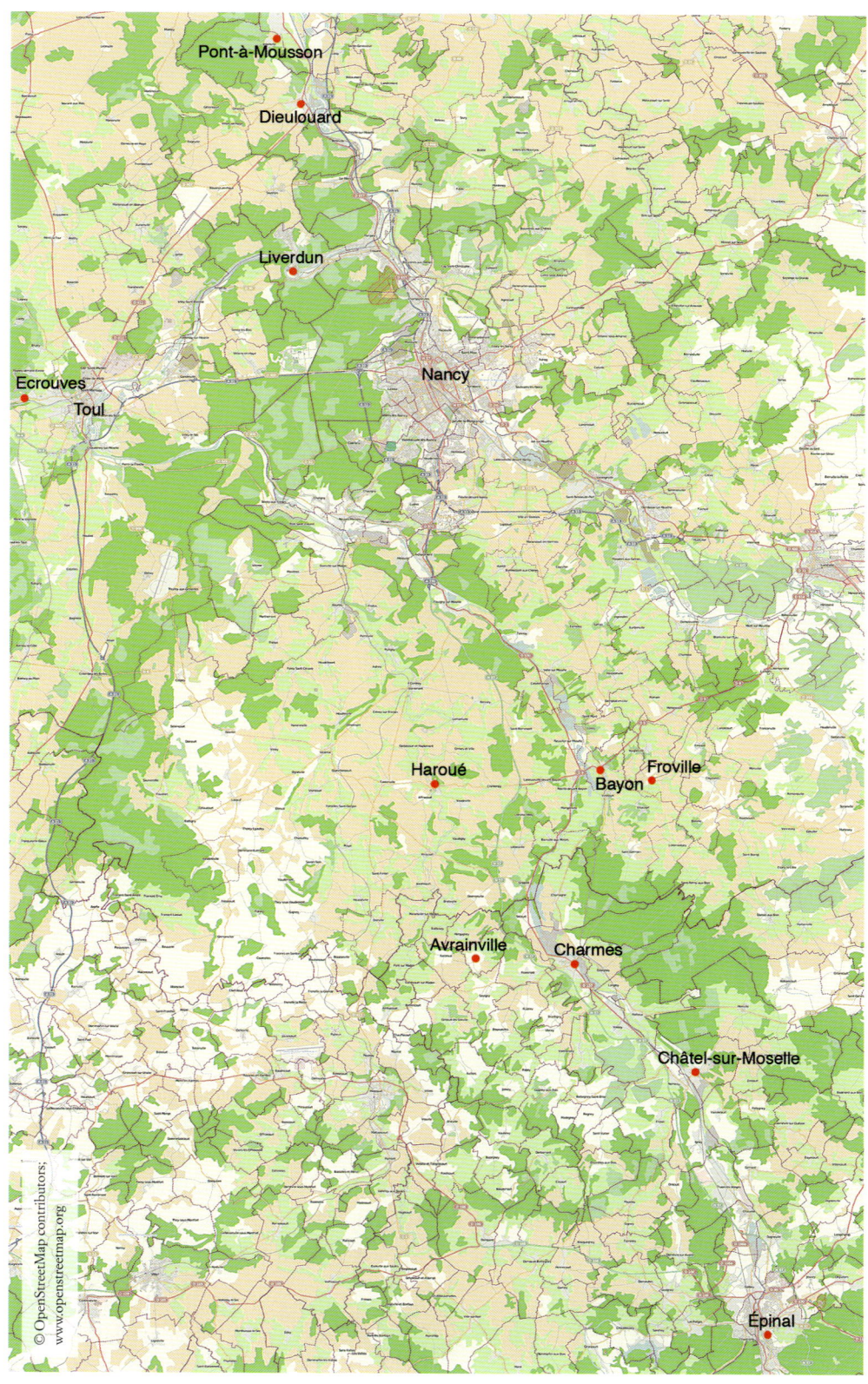

Pont-à-Mousson

Dieulouard

Liverdun

Ecrouves
Toul

Nancy

Haroué

Froville
Bayon

Avrainville

Charmes

Châtel-sur-Moselle

Épinal

© OpenStreetMap contributors;
www.openstreetmap.org

Toul, Kathedrale, Kreuzgang

*Dieulouard (Dép. Meurthe-et-Moselle),
Burgruine*

Toul, Kathedrale, Blick zum Chor

Pont-à-Mousson (Dép. Meurthe-et-Moselle), ehem. Prämonstratenserabtei

Moselle) verdeutlichen, die beide dem frühen bis mittleren 16. Jh. angehören dürften. Besonders vielsagend ist die Fenstersituation von Avrainville, die zeitgleich verschiedene stilistische Vorstellungen präsentiert. Es manifestiert sich eine Koinzidenz von Gotik und Renaissance, die sich in der gesamten Moselregion feststellen lässt.

Nächstes Reiseziel ist **Bayon.** Das Städtchen liegt 15 km nördlich von Charmes und etwas abseits von der Mosel, die hier immer noch ein durch lauschige Wiesen und Wälder fließendes Flüsschen ist. Bayon besitzt ein kleines Schloss im Neorenaissancestil und eine historistische Kirche, in der sich eine bekannte spätgotische Grablegung (1515) befindet. Unmittelbar östlich von dieser kleinen Stadt liegt Froville, das aufgrund seiner aus dem 11. Jh. stammenden Kirche auch **Froville la Romane** genannt wird. Chor und Kreuzgang dieses bemerkenswerten Baues sind allerdings gotisch ausgeführt.

Wendet man sich von Bayon nach Westen, so gelangt man nach etwa 27 km zu dem von *Germain Boffrand* entworfenen **Schloss Haroué**.

Toul (vgl. das Kapitel *Stadtrundgang*) erreicht man von Bayon aus nach rund 50 km. Unmittelbar nordwestlich von Toul liegt die kleine Stadt **Ecrouves**, deren Name ethymologisch mit der Skrofulose in Verbindung gebracht wird. Eine Heilquelle wurde wegen dieser Skrofeln (les écrouelles) aufgesucht. In erhöhter, landschaftlich bezaubernder Lage befindet sich oberhalb der örtlichen Bebauung die kleine, aufgrund ihres hellen Steins weithin sichtbare Kirche Notre Dame. Ihr ältester Teil ist der aus dem 12. Jh. stammende Turm. Langhaus und Apsis, dessen Traufe von Konsolen mit grotesken Konterfeis begleitet wird, gehören dem 13. Jh. an. Im Inneren beeindrucken

Ecrouves (Dép. Meurthe-et-Moselle), Notre Dame, Turm, 12. Jh.

die mächtigen Bündelpfeiler, die das Kreuzrippengewölbe unterfangen und deren Kapitele mit fein reliefiertem Blattwerk belegt sind. Verwandtschaftliche Beziehungen dieser Gotik mit Auffassungen der Champagne werden deutlich.

Von Toul bietet sich als Alternative die Strecke unmittelbar an der Mosel über Liverdun oder die Route Nationale (N 411) an, die sich beide in Dieulouard treffen. **Liverdun** – an einer Moselschleife gelegen – ist aufgrund des historischen Stadtbildes attraktiv und besitzt eine beachtenswerte Kirche aus der Übergangszeit von der Romanik zur Gotik. **Dieulouard** sieht man noch den festungsartigen Ausbau an, den die Bischöfe von Verdun im späten Mittelalter durchführen ließen. Erhalten sind aber nur Rudimente. Von Dieulouard sind es knapp 10 km bis **Pont-à-Mousson**, das am Fuß der früheren Burg Mousson liegt und mit seiner Universität (1574–1768) einst ein geistiges Zentrum des Herzogtums Lothringen war.

Besonders bemerkenswert sind die ehemalige Prämonstratenserabtei aus den Jahren 1705 bis 1735 mit ihrem barocken Kreuzgang und dem eleganten Treppenhaus – gebaut nach Plänen von Ordensarchitekten –, die spätgotische Kirche St. Martin mit einer bedeutenden Grablege von 1425/30 und die Place Duroc (Marktplatz) mit dem „Haus der Sieben Todsünden" aus der Zeit um 1600.

Pont-à-Mousson, ehem. Prämonstratenserabtei, Treppenhaus (erste Hälfte 18. Jh.)

Pont-à-Mousson, Place Duroc, ‚Haus der sieben Todsünden' (um 1600)

Pont-à-Mousson, St. Martin

Bäume entdeckt man den hoch gelegenen Zugang dieses als Donjon angelegten einstigen Bollwerks, dessen helles Mauerwerk von einer sauberen handwerklichen Arbeit zeugt. Mindestens vierzehn Türme sicherten den äußeren Mauerring der Anlage, nicht gerechnet diejenigen des inneren Kerns, der sich heute als ein völlig verwunschener, von der Welt abgeschiedener Ort präsentiert. Bei Bayonville überquert man das Flüsschen Mad und gelangt über Ancy-sur-Moselle nach **Ars-sur-Moselle**. Am Hang vor dem Ort zeigen sich in reiner Ruinenromantik, überwuchert von allerlei Grün, einige Bögen des römischen Viadukts, der einst das Wasser von der Höhe bei Gorze nach Mediomatricum oder Mettis, **Metz**, führte. Will man einen Eindruck von der ursprünglichen Gestalt des Bauwerks gewinnen, sollte man auf die andere Moselseite nach **Jouy-aux-Arches** fahren. Die dortige Partie des Aquädukts befindet sich in einem restaurierten Zustand. Bemerkenswert ist die Konfrontation dieser erhabenen römischen Hinterlassenschaft mit der neuzeitlichen Trivialität, die sich in einigen kleinen jüngeren Häusern neben den Bögen bekundet.

Linksseitig der Mosel geht es weiter bis zum Städtchen **Scy-Chazelles**, das wenige Kilometer westlich von Metz liegt. Der Ort ist alleine schon wegen seiner

Von Pont-à-Mousson über Metz nach Thionville

Für die Strecke nach Metz bestehen drei Möglichkeiten: die schnelle Autobahn, die Route Nationale (N 57) auf der rechten Moselseite oder die Departementsstraße (D 952) auf der linken Seite. Letztere ist zweifelsohne die landschaftlich reizvollste und verkehrsmäßig am wenigsten frequentierte Möglichkeit. Zunächst gelangt man zu dem Städtchen **Pagny-sur-Moselle**, von dem sich die Burgruine **Prény-sur-Moselle** (2,5 km entfernt) erreichen lässt. Sie thront auf einer der Moselhöhen und zerfällt immer mehr. Von der Vorburg aus, deren Corps-de-Garde-Gebäude mit einer gotischen Arkadenhalle erhalten ist, führt ein Pfad am Zwinger vorbei in das Innere der privaten Ruine mit ihrem polygonalen Bergfried. Durch das Geäst der umstehenden

Prény-Château bei Pagny-sur-Moselle (Dép. Meurthe-et-Moselle), hoch gelegener Eingang des Bergfrieds

Prény-Château bei Pagny-sur-Moselle (Dép. Meurthe-et-Moselle), Vorburg mit Corps de Garde (um 1300)

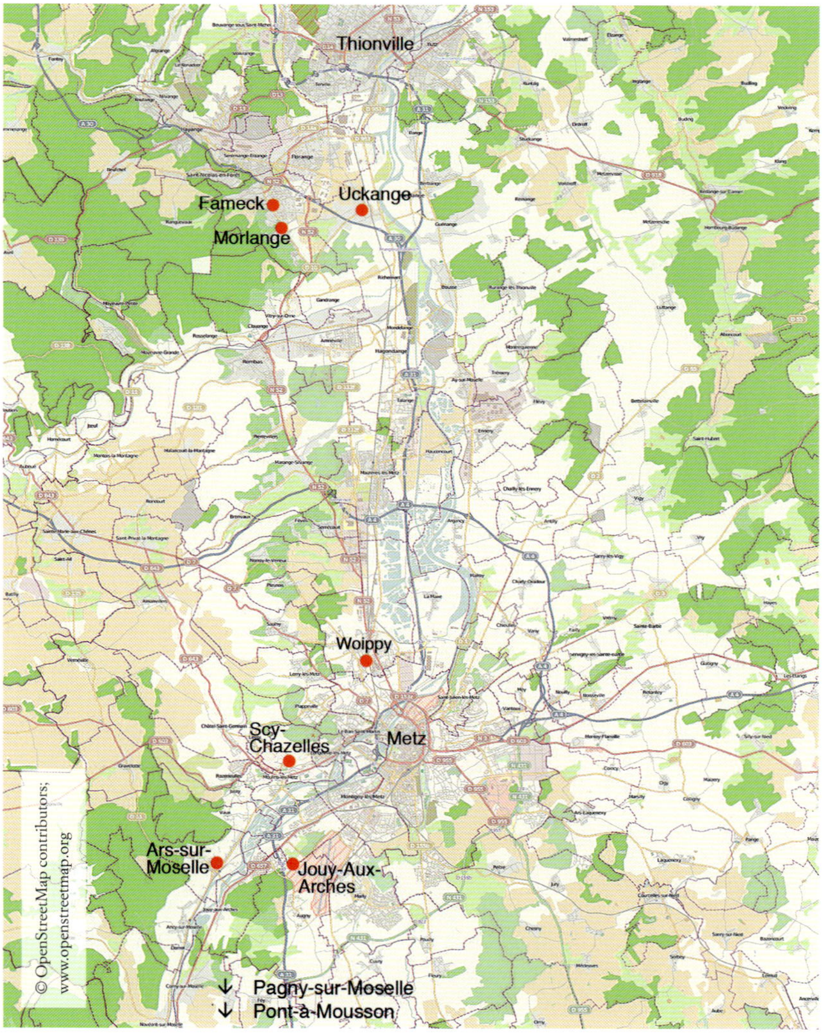

© OpenStreetMap contributors;
www.openstreetmap.org

*Pagny-sur-Moselle
(Dép. Meurthe-et-
Moselle), Krieger-
denkmal der beiden
Weltkriege auf dem
Marktplatz*

malerischen, an südliche Gefilde erinnernden Lage oberhalb des Moseltals besuchenswert. Im unteren Stadtteil (Chazelles) befindet sich das heute museal zugängliche Wohnhaus von **Robert Schuman,** des ersten Präsidenten des Europäischen Parlaments, der bis zu seinem Tode (1963) dieses ländliche, für die Moselregion charakteristische Anwesen bewohnte. Gegenüber von Schumans Heimstätte erhebt sich die Wehrkirche St. Quentin mit ihrem flachen, von ei-

*Jouy-aux-Arches
(Dép. Moselle),
römischer Aquädukt
(rechtes Moselufer)*

*Ars-sur-Moselle
(Dép. Moselle),
römischer
Aquädukt (linkes
Moselufer)*

Scy-Chazelles (Dép. Moselle), St. Rémi (im Kern spätestens 10. Jh.)

Fameck-Morlange (Dép. Moselle), ehem. Propsteikirche, Turm und Chor um 1200

Scy-Chazelles (Dép. Moselle), Wehrkirche St. Quentin (im Kern 12. Jh.)

Thionville (Dép. Moselle), 'Flohturm' (ab 11./12. Jh.)

nem Zinnenkranz umgebenen Langhaus. Im Kern stammt dieses Bauwerk – ein Beispiel von mehreren befestigten Kirchen der Gegend von Metz – aus dem 12. Jh. Im oberen Stadtteil (Scy) stößt man auf eine zweite Kirche, die Pfarrkirche St. Rémi, deren Turm schon von weitem als ein romanisches Bauwerk zu erkennen ist. Das Innere der Pfeilerbasilika mit flacher Decke bestätigt diesen Eindruck. Hinzuweisen ist noch auf eine Kuriosität, nämlich auf den Bismarckturm auf dem Berg St. Quentin. Er ist das einzige Exemplar in Frankreich, das von den Zeiten des Deutschen Kaiserreichs kündet. Von Scy-Chazelles lässt sich ein Abstecher in Richtung Westen (auf der D 903) zu den Kriegsstätten von 1870/71 unternehmen. Orte wie **Gravelotte**, **Vionville** und **Mars-la-Tour** haben damals eine traurige Berühmtheit erlangt. Französische wie deutsche Kriegs- oder Gefallenendenkmäler erinnern an die schrecklichen Geschehnisse.

Auf der Strecke von Metz nach Thionville erhält man nochmals, wie schon bei Pont-à-Mousson, einen Eindruck der Industrieregion von Lothringen, so vor allem bei **Uckange**. Über **Woippy** (einige Kilometer nördlich von Metz) – dort ein mittelalterlicher Wohnturm, unter dem Namen „La-Haute-Maison" oder „Maison des Sorcières" (Hexenturm) bekannt – erreicht man **Fameck** und dann **Morlange**, an dessen Rand sich eine der bekanntesten ländlichen romanischen Kirchen Lothringens befindet. Aus der frühen Zeit dieser ehemals zur Abtei Gorze gehörenden Propsteikirche St. Nicolas, deren Langhaus im 19. Jh. erneuert wurde, sind der Turm, das Querhaus und die Apsis erhalten, die aus der Zeit um 1200 stammen. Besondere Beachtung verdient der äußere skulpturale wie der innere Schmuck, etwa die Knospenkapitelle des Chors.

Fameck-Morlange ist ein Vorort der Stadt **Thionville**, deren mittelalterliche Bausubstanz der luxemburgischen Zeit angehört, während diejenige ab dem mittleren 17. Jh. durchaus französisch geprägt ist. Schwierig ist es, für diese späte Zeit des Feudalismus, in der eine überaus enge kulturelle Kooperation über die Grenzen bestand, „französisch" und „deutsch" eindeutig zu definieren. Unter den Vorzeichen des Nationalismus änderte sich das, und die Randsituation von Thionville/Diedenhofen wurde ab dem späten 19. Jh. besonders offensichtlich. Letzten Endes klingt dies bis heute nach. Das Atomkraftwerk im äußersten Nordosten von Frankreich – nicht unbedingt eine Freude der Nachbarstaaten Luxemburg und Deutschland – beweist das.

An der Grenze von Frankreich – Deutschland – Luxemburg bis Trier

Thionville – das alte Diedenhofen – ist vor allem wegen seines *Flohturms (Tour aux Puces)* aus dem 11./12. Jh. bekannt, dem Donjon der früheren Burg der Grafen von Luxemburg. Zum benachbarten Rathaus, ursprünglich ein Klarissenkloster, gehört das Hôtel de Raville, dessen Formen vom spätgotischen Flamboyantstil geprägt sind. In der Nachbarschaft finden sich noch weitere Bauten des 16. Jh. Dominierender Bau der Altstadt ist die zwischen 1755 und 1759 gebaute Kirche St. Maximin mit ihren beiden mächtigen, abgeflachten Türmen. Von den Festungswerken, die im 18. Jh. um die Stadt angelegt wurden, ist nur die *Porte de Sarrelouis* in Richtung Yutz erhalten.

Cattenom, zu Deutsch Kattenhofen, ist innerhalb der Moselregion ein Synonym für die Atomwirtschaft. Zugleich zeigen sich im Ortskern Strukturen, die traditionelle Verhältnisse des Wirtschaftens und Wohnens dokumentieren, wie sie beispielsweise ein großer, geschlossener früherer Adelshof von 1562 im Ortsmittelpunkt mitteilt.

In dem idyllischen **Rodemack** (Rodemachern), 10 km nördlich von Cattenom – apostrophiert als das „lothringische Carcassonne" –, fühlt man sich in die Feudalzeit zurückversetzt. Das Städtchen besitzt mit seiner Ummauerung, dem Schloss und den schmucken Häusern des 17./18. Jh. das entsprechende Ambiente. Zudem ist Rodemack territorialgeschichtlich bezeichnend für diese Grenzregion, war es doch einst markgräflich-badisch, danach im Wechsel habsburgisch und französisch, bis es 1769 endgültig Frankreich zugespochen wurde.

Auf der rechten Moselseite ist es **Koenigsmacker** (Königsmacher), an dem sich das Schicksal eines Grenzortes ablesen lässt. Zwischen 1908 und 1914, als Lothringen zum Deutschen Reich gehörte, wurde der Ort in der Art eines unregelmäßigen Sechsecks mit Kaserne, Unterständen und Geschütztürmen zur Festung ausgebaut, die allerdings im Ersten Weltkrieg keine Bedeutung hatte. Danach integrierten die Franzosen diese aufwendig ausgestattete Wehranlage in

Thionville, heutiges Rathaus, ehem. Clarissenkloster (1634–1637)

Cattenom (Dép. Moselle), Kernkraftwerk

Uckange, (Dép. Moselle), ehem. Hochofenanlage; seit 1991 nicht mehr in Betrieb und 2001 unter Denkmalschutz gestellt; museal zugänglich

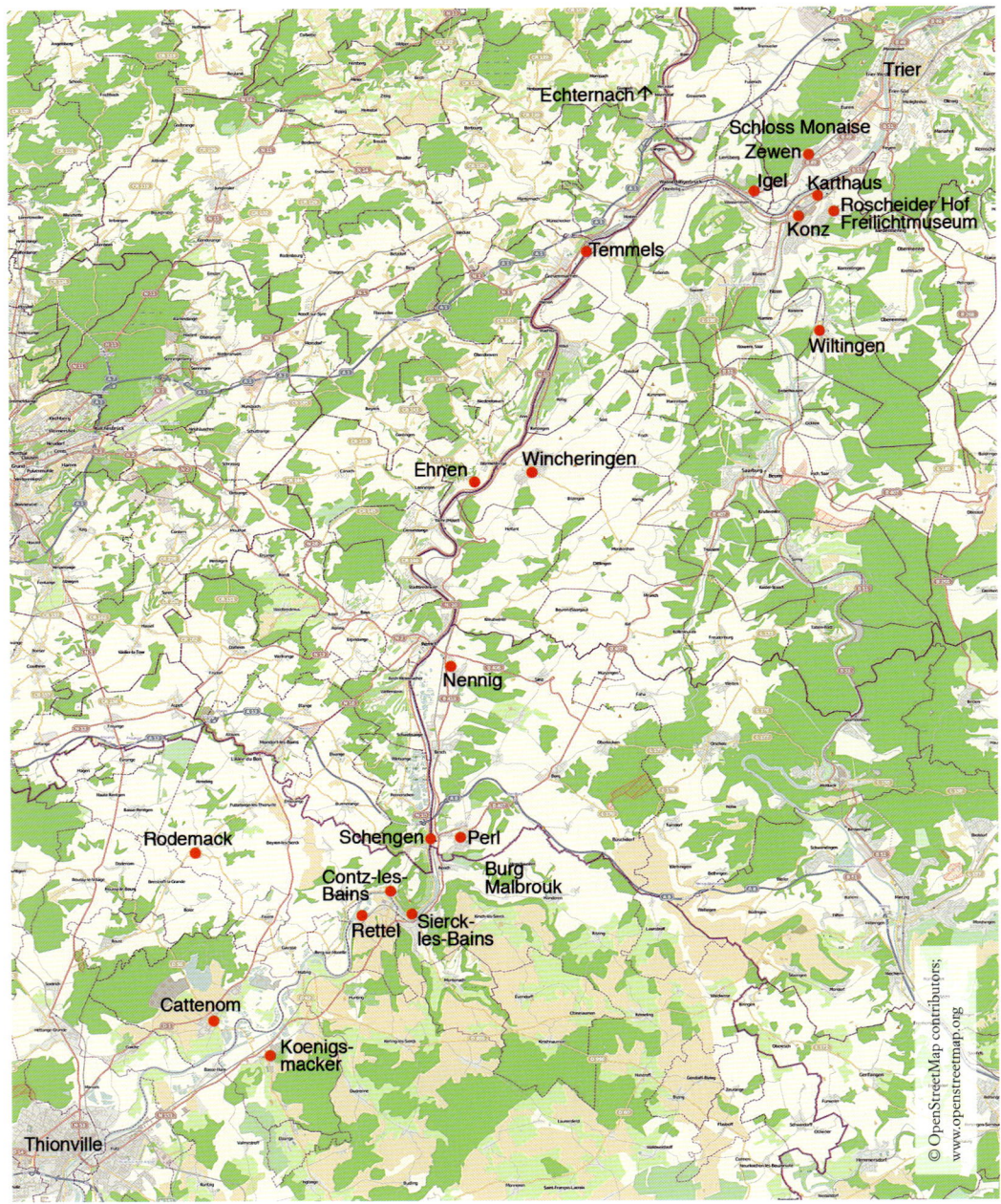

Trier

Schloss Monaise
Zewen
Igel Karthaus
Roscheider Hof
Freilichtmuseum
Konz

Echternach ↑

Temmels

Wiltingen

Ehnen Wincheringen

Nennig

Rodemack Schengen Perl
Contz-les-
Bains Burg
Malbrouk
Rettel Sierck-
les-Bains

Cattenom

Koenigs-
macker

Thionville

ihr Verteidigungssystem der Maginot-Li-
nie. Nach 1939 wieder in deutscher
Hand, spielte der Brückenkopf 1944 eine Rolle, als die Deutschen den Vor-
marsch der amerikanischen Truppen auf-
zuhalten versuchten.

Auf dem halben Weg der Moselstrecke
zwischen Koenigsmacker und Sierck-les-
Bains liegt **Rettel**, in dem sich eines der
schönsten spätgotischen Steinhäuser der
gesamten Region befindet – *Maison de
la Dîme* (31, Rue Principale). Man mag
sich über die hohe Qualität dieses Baues in einer ländlich-dörflichen Umgebung wundern. Zu berücksichtigen ist
allerdings, dass Rettel einst ein bedeu-

Schloss Malbrouck bei Manderen

Perl, „Nells Palais", ehem. Hofhaus des Trierer Domkapitels, (bez. 1733)

tendes Kartäuserkloster besaß, das noch im 18. Jh. ausgebaut und nach der Säkularisation infolge der Französischen Revolution bis auf geringe Reste abgerissen wurde.

Nur wenige Kilometer moselabwärts stößt man auf **Sierck-les-Bains**, dessen Schloss oder festungsartige Burg schon von weitem sichtbar ist. In der ursprünglich herzoglich-lothringischen und ab 1661 französischen Stadt entdeckt man vor allem in der Grand' Rue, aber auch in der Rue des Tanneries und der Rue du Moulin, etliche Bauten mit gut gestalteten Renaissanceportalen – Indizien für die einstige große Bedeutung dieser Handelsstadt. Sehenswert ist auch die aus lothringischer Zeit stammende spätgotische Kirche (15. Jh.), die barock ausgestattet ist. Neben ihr befindet sich einer der Stadttürme (Tour de l'Horloge).

Zwischen Sierck-les-Bains und Apach zweigt eine kleine Straße in Richtung Kit-

zing/Manderen ab, wo die vor einigen Jahren ausgebaute, allerdings stark restaurierte **Burg Malbrouck** (Burg Meinsberg) liegt. Die Fahrt lohnt schon wegen der landschaftlichen Schönheit dieses Seitentals der Mosel.

Nach diesem Abstecher wieder an der Mosel, sollte man das saarländische **Perl** nicht übersehen. Die Pfarrkirche, die im Kern auf das 15. Jh. zurückgeht, besitzt einen stattlichen Hochaltar von 1740. Außerdem gibt es eine dem hl. Quirinus geweihte Wallfahrtskirche, die aus einer „großen" und einer „kleinen" Kapelle des 18. Jh. besteht. In ihrer Nähe befindet sich das 1733 bezeichnete, frühere Hofhaus des Trierer Domkapitels, das sich, wie so häufig, wohl im Eigentum der Geistlichkeit, aber im Besitz eines Erbpächters befand.

Landschaftlichen Charme zeigt auch die linke Moselseite zwischen dem französischen **Contz-les-Bains** und dem luxemburgischen **Schengen**, das aufgrund des nach ihm benannten Vertrags von 1985 (*Schengener Abkommen*) in die europäische Geschichte eingegangen ist. Es leitete den Abbau der Grenzkontrollen innerhalb der EU-Staaten ein. Folglich trifft man in Schengen auch auf eine *Place de l'Europe*, ein *Europa-Informationshaus* und ein *Europa Museum*, das zeit-

Rettel (Dép. Moselle), Maison de la Dîme (spätes 15./frühes 16. Jh.)

Sierck-les-Bains (Dép. Moselle), 4 Rue du Moulin (1607)

Sierck-les-Bains-Rudling, zwischen Contz-les-Bains (Dép. Moselle) und Schengen (Großherzogtum Luxemburg)

genössische Kunst aus den Mitgliedsstaaten der Europäischen Union zeigt. An alter Bausubstanz ist der Turm einer früheren Wasserburg erwähnenswert, der seinerzeit von Victor Hugo gezeichnet wurde (1831). Das benachbarte Schlösschen wird gastronomisch genutzt.

In Schengen beginnt die luxemburgische **Route du Vin**, die mit dem außergewöhnlichen Neubau der am Markusberg gelegenen Domaine von Henri Ruppert einen besonderen Akzent setzt. Der Luxemburger Architekt *François Valentiny* hat den Neubau dieses Weinguts konzipiert. Das Büro Hermann & Valentiny und Partner hat auch den Luxemburger Pavillon der Expo Shanghai 2010 entworfen.

Auf die deutsche Moselseite zurückgekehrt, führt **Nennig** in die römische Vergangenheit der Moselregion. Im zweiten nachchristlichen Jh. wurde dort eine Prachtvilla errichtet. Eine Vorstellung von der Größe der symmetrisch angelegten Anlage vermittelt ihr Portikus, der einst um die 60 m an Länge maß. Von ihm gelangte man zu einem mittleren Saal mit begleitenden Lichthöfen und Nebenräumen, während zwei höhere Eckrisalite diesen weitläufigen Mitteltrakt rahmten. Hauptattraktion des Baues ist ein Mosaik im größten Saal, das mit seinen 10 x 16 m dessen ganze Grundfläche einnimmt. Der stei-

Schengen (Luxemburg), Turm der früheren Wasserburg

Nennig, Römische Villa, Mosaikboden

Schengen (Luxemburg), Domaine Henri Ruppert

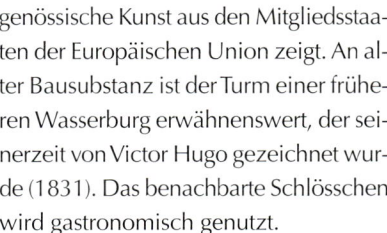

nerne, symmetrisch konzipierte „Teppich" setzt sich aus reich dekorierten viereckigen und polygonalen Mustern zusammen, von denen einige figürliche Szenen aus dem Umfeld der Gladiatorenkämpfe in bewegter Manier zeigen. Dieses Mosaik ist durchaus denjenigen gleichrangig, wie sie im Rheinischen Landesmuseum Trier zu bewundern sind.

Römisches Leben live? Dazu bietet der **Archäologiepark Borg** bei Perl einige Möglichkeiten. Er liegt zirka 5 km nordöstlich von Perl oder 13 km südöstlich von Nennig und ist entweder direkt über die B 407 oder über die B 406 und 407 zu erreichen. Am Rand des landschaftlich reizvollen Naturparks Saar-Hunsrück ist unter der Trägerschaft der Kulturstiftung Merzig-Wadern ein umfangreicher „römischer" Villenkomplex auf der Grundlage der Grabungsbefunde erstanden. Es handelt sich um eine vollständig neu gebaute Anlage. „Römisches" lässt sich hier sogar gastronomisch verkosten. In **Nennig** befindet sich auch das **Schloss Berg**, das aus zwei Wasserburgen, der „Oberburg" und „Unterburg", entstanden ist und im 16. Jh. zu einem Schloss erweitert wurde. Lehnshoheitlich unterstand Berg, dessen Besitzergeschichte sehr wechselhaft ist, dem Herzogtum Lothringen und ab 1769 den habsburgi-

Nennig, Schloss Berg/Oberburg (Ausbau um 1580)

schen Niederlanden. Im Zweiten Weltkrieg wurde das Schloss schwer beschädigt. Wieder aufgebaut ist die Oberburg, die gastronomisch genutzt wird. Sie besteht aus einem ehemaligen Wohnturm im Norden, der vermutlich aus dem 13. Jh. stammt. Mit ihm ist über einen Zwischentrakt ein Burghaus sicherlich des 14. Jh. verbunden, dessen ursprüngliche Größe sich an den Rundtürmen ablesen lässt, die das Dach überragen.

Schloss Bübingen, ein zweiter Adelssitz, in Nennig – gleichfalls ursprünglich eine Wasserburg – wurde auch ein Opfer des Zweiten Weltkrieges. Die Anlage ist nicht mehr aufgebaut worden. Die zur Gemeinde Kreuzweiler gehörende **Burg Thorn** verlor damals einen großen Teil des noch vorhandenen mittelalterlichen Baubestands. Erhalten blieben ein westlicher Bau aus dem mittleren 16. Jh. und ein nördlicher aus der Zeit um 1800. Von der Befestigung der früheren Wasserburg **Wincheringen** – etwas moselabwärts gelegen – war offensichtlich schon in der Neuzeit nicht viel übriggeblieben. Ihr

überkommener runder Wehrturm dient der Kirche als Glockenturm. Das Herrschaftshaus daneben ist 1565 bezeichnet und besitzt einen Renaissanceeingang und ähnlich dekorierte Fenster.

Auf der luxemburgischen Moselseite, die man am einfachsten über die Brücke zwischen Wincheringen und Wormeldange erreicht, ist das Dorf **Ehnen** sehenswert. Um die Kirche in der Ortsmitte, deren Langhaus 1826 in einen Kuppelbau umgewandelt wurde, versammeln sich mehrere Häuser, die teilweise aus dem 16. Jh. stammen, darunter ein stattlicher, patrizierhafter Massivbau mit Renaissancedekor (7, Rue Isidore Comes). Ehnen besitzt an der Moselpromenade ein Weinmuseum, das allein schon wegen seines ansehnlichen Baubestands besuchenswert ist.

Flussabwärts nähert man sich auf der Luxemburger Seite Wasserbillig mit seinem industriellen Hafen und auf der deutschen Seite **Temmels** mit seinem um 1824 errichteten Schlösschen, das unlängst nach langem Verfall wiederher-

Igel, Grabdenkmal der Secundinier (um 250 n. Chr.)

Igel-Liersberg, rekonstruiertes Grutenhäuschen

Echternach, Kloster-kirche, Fassade

Trier-Zewen, Ecke Wasserbilliger Str./Kanzelstr., ehem. Wartturm (15. Jh.)

gestellt worden ist, allerdings unter Aufgabe eines Teils der historischen Bausubstanz.

An der deutsch-luxemburgischen Grenze bei Wasserbillig, die vom Flüsschen Sauer gebildet wird, bietet sich eine kurze Fahrt nordwärts nach **Echternach** an, um vor allem die dortige romanische Abteikirche zu besuchen. Bei einem Gang durch den zugehörigen Park wird man die barocke Orangerie und einen Gartenpavillon entdecken. Die Stadt besitzt auch einen sehenswerten Marktplatz.

Von der Mündung der Sauer in die Mosel geht es links des Flusses bis nach Igel weiter. In der Ortsmitte, vor der Kirche, steht die berühmte **Igeler Säule**. Sie gilt als ein besonders hervorragendes römisches Grabdenkmal, und zwar nicht nur aufgrund ihrer Größe, sondern wegen ihrer Reliefs. Das pfeilerartige, aus Sandstein gearbeitete Monument, das aus den Jahren um 250 stammt, erinnert an die wirtschaftliche Tätigkeit seiner Auftraggeber, der Familie der Secundinier. Dargestellt sind neben Szenen aus dem Tuchhandel auch mythische, von denen eine besonders wichtig ist. Sie wurde nämlich als Vermählung der hl. Helena mit Kaiser Constantius interpretiert. Dieser christlichen Deutung ist vermutlich der Erhalt der Igeler Säule zu verdanken, sah man sie folglich doch nicht als heidnisches Zeugnis an.

Im Weinbergsgelände des Igeler Ortsteils **Liersberg** befindet sich ein zweites rö-

misches Grabdenkmal, das sich im Gegensatz zur „Säule" im Tal allerdings als ein Miniaturtempel präsentiert. Der Flurname dieses Bezirks lautet **Grutenhäus-chen**. Die Gemarkungsnamen Gruten, Crouchten oder Kruchten stehen vermutlich im Zusammenhang mit einem unterirdischen Gewölbe, wie es eine Krypta ist. Diese Deutung könnte auch auf den kleinen Bau im Liersberger Weinbergsgelände hinweisen, der aus der Ferne wie ein Wingertshäuschen wirkt, in Wirklichkeit aber eine römische Grabstätte ist. Sie besteht aus einem kellerartigen Unterbau als Grabkammer und einem Obergeschoss in Form eines Tempelchens mit Säulenfront. Die verfallene Anlage wurde 2001 nach Vorlagen des Rheinischen Landesmuseums Trier rekonstruiert.

Auf Igel folgt der schon zu Trier gehörende Stadtteil **Zewen**. Am Ortseingang stößt man auf einen befestigten Wohnturm, der ab dem zweiten Viertel des 15. Jh. die kurtrierisch-luxemburgische Grenze sicherte (Ecke Wasserbilligerstr./Kanzelstr.). Der Hocheingang dieses schlichten Gebäudes und seine zum Teil erhaltenen Schlüssellochscharten haben ge-

legentlich frühere Bauzeiten annehmen lassen. Ein solches Datierungsproblem stellt sich öfters, wenn eindeutig einzuordnende stilistische Formen fehlen.

An Trier-Zewen schließt sich ein großes Gewerbegebiet an, von dem sich das klassizistische **Schlösschen Monaise** erreichen lässt. Am besten bleibt man weiter auf der B 49 (Luxemburger Str.) und achtet auf die allerdings leicht zu übersehende Abfahrt nach Monaise, das am Moselufer liegt. Diesen noblen Bau ließ sich zwischen 1779 und 1783 der Domdechant Philipp Nikolaus Graf von Walderdorff von dem französischen Architekten *François Mangin* errichten, auf dessen Pläne auch die ehemalige Dompropstei in Mainz zurückgeht. Der Landsitz, der über etliche Jahrzehnte nach dem Zweiten Weltkrieg verwahrlost war, zeigt sich seit seiner Restaurierung von 1997 wieder in seiner ursprünglichen Eleganz. Auffallend ist die Höhe der dreigeschossigen, längsrechteckigen und recht schmalen Anlage, die sich als weiß gehaltener Kubus unvermittelt und ohne abstufende Annexbauten innerhalb eines Parkgeländes erhebt. In der nach Trier gerichteten Schauseite dominiert ein Mittelrisalit, der auf einem hohen Parterre mit Fugenschnitt aufbaut und dessen zentrale Erscheinung hohe, zweigeschossige Säulen ionischen Stils darstellen. Sie bilden innerhalb der Fassade den Rahmen für einen halbraumtiefen Rücksprung, der in seinem unteren Bereich als Balkon genutzt wird. Die Rückseite des noblen Baues verzichtet auf eine solche architektonische Betonung, besitzt aber auch einen leicht vortretenden Mittelrisalit, der zusammen mit einer Lisenenordnung diese Front gliedert. Eine Attika mit Balustergeländer beschließt den Baukörper, aus dessen flachem Dach sich eine zeltartige Kuppel abhebt. Insgesamt ist der

Trier, Schloss Monaise, Parkseite (1779–1783)

Trier, Schloss Monaise, Sphynx am Schlosszugang

Habitus ohne die Kenntnis der Entwürfe von Andrea Palladio kaum vorstellbar. Zudem spielt die französische Schlossarchitektur des Louis Quinze eine Rolle, wie sie das Palais des Petit Trianon im Park von Versailles verkörpert, dessen Hauptansicht ein Mittelrisalit mit hohen Säulen akzentuiert. Insbesondere ist auf die betonte landschaftliche Unverbundenheit des Moselschlösschens hinzuweisen, das in seiner erwähnten blockartigen, hartkantigen Gestalt bis zu den Baumkronen ragt, mit der Umgebung nicht zu einer Einheit verschmilzt, sondern eher einen Solitär darstellt, was durchaus einem klassizistischen räumlichen Empfinden entspricht. Als Detail sind die Sphinxen von Monaise zu erwähnen, welche die Parkterrasse säumen und die in ähnlicher Position auch am Kurfürstlichen Schloss in Trier anzutreffen sind. Spiegeln sie dort die Heiterkeit des Rokoko wider, so sind sie an dem Landsitz einer strengen, schon archaisch wirkenden griechischen Klassik verpflichtet.

Gegenüber von Monaise liegt **Konz-Karthaus**, das man über die Moselbrücke in Richtung Trier-Süd und die B 51 auf der rechten Moselseite (einige Kilometer flussaufwärts) erreicht.

Konz, ehem. Kloster Karthaus (1680, um 1885)

Trier, sogen. „Alte Schmiede", Simeonstr. 7 (um 1550)

Konz, Volkskunde- und Freilichtmuseum Roscheider Hof, Hunsrückweiler

Die Anlage stellt die Wiedergeburt des Trierer Kartäuserklosters dar, das 1680 von französischem Militär zerstört und anschließend nach Konz verlegt wurde. Heute ist allerdings das ursprüngliche, von dem Mainzer Baumeister *Vitus Schneider* entworfene bauliche Konzept kaum mehr erkennbar. Das Kloster fiel nach der Säkularisation in private Hände; ihm wurde so übel mitgespielt, dass der größte Teil seiner Bausubstanz verloren ging. Stehen geblieben sind nur die Kirche und die südlichen Wohnflügel. Der rekonstruierte Gründungsplan stellt eine völlige Symmetrie vor, deren Mittelachse die Kirche bildet. An die Seitenflügel schließt sich nach Osten ein langes

Rechteck an, das einen Kreuzgang und die von ihm zugänglichen Häuschen der Chormönche umfasst. Dies alles ist in Konz verschwunden. Imponierend ist aber immer noch die sandsteinerne Kirchenfassade mit ihrem monumentalen Aufbau. Hohe seitliche Pilaster rahmen ein großes Fensterpaar, über das sich ein Halbkreis in Muschelform spannt. Der darüber geführte Bogen besitzt als Keilstein eine überdimensionierte Maske oder Fratze in Raubtiergestalt. Die aufstrebende Bewegung der Pilaster setzen die Voluten des sich anschließenden zweigeschossigen Aufbaues fort. Überaus phantasievoll ausgeführte Masken schmücken auch die Scheitel des noch vorhandenen Arkadenganges, der zum erhaltenen Südflügel führt (heute Bürgerhaus). In ihm sind Stuckdecken der Erbauungszeit erhalten. Im Kircheninneren verschmelzen traditionsgebundene Auffassungen mit barocken. Einerseits sind die Joche mit Kreuzrippen gewölbt, andererseits gliedern sich die Wände durch Pilaster und ein deutlich vortretendes Gesims, das mit der Wand und den Vorlagen verkröpft ist. So ergibt sich eine sehr lebendige Gliederung.

Oberhalb von Konz liegt das 1976 gegründete **Volkskunde- und Freilichtmuseum Roscheider Hof**, in dem vor allem die historische ländliche Welt der westlichen Regionen von Rheinland-Pfalz dokumentiert wird. Traditionelle Siedlungs- und Bauweisen werden anhand translozierter Häuser vom Hunsrück, der Eifel und Mosel dargestellt. Umfangreiche Sammlungen zu sachvolkskundlichen Themen ergänzen die häuslichen Wohnsituationen und geben Einblick in die frühere bäuerlich-handwerkliche Arbeit. Wechselausstellungen aktualisieren

den Museumsfundus. Der ausgeschilderte Weg zum Roscheider Hof führt durch Konz.

In Konz mündet die **Saar** in die Mosel. Es bietet sich ein Abstecher in das Weinbaugebiet um **Saarburg** und eine Rückfahrt auf der landschaftlich reizvollen Strecke über **Wiltingen** und **Oberemmel** nach Trier an. (Vgl. zu Trier die verschiedenen Stadtrundgänge.)

Von Trier über Pfalzel – Schweich – Longuich – Leiwen – Neumagen-Dhron nach Bernkastel-Kues

Will man die Autobahn von Trier moselabwärts vermeiden, so empfiehlt sich die links der Mosel gelegene Strecke (B 53), von der man zunächst nach **Pfalzel** gelangt. Reste römischen Mauerwerks haben sich auch in diesem Trierer Stadtteil erhalten. In der zweiten Hälfte des 4. Jh. befand sich hier ein palastartiger römischer Landsitz, dessen ursprünglicher Name *Palatiolum* (kleine Pfalz) auf diese Bestimmung hinweist. In die antike Anlage wurde zur Zeit der Merowinger eine Kirche eingebaut. Im späteren Mittelalter diente ein weiterer Teil des römischen Bauwerks den Erzbischöfen als Burg. Von dieser einstigen kurtrierischen, mit Wassergräben versehenen Anlage, die im 12. Jh. im Südflügel des römischen *Palatiolums* etabliert wurde, ist als Mauerzug der größte Teil der westlichen Ringmauer mit quadratischem Torturm erhalten. Weitere Mauer- und Turmreste aus diesem Zusammenhang finden sich verbaut in den umliegenden Wohnhäusern. Auch die frühere Stiftskirche, die in mehreren Perioden im Mittelalter gebaut wurde, bedient sich teilweise älterer Mauerzüge. Aus dem 10./11. Jh. stammt das moselseitige Mauerwerk mit der aus der römischen Umfassung ragenden Apsis. Der zunächst flache Bau der kreuzförmigen Kirche, deren Vierung eine Ecke des Vorgängerbaues einbezieht, wurde aufgestockt und im ersten Viertel des 13. Jh. eingewölbt. Der östlich angebaute Kreuzgang geht auf die Jahre 1511 bis 1531 zurück.

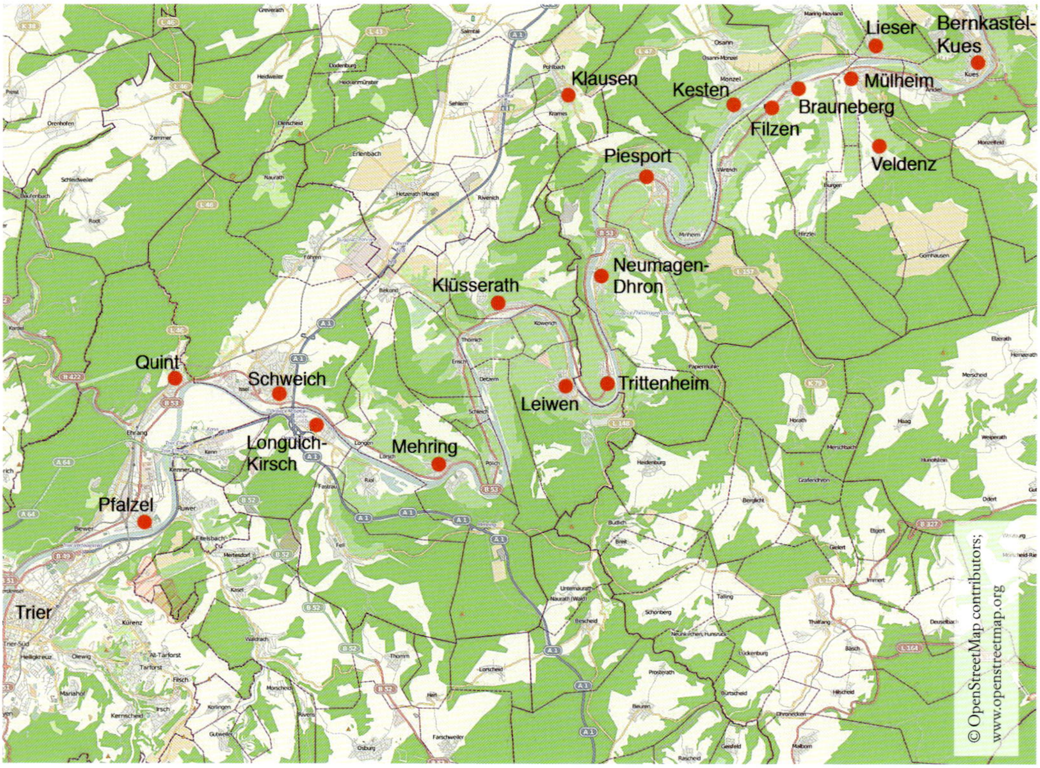

Trier-Pfalzel, Residenzstr., ehem. kurtrier. Amtshaus (1577)

Die Ortsbefestigung von Pfalzel stammt vom Ende des 14. Jh. Sie wurde im 16. Jh. ausgebaut und bastioniert und 1673/74 von französischen Truppen eingenommen und weitgehend zerstört. Als imposanter Rest ist das aufgebrochene Südostrondell erhalten, das seit dem 18. Jh. ein barocker Gartenpavillon ziert.

Pfalzel besitzt einige hervorragende mittelalterlich-frühneuzeitliche Häuser. Am Kirchplatz (Nr. 3) finden sich neben den Resten römischen Mauerwerks gotische, lanzettartig zugespitzte Fenster, deren Stürze mit Dreipässen verziert sind, wie man dies von Trierer Bauten aus dem späten 15. Jh. kennt. Das Nachbarhaus (Kirchplatz 1) zeigt neben barocken Fenstern ähnliche gotische Formen. Das frühere Gerichtshaus (Münzstr. 3–5) weist spätgotische Öffnungen (um 1545) und solche der Renaissance (um 1585) auf.

Prächtige Häuser mit reinem Renaissancedekor sind das 1579 bezeichnete Eckhaus am Spielesplatz 13 und vor allem das frühere kurtrierische Amtshaus in der Residenzstraße. Sein 1577 bezeichneter straßenseitiger Bau besitzt eine herausragende Fensterfront. Es handelt sich um hohe profilierte Kreuzstockfenster mit Kartuschen und kleinen Masken auf dem Sturz. Das mehrfach gestufte Gesims darüber, das die horizontale Linie betont, ist um die vortretenden Ecken gekröpft. Von spätgotischen Reminiszenzen ist nichts mehr festzustellen.

Auf der linken Moselseite, am nordöstlichsten von Trier, liegt **Quint**. Sein um 1760 nach Plänen von *Johannes Seiz* errichtetes Schloss verdient aus wirtschaftshistorischer Sicht besondere Aufmerksamkeit. Es war Wohn- und Verwaltungssitz der Familie von Pidoll, die ab dem späten 17. bis Ende des 18. Jh. im dortigen Kylltal eine Eisenhütte betrieb. Sie ist neben der vom Kloster Echternach in Weilerbach an der Sauer gelegenen Eisenschmelze eines der wenigen Beispiele vorindustrieller Produktion im Moselland, das fast ausschließlich agrarisch-handwerklich strukturiert war. Das Quinter Schloss ist nur von außen zu besichtigen.

Kurz hinter Quint gelangt man nach **Schweich** und findet dort den ältesten Fährturm an der Mosel vor – ein Beispiel des 18. Jh. Der Grundriss ist fünfeckig angelegt; ein Eisbrecher bewehrt die flussaufwärts gelegene Seite, und ein hohes Zeltdach bedeckt das Gebäude. Das Pendant auf der anderen Moselseite wurde im 19. Jh. abgerissen.

In Schweich ist ein Wechsel auf das andere Moselufer empfehlenswert, um in den nächsten flussabwärts gelegenen Ort, **Longuich-Kirsch**, zu gelangen. Die dortige so genannte Alte Burg (Maximinstr. 37–39) ist ein rustikal wirkender, unverputzter Bruchsteinbau, der eine ganze Reihe qualitätvoller spätgotischer, aus Sandstein gearbeiteter Fenster aufweist, die etwa denjenigen in Pfalzel nicht nachstehen. Diese an Trierer Vorbildern orientierten Beispiele dürften der ersten Hälfte des 16. Jh. entstammen.

Besonders bekannt ist **Longuich-Kirsch** wegen seiner römischen Villa (*villa urbana;* städtische Bauweise), die sich im Weinbergsgelände oberhalb des Dorfes befindet und nach archäologischem Befund von 1987 teilweise wieder aufgebaut wurde. Die Anlage des zweiten nachchristlichen Jh. war ursprünglich 110 m lang und 28 m tief. Anhand von Badeeinrichtungen mit kaltem und warmem Wasser werden römische Gesundheits- und Hygienestandards demonstriert. Die Reste einer Hypokaustenhei-

Schweich, ehem. Fährturm (spätes 18. Jh.)

zung illustrieren ein weiteres Kapitel römischen Technikverständnisses.

In Longuich-Kirsch wechselt man wieder die Moselseite, kommt nach **Mehring** und findet dort (rechts der Mosel) das zweite Beispiel einer römischen Villa vor, die teilweise rekonstruiert worden ist. Im Gegensatz zur *villa urbana* in Longuich-Kirsch handelt es sich um eine *villa rustica* (ländliche Bauweise). Der in den achtziger Jahren des vergangenen Jh. ergrabene Bau, dessen Grundform auf das 2. Jh. n. Chr. zurückgeht, entspricht dem bekannten Bautyp mit zwei turmartigen Eckrisaliten und mittlerem

Longuich-Kirsch, „villa urbana" (2. Jh. n. Chr.)

Mehring, nach archäologischem Befund rekonstruierte „villa rustica" (2. Jh. n. Chr.)

Portikus. In den folgenden Jahrhunderten um einiges baulich erweitert, wurde
der gesamte Besitz im 5. Jh. nach einem
der Germaneneinfälle aufgegeben. Besondere Aufmerksamkeit verdient die
landschaftliche Situation der einstigen
Villa. Die Mosel beschreibt hier eine enge Schleife, und die sie begleitenden Höhen rahmen sie in einem Halbrund der-
art perfekt ein, dass sich der Eindruck eines Amphitheaters mit seinen aufsteigen-
den Rängen ergibt.

Klüsserath – ein großes Dorf auf der linken Moselseite – zeigt auf den ersten
Blick keine besondere historische Bausubstanz. Auf den zweiten wird aber ge-
wahr, dass sich mitten im Dorf ein zumindest nicht alltägliches Gebäude befindet (Hauptstr. 80). Es ist ein stattlich-
hoher, unverputzter, aus Bruchstein ge-
mauerter Kubus mit einem abgewalmten, gebrochenen Dach. Seine Gestalt
spricht für barocke Verhältnisse, dem indes die grobe Struktur der Mauern wi-
derspricht. Sie müssten verputzt sein. Der
Kontrast erklärt sich aus der Baugeschichte. Die Mauern sind Teil eines mittelalterlichen Befestigungswerks – eines einst
von Wasser umgebenen Turm- oder
Burghauses; und das damit nicht konfor-
me Dach geht auf eine Baumaßnahme
des 18. Jh. zurück.

Resümiert man die bisher, sei es in
Pfalzel, Longuich-Kirsch oder Klüsserath angetroffenen Bauten, die zumindest in ihrem Kern spätmittelalterlichen
Ursprungs sind, so könnte man davon
ausgehen, dass damals die massive
Bauweise exklusiv gewesen sei. Die in
Trier erhaltenen Fachwerkhäuser – das
älteste in der Sternstraße von 1475 –
lassen aber vermuten, dass die traditionelle Holzbauweise auf dieser Moselstrecke früher als an der folgenden
aufgegeben worden ist. Erst in **Leiwen**
trifft man auf ein bedeutendes Fachwerkhaus von 1484/85 (Laurentiusstr.
12). Konstruktiv hat es die Zeiten unbeschadet überstanden. Das massive
Parterre wurde allerdings im 18. Jh.
überformt.

Barockisiert wurde zwischen 1769 und
1771 auch die Leiwener Pfarrkirche. Von
ihrem Altbau ist der spätgotische Chor erhalten, während das Langhaus und der
Turm nach Plänen des kurtrierischen Baudirektors *Johannes Seiz* neu gebaut wurden. Vorgesehen war entgegen der reali-
sierten achtseitigen, hohen Pyramide als
Turmbekrönung allerdings eine welsche
Haube. Verglichen mit der Kirche in Klüsserath, die 1783 ein neues Langhaus nach
einem Plan des Trierer Baumeisters *Louis
Le Blanc* erhielt, ist die Lösung in Leiwen

noch recht aufwendig; denn weiter moselaufwärts begnügte man sich mit einem einfachen Dachreiter.

Trittenheim – mit seinem „Altärchen" ein berühmter Weinort und mit der Laurentiuskapelle über dem Dorf ein ostentatives, symbolträchtiges Zeichen katholischer Gläubigkeit – weist mit dem auf Bergeshöhe stehenden Menhir (Hinkelstein) in unvorstellbar frühe Zeiten der Menschheit. Dem über der Moselschleife mit Blick nach Leiwen und Neumagen aufgestellten Stein sind gewisse menschliche Züge nicht abzusprechen, wie die schräg verlaufenden Rillen, die sich als leicht angehobene Arme deuten lassen. Ein Loch im unteren, mittleren Bereich wird als Abdruck eines Eselshufs interpretiert. Diese Vertiefung sei das Zeugnis eines solchen Reittiers, dessen gewaltiger Sprung in oder über das Moseltal eine christliche Jungfrau vor der Nachstellung eines heidnischen Ritters in Sicherheit gebracht habe. Daher der volkstümliche Name *Eselstratt*.

Es folgt der Doppelort **Neumagen–Dhron**, der sich einerseits – Neumagen – an der Mosel erstreckt, andererseits in dem Hügelland des namengebenden Bachs Dhron liegt. Die Beziehung „erstreckt sich unmittelbar am Moselufer" trifft die lokale Situation nicht ganz; denn der historische Ortskern von Neumagen wird weitgehend von der erhöht gelegenen, langen Hauptstraße bestimmt, wie es charakteristisch für die Moselgegend ist. Ältere geschlossene Bebauungen am Moselufer sind relativ selten, was aus Hochwasserschutzgründen verständlich ist. Das erste Haus, das am Neumagener Ufer errichtet wurde, ist ein villenartiger großbürgerlicher Bau aus der Zeit um 1740 (Moselstr. 9). Weitere Häuser folgten erst nach und nach.

Neumagen wurde unter Kaiser Konstantin – Regierungszeit 306 bis 337 – als Kas-

Neumagen, sog. römisches Weinschiff (Kopie, Original im Landesmuseum Trier)

Neumagen, römisches Mauerwerk in der Fischgrätentechnik als Rest eines Kastellturms, Spielesgasse 14

tell ausgebaut. Als Baumaterial verwendete man zerschlagene Grabsteine, die aus der Umgebung von *Augusta Treverorum* herbeigeschafft wurden (vgl. Igel, Igeler Säule). Etliche Fragmente dieser Monumente des ersten und zweiten nachchristlichen Jh. wurden bei Grabungen 1877–1885 entdeckt, darunter das berühmte Neumagener Weinschiff und ein Schulrelief. Sie befinden sich im Rheinischen Landesmuseum Trier; Kopien sind in Neumagen aufgestellt. Unter einem der einst zirka zwölf bis dreizehn Kastellrundtürme, dessen Reste in der Spielesgasse (Nr. 14) erhalten sind, hat man, wie Ende der neunziger Jahre des vorigen Jh., weitere Trümmer römischer Spolien gefunden, die als Fundament vermauert und in situ erhalten sind. Auch

Neumagen-Dhron, Ortsteil Neumagen, römische Spolien als Fundament eines Kastellturms, Spielesgasse 14

Neumagen,
St. Peterskapelle
(um 1314)

der Mosel gelegenen Höhe zwischen Neumagen-Dhron und Piesport-Niederemmel, dem Aufstieg in Richtung Hunsrück, angenommen. Diskutiert wird als weitere Lokalität dieses sagenhaften Wehrbaues aber auch die Burg Bischofstein an der unteren Mosel. Zumindest literarisch hat die Nicetius-Burg die Zeiten überdauert; denn der mit dem fränkischen Königshof in Metz eng verbundene Lyriker und Verfasser kirchlicher Viten, *Venantius Fortunatus*, hat ihr in seinem Gedicht *De navigio suo* aus den Jahren um 565/566 ein Denkmal gesetzt. Der Autor hatte eine Reise auf der Mosel und dem Rhein von Metz nach Andernach unternommen und dabei das festungsartige Werk passiert. Venantius' Poem ist nach der knapp zweihundert Jahre zuvor geschriebenen *Mosella* des *Ausonius* der zweite von einem höfischen Dichter verfasste Lobpreis auf die Mosel.

ein Stück der Mauer in originaler Fischgrätmanier hat dort die Zeiten überdauert. Ein archäologischer, vom Heimatmuseum organisierter Rundweg durch Neumagen führt auch zu dieser Stelle.

Bei Neumagen entstand möglicherweise zur Zeit von Bischof Nicetius (gest. um 566) wiederum ein Kastell, das mit dreißig Türmen bewehrt gewesen sein soll. Davon ist allerdings nichts erhalten. Der genaue Standort ist noch nicht einmal überliefert. Er wird auf der rechts

Von Neumagens mittelalterlicher Kirche ist ein romanischer Turm (1190) erhalten, der die Nordwestecke der 1792/93 neu errichteten Pfarrkirche bildet. Etwas weiter moselabwärts liegt, umgeben von hohen Bäumen, die Peterskapelle. Der einfache Saalbau, dessen Langhaus von 1718 stammt, hat seinen gotischen Chor von 1314 mit den Maßwerkfenstern bewahrt. Die beiden Grabdenkmäler im In-

Neumagen, Römerstr. 98, ehem. Warsberger Hof (1730)

Neumagen,
Römerstr. 92,
Konsolfratzen des
Kaminanfängers
(1618)

Neumagen,
Römerstr. 92 (1618)

neren – zum Gedenken an einen Vogt von Hunolstein (gest. 1485) und einen Grafen zu Isenburg (gest. 1553) – sind beachtenswerte Arbeiten der Spätgotik sowie der Renaissance.

Neumagen besitzt etliche bemerkenswerte Wohnhäuser, deren älteste Beispiele bis in das 16. Jh. zurückreichen. Es handelt sich dabei wie auch in Dhron sowohl um ehemalige adelige und kirchliche Hofhäuser als auch um rein bürgerliche Bauten. Hinzuweisen ist insbesondere auf ein Steinhaus in der Römerstraße zu Neumagen (Nr. 92), das inschriftlich mehrfach 1618 datiert ist. An der Hauptansicht kragt über figürlichen Konsolen, welche die Laster der Geschwätzigkeit und der üblen Nachrede symbolisieren, ein Kamin vor, der früher sicherlich den First überragte. Von den jüngeren Häusern seien der ehemalige Warsberger Hof von 1730 (Römerstr. 98) oder das Willemsche Haus, mittleres 18. Jh. (Römerstr. 94) und der frühere Sayn-Wittgensteinsche Hof von 1790/91 (Hinterburg 8) sowie das erwähnte herrschaftliche Haus (Moselstr. 9) hervorgehoben. Ähnlich gestaltete Barockhäuser sind im Ortsteil Dhron und in Wintrich anzutreffen.

Rechtshistorisch ist eine Inschrift in Neumagen bemerkenswert, die sich auf dem Türsturz eines Brunnenhäuschens neben dem Warsberger Hof befindet und unmissverständlich eine Kompetenz der Gemeinde mit folgenden Worten dokumentiert: DIESER BRUNN IST UND VER /BLEIBT DER GEMEIND NEUMAGEN / 1743 21 JUNI

Die Gemeinde **Piesport** – die nächste Station moselabwärts – besteht aus den Dörfern Piesport auf der linken und Niederemmel auf der rechten Moselseite. Eine exponierte Lage direkt am Moselufer nimmt die Piesporter Pfarrkirche St. Mi-

chael ein, die 1776/77 nach Plänen des aus Tirol stammenden Baumeisters *Paul Miller* als Saalkirche mit Westturm errichtet wurde. Er besitzt ein ansehnliches Portal mit gesprengtem Giebel und ei-

oben und unten:
Piesport, Pfarrkirche
St. Michael
(um 1777)

Piesport-Müstert,
St. Martinstr. 61
(1. Hälfte 18. Jh.)

Kesten, Bildstock
von 1686 am Eier-
markt

Kesten, ehem.
Himmeroder Hof
(bez. 1716)

ner Ädikula mit der Skulptur des hl. Michael. Wie damals an der Mosel üblich, stützen einfache Strebepfeiler die Mauern des Langhauses. Man wäre demnach nicht erstaunt, auch eine konservative Innengestaltung anzutreffen. Dem ist aber nicht so; denn sie entspricht mit ihrer Pilastergliederung und der Stichkappendecke der Raumauffassung des späten Barock. Dies gilt im besonderen Maße für die aufwendigen Deckengemälde, die der Trierer Maler Johann Peter Weber in Rokoko-Manier ausgeführt hat. Die Ausstattung – die Altäre – entspricht der Erbauungszeit. Den Vorplatz der Kirche säumen zwei auf Pfeiler postierte lebensgroße musizierende Engelsfiguren von etwa 1780, die vom Kloster Klausen stammen.

Beide durch die Mosel getrennte Ortsteile von Piesport verfügen über eine beachtliche historische Wohnhausarchitek-

tur ab dem 16. Jh. Am Ausoniusufer 3 (linkes Ufer) zeigt spätgotische Fenstergruppen. Am Ausoniusufer 6 – der jüngere Klausener Hof – ist ein stattlicher, repräsentativer Massivbau des späten 18. Jh. mit einem Pilasterportal von 1806. Dahinter liegt der allerdings ruinöse, massive alte Klausener Hof von 1529/30. Am Domhof 9 ist der ehemalige Hof des Trierer Domkapitels von 1721. Auf dem rechten Moselufer, Ortsteil Niederemmel, befinden sich neben der St. Martins-Kirche von 1732 einige mit Treppentürmen ausgestattete Hofhäuser des späten 16./frühen 17. Jh. Im Ortsteil Müstert, der unmittelbar an der Mosel liegt, stößt man auf das Ensemble des einstigen Marienhofs, der zusammen mit der Kapelle Besitz der Abtei Mettlach war. Weiter finden sich einige stattliche barocke Massivbauten und ein Fachwerkhaus, dessen breit gelagerter Giebel dekorativ gesetzte Hölzer aufweist, was für die zweite Hälfte des 18. Jh. eine Rarität darstellt (Martinstr. 61).

Wie der Klausener Hof im Ortsteil Piesport nahelegt, war das Dorf früher eng mit dem auf der nächsten Eifelhöhe gelegenen **Kloster Klausen** verbunden, das man über die Serpentinenstraße in Richtung Trier/Wittlich erreicht. Das Kloster der Augustiner-Chorherren wurde in der napoleonischen Zeit säkularisiert und ihr geistliches Zentrum in eine Pfarrkirche umgewandelt. Diesem für die Moselregion und die angrenzende Eifel wichtigen spätgotischen Bau sollte ein besonderer Besuch gewidmet sein.

Klausen steht in engem Zusammenhang mit einem frommen Winzer oder Tagelöhner namens Eberhard, der 1438 an der Stelle der späteren Kirche einen Bildstock zu Ehren Mariens aufstellte. Nach einer Vision vergrößerte der Klausner seine Gebetsstätte zu einem Heiligenhäuschen, das gemäß der Legende den

pretieren. Der Himmeroder Hof ist nicht das einzige beeindruckende Baudenkmal von Kesten. Eine ähnliche Vielfalt findet sich auch in den rechts der Mosel gelegenen Dörfern, deren historische Bauten in massiver oder Fachwerkausführung im Einzelnen nicht aufgeführt werden können.

Besonders herausgestellt sei als kirchlicher Bau der romanische Glockenturm von (Brauneberg)-**Filzen**, der den Rest einer früheren Andreaskapelle darstellt. Die Gliederung der als Schallarkaden dienenden Zwillingsöffnungen dieses Turms erinnert mit seinen Mittelsäulen und den Überfangbögen in Farbwechsel an Formen der Westfassade des Trierer Doms. **Brauneberg** – bis 1925 hieß der Ort Dusemond – gehörte im Mittelalter zur Grafschaft Veldenz und später bis zum Ende des Alten Reichs zur Kurpfalz.

Grundstock zur Kirche bildete. Nach Eberhards Tod (1451) gelangte der fromme Ort, der bereits das Ziel von Wallfahrten war, in die Obhut der Augustiner-Chorherren, die als weitere und entscheidende Bauherren fungierten.

Von Piesport aus bietet sich moselabwärts als Alternative die links des Flusses gelegene so genannte Panoramastraße an, die über die Höhe nach Minheim und dann nach Kesten und Lieser führt. Oder man wählt die Uferstraße, auf der man Lieser über die Stationen Wintrich – Brauneberg-Filzen – Mülheim erreicht. **Kesten** ist einen Halt wert, veranschaulicht es mit dem früheren Himmeroder Hof, der analog zu dem erwähnten Klausener Hof in Piesport zu sehen ist, nochmals das einstige wirtschaftliche Potential einer Klostergemeinschaft. Darüber hinaus teilt diese 1712 bezeichnete Moseldependance eines Eifelklosters auch einen geistlichen Anspruch mit, denn der in gotisierenden Formen ausgeführte Erker am Giebel – möglicherweise älter als 1716 – ist als eine Altarnische zu inter-

Brauneberg-Filzen, Ortsteil Filzen, ehem. Klosterkirche (1. Viertel 18. Jh.) mit dem romanischen Turm der einstigen Andreaskapelle (2. Hälfte 11. Jh.)

links: Klausen, ehem. Augustiner-Chorherrenkirche (letztes Drittel 15. Jh.)

Brauneberg, Nussbaumallee 7; linkes Haus im Kern um 1680, rechtes Haus 1725

*Brauneberg,
Nussbaumallee 7*

*Brauneberg,
Nussbaumallee 7*

*Mülheim, Veldenzer
Str. 12 (2. Hälfte
18. Jh.)*

Die besondere territoriale Situation führte dazu, dass bereits im ersten Viertel des 16. Jh. die Reformation eingeführt wurde. Spätere Bemühungen um eine Rekatholisierung, von der das Franziskanerinnenkloster im Ortsteil Filzen zeugt, waren nur teilweise erfolgreich. Die traditionell gemischten konfessionellen Verhältnisse spiegeln sich in der Kirche St. Remigius wider, die von Protestanten und Katholiken simultan genutzt wird. Gebaut wurde sie 1776/77 nach Plänen des kurpfälzischen Architekten *Franz Wilhelm Rabaliatti*, der vor allem von großen Bauvorhaben innerhalb der kurpfälzischen Residenzstadt Mannheim bekannt ist. Die Brauneberger Kirche ist ein relativ bescheidener Saalbau mit Westturm, der in einer Zwiebelkuppel ausläuft. Kirche und Pfarrhaus bilden ein in sich schlüssiges barockes Ensemble. Weitere gut gestaltete Bauten vor allem des 18. Jh. finden sich in der Hauptstraße, in der auch älteres Fachwerk anzutreffen ist. Besonders sehenswert ist die Nussbaumallee, deren aus den Jahrzehnten 1680 bis 1725 stammende Baugruppe um das Haus Nr. 7 sich nicht nur aufgrund hervorragend geschnitzter Haustüren auszeichnet. Ebenso qualitätvoll zeigt sich das Treppenhaus.

Ein kurzer historischer Rekurs: Die Grafschaft Veldenz reichte bis auf die linke Moselseite, von der sie einen kurzen Streifen besaß. Er ist als Weinbergslage *Brauneberger Juffer* berühmt. An ihrem Fuß befindet sich eine der aufgefundenen und rekonstruierten römischen Kelteranlagen – ein Hinweis auf das Alter dieses Weinbergareals.

In diesem ganzen Bereich der Mittelmosel sieht man barock geprägte Hofanlagen, bei denen sich in der Form des bäuerlich-handwerklichen Einhauses Wohn- und Wirtschaftsteil unter einem Dach vereinen. Die Gestaltung der Architekturglieder entspricht zumindest vom Konzept her derjenigen der aufwendigeren Bauten. Die Dächer sind in beiden Fällen in der für das 18. Jh. bezeichnenden Form *à la Mansart* ausgeführt. Die oft reich dekorierten Haustüren sind allerdings nicht immer wie die genannten Beispiele in Brauneberg zweiflüglig vertikal, sondern als *Obergadentüren* auch horizontal geteilt. In **Mülheim** lässt sich dies gut beobachten. So kann die untere Hälfte verschlossen bleiben, während die obere geöffnet ist. Die so genannte Volkskunst entfaltete sich offensichtlich in hohen Graden. Sie orientierte sich indes an Vorbildern der hohen Kunst, was gerne übersehen wird. Eine kleine Schicht großbürgerlicher Bauherren ließ sich von ihr inspirieren, wie das in Mülheim einige stattliche Massivbauten aus dem späten 18. und frühen 19. Jh. bekunden.

Mülheim gehörte einst auch der Grafschaft Veldenz an. Ihre Stammburg liegt in dem Seitental, das in Richtung Morbach zum Hunsrück ansteigt. Die Burg ist 1680 von den Franzosen zerstört und im 19. Jh. teilweise wieder aufgebaut worden. Im Ort **Veldenz** befindet sich als „Haus des Gastes" die so genannte „Villa Romana", in deren Keller eine sehenswerte römische Hypokaustenheizung alle späteren Umbauten überstanden hat.

Gegenüber von Mülheim mündet das Eifelflüsschen Lieser in die Mosel, und dort liegt auch das nach ihm benannte Dorf, das sich aufgrund seines Schlosses von den übrigen Moseldörfern abhebt. Der dortige Landsitz, **Schloss Lieser**, liegt als langgestreckte Anlage mit unterschiedlichen Dachhöhen und etlichen Vor- und Rücksprüngen der Fassade in Formen der Neorenaissance in einem Parkgelände mit altem Baumbestand. Bei näherem Hinschauen erkennt man zwei Bauphasen der großzügigen Anlage, den mosel-abwärts gelegenen älteren Trakt von 1885 und einen zehn Jahre jüngeren Anbau. Den Grundstock errichtete die Industriellenfamilie Puricelli von der Rheinböller Hütte auf dem südlichen Hunsrück, und zwar nicht als ein Schloss, sondern als ein Bürgerhaus. Erst danach wandelte sich das Anwesen zu einem Feudalsitz. Es war unter dem eingeheirateten Freiherrn von Schorlemer eines der größten Weingüter an der Mosel. Architekt des Altbaues wie auch der Fortführung ist der Frankfurter *Heinrich Theodor Schmidt*, der unter anderem den dortigen Palmengarten entworfen hat. Das Schloss Lieser, das etliche Jahre leer stand, wird heute als Hotel genutzt und ist somit öffentlich zugänglich. Im Treppenhaus ist in einem Gemälde die alte Paulskirche festgehalten, die sich abgelegen oberhalb des Dorfs im Weinbergsland befindet. Sie ist, obschon im 18. Jh. erneuert, ein Beispiel für die mittelalterlichen Kirchen, die außerhalb der Dörfer errichtet wurden und zentrale geistliche Stätten mehrerer Orte waren. Nach einer kurzen Strecke moselabwärts erreicht man **Bernkastel-Kues**, dessen Burgruine Landshut die Stadt bereits aus der Ferne ankündigt. Die um 1320, zur Zeit des Trierer Kurfürsten Balduin vollendete Höhenburg wurde 1693 zerstört, dieses Mal nicht von den Franzosen. Vielmehr soll es sich um einen eher zufällig ausgebrochenen Brand gehandelt haben. Von der Mosel aus ist die Hauptburg der unregelmäßig angelegten Anlage sichtbar, deren Bergfried in die Umfassungsmauer einbezogen ist. Die nur spurenweise erhaltene Vorburg liegt etwas tiefer in Richtung Norden.

Die landschaftlich herausgehobene Lage und vor allem der geschlossene historische Kern von Bernkastel, das 1291 zur Stadt erhoben wurde, sind auch für

Schloss Lieser bei Bernkastel, Trakt von 1885

Bernkastel-Kues, Burg Landshut

Bernkastel-Kues, Cusanusstift (Kapelle 1465 fertiggestellt)

Bernkastel-Kues,
Pfarrkirche
St. Michael
(Turm 14. Jh.)

Bernkastel-Kues,
Marktplatz mit
Marktbrunnen
(1606)

Burgturm bildet. Die dreischiffige Kirche mit zweijochigem, polygonalem Chor und Kreuzgewölben stammt aus der zweiten Hälfte des 14. Jh. und wurde im 17. Jh. barockisiert. Erhalten ist der Charakter einer Hallenkirche. Was die Ausstattung betrifft, so sind die spätgotische Triumphkreuzgruppe über dem Hauptaltar, der Sebastiansaltar in der Seitenkapelle von 1631 sowie ein Heiliges Grab von 1606 erwähnenswert. Gestiftet wurde es von dem Dechanten Friedrich Zorn und gearbeitet von *Heinrich Hoffmann*, Sohn des bekannten Trierer Renaissancebildhauers *Hans Ruprecht Hoffmann*.

Herzstück der Bernkasteler Altstadt ist der Marktplatz mit seinen Seitengassen (Römerstr., Alte Römerstr., Graacherstr. mit dem Graacher Tor als ehem. Stadttor). Bis auf einen älteren Bau und wenige historistische Ersatzbauten stammen die dortigen Fachwerkhäuser, von denen einige geschweifte Giebel aufweisen, durchweg aus den letzten beiden Jahrzehnten des 16. und den ersten des 17. Jh. Es entfaltet sich das gesamte Spektrum eines Formenschatzes, der von Renaissanceornamenten geprägt ist. Dazu gehören die mit Kerbschnitzereien überzogenen Ständer, insbesondere die Eckständer, und vor allem die Fensterbrüstungen mit den kleinen, vielfach modifizierten Andreaskreuzen. Sie sind wie die geschwungenen Fuß- und Kopfbänder mit so genannten Nasen besetzt, in deren Formen die gotischen Krabben fortleben. Der Unterschied zu dem strengeren mittelalterlichen Fachwerk wird bei einem Vergleich dieser Häuser mit dem ihnen benachbarten „Spitzhäuschen" von 1416 in der Karlstraße (Nr. 13) offensichtlich, das fast an den Marktplatz stößt. Der zweistöckige Bau, dessen Giebel zweimal vorkragt, besitzt keine ornamentalen Hölzer, sieht man vom Schwebegiebel ab, der sich aber auch

die Moselregion, die an beeindruckenden Ortsbildern nicht arm ist, einzigartig. Wesentlichen Anteil an dieser großartigen Erscheinung hat der mächtige Turm der Pfarrkirche, der möglicherweise einst in die Stadtbefestigung integriert war und das optische Gegenstück zum

als eine bautechnisch sinnvolle Konstruktion interpretieren lässt. An der Längsseite befindet sich der nachträglich geschlossene Eingang, dessen Sturz in der Form von Dreipasshölzern ausgeführt ist. Auch diese gotische Form ist ein Hinweis auf das hohe Alter des Hauses.

Aus dem Kranz der Fachwerkhäuser am Bernkasteler Marktplatz ragt ein Massivbau heraus, dessen Flächen verputzt sind, während die Architekturgliederungen aus Sandstein bestehen – das Rathaus von 1608. Seine zum Platz ausgerichtete Schauseite ist ganz symmetrisch gestaltet, wie es der Renaissancearchitektur entspricht. Die einst offenen Arkaden des Erdgeschosses weisen auf die öffentliche Funktion des Marktgeschehens mit der Waage hin. Der besondere Status der ersten Etage mit ihren beiden Ratssälen wird von einem mittleren Erker betont, der von einer Säule zwischen den Bögen des Parterres getragen wird. Die Fassade erhält auf diese Weise ein optisches Zentrum, das den Ratscharakter des Baues unterstreicht. Die Symmetrie setzt sich nach oben zweiachsig bis in den Dachbereich mit seinen beiden Zwerchhäusern fort und wird so noch stärker akzentuiert. Aufmerksamkeit verlangen die baulichen Details, wie die Erkerbrüstung mit ihrem spätgotischen Fischblasendekor in den Seitenfeldern und den Wappen des Kurfürsten Lothar von Metternich und der Stadt Bernkastel. Die Formen der Fenster und ihre Profile spiegeln dagegen die Auffassung der Renaissance wider, für die vor allem die kleinen Voluten an den unteren Kanten der Gewände sprechen. Diese schneckenförmigen Gebilde, die in unterschiedlicher Gestalt auch zum Bild der zeitgleichen Fachwerkhäuser gehören, sind nicht nur Schmuck, sondern haben die praktische Aufgabe, Regenwasser aus den Gewändekehlen abzuleiten, daher

ihr Name Ablaufvoluten. Insgesamt stellt die Hauptansicht des Rathauses eine harmonische Einheit dar, die auf geschulte Baumeister hindeutet, wie sie im Umkreis der Trierer Werkstätte von *Johann Ruprecht Hoffmann* zu finden sind.

Marktplatz und Rathaus gehören traditionell zusammen. Dazu kommt als drittes Element der Marktbrunnen, der in Bernkastel von 1606 stammt und damit zwei Jahre älter als das Rathaus ist. Wie der Trierer Marktbrunnen ist das steinerne Becken achteckig ausgeführt. Der Brunnenstock, der vom Baluster erhöht und von einem hl. Michael bekrönt wird, ist in Renaissancemanier verziert. Spätgotische Elemente tauchen im Gegensatz zum Rathaus nicht auf, dessen hoheitliche Funktion die Wappen am Erker verkünden. Insofern gibt der lebhafte Fisch-

Bernkastel-Kues, Rathaus mit Marktbrunnen (1606)

Bernkastel, Markt-platz, rechts das Rathaus

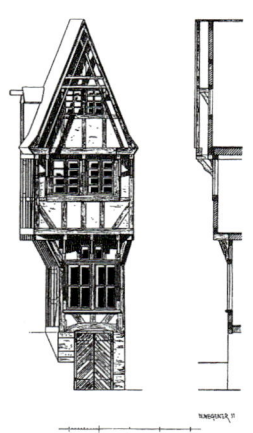

Bernkastel, Karlstraße 13, sog. „Spitzhäus-chen" (dendro-chronologisch 1416 datiert)

blasendekor in dessen Seitenfeldern ei-nen Sinn. Seine traditionsverhaftete Form deutet auf sublime Weise die Kontinuität mit der alten Lebenswelt und ihrer als verbindlich geltenden Ordnung an.

Das Becken des Bernkasteler Marktbrun-nens wird von einem schmiedeeisernen Gitter gesäumt, das in seiner Kunstfertig-keit demjenigen am Vorbau des Zeller Schlosses nicht nachsteht, es vielleicht sogar übertrifft. Kleine Masken im Profil und ein in sich verwobenes, krabben-ähnliches Geflecht heben die Sprödig-keit des Materials auf. Blickt man nach oben, zu den Firstspitzen der Fachwerk-häuser Marktplatz Nr. 3 und 13, kann man ganz Ähnliches entdecken. Das

erstgenannte Haus – es ist 1660 bezeich-net – wird von einem eisernen Wetter-fähnchen geschmückt, um dessen Stiel sich ein überaus filigranes Eisendrahtge-spinst rankt. Das Haus mit der Nr. 13, als dessen Baujahr 1583 angegeben ist, besitzt ebenfalls eine schmiedeeiserne Firstzierde, deren Gesichtchen sich in denen des Brunnengitters wiederfinden. So verbinden sich städtisches und bür-gerliches Bauverständnis miteinander.

Repräsentieren Rathaus und Marktbrun-nen die bürgerliche Seite der Stadt, wie es auch heute noch der Fall ist, so kon-zentrierte sich während des Alten Reichs, das heißt vor 1789, die landesherrliche Macht, die letztes Endes die eigentliche Exekutive war, im kurfürstlichen Amts-haus oder der Kellnerei. Gebäude die-ser Art sind für Bernkastel seit dem 15. Jh. nachgewiesen. Die so genannte Neue Kellnerei wurde zwischen 1656 und 1661 am Fuße des Burgbergs in Formen der Renaissance errichtet (zwischen Mo-selufer und Karlstr.).

Auf der linken Moselseite liegt das frühe-re Dorf Kues, das 1905 mit Bernkastel vereinigt wurde. Seitdem gilt die Dop-pelbezeichnung Bernkastel-Kues. Bedeu-tendster Bau ist das an der Moselbrücke gelegene Cusanusstift, das 1447 von Kar-dinal Nikolaus von Kues (Cusanus) be-gründet und bis 1465 fertiggestellt wur-de. Formbildend für die Moselregion ist die Kapelle, deren Sterngewölbe von ei-nem Mittelpfeiler getragen wird. Zur he-rausgehobenen Ausstattung gehört ein Flügelretabel mit einer Kreuzigung und dem Stifterbildnis – eine frühe Arbeit des *Kölner Meisters des Marienlebens*, um 1450/60. Berühmt ist die Bibliothek mit ihren zahlreichen mittelalterlichen Handschriften.

Im Zusammenhang mit dem Cusanus-stift ist auch auf das Cusanushaus (Mo-selufer 49/50) hinzuweisen, das oft als das Geburtshaus des Kardinals genannt wird. Das Haus stammt aber erst aus der Zeit um 1570 und gehört damit einer jüngeren Epoche an, allerdings befand es sich im Besitz der Familie von Nikolaus von Kues, dessen bürgerlicher Name Krebs (Kriftz/Cryfftz) war. Dieser Nachfolgebau hält als museale Gedenkstätte die Erinnerung an den Kardinal wach und beherbergt die Cusanus-Gesellschaft. Das zuletzt um 1980 renovierte Haus spiegelt mit seinem Zinnenkranz und den rekonstruierten Kreuzstockfenstern an der Moselseite spätmittelalterlich-frühneuzeitliche Bauvorstellungen wider.

Der Stadtteil Kues zeigt im Ortskern um die Pfarrkirche noch dörfliche Züge mit durchaus sehenswerten Fachwerkhäusern, wie beispielsweise in der Weingartenstraße. Kues besaß früher auch ein Rathaus und war ummauert. Dies ist als ein Zeichen dafür zu werten, dass auch ländliche Gemeinden sich solcher im Allgemeinen als städtisch eingestuften Privilegien erfreuen konnten. Die Pfarrkirche wurde 1784 nach Plänen des auch von der Klüsserather Kirche bekannten Trierer Baumeisters *Louis Le Blanc* errichtet.

In der zweiten Hälfte des 19. und im frühen 20. Jh. erlebten – Stichwort Gründerjahre – sowohl Bernkastel als auch Kues einen kräftigen Bauboom, von dem noch manche aus Schieferbruchstein ausgeführte, unverputzte und historistisch gestaltete Villa zeugt, vor allem auf der Kueser Seite. In den Jahren 1901/02 wurde neben der Brücke ein aufwendiger Hotelbau mit repräsentativen Fachwerkgiebeln hochgezogen – ein überaus sichtbares Zeichen für den damals bereits florierenden Moseltourismus.

Bernkastel-Kues, Cusanushaus im Stadtteil Kues (im Kern um 1570)

Von Bernkastel-Kues über Traben-Trarbach und Enkirch nach Zell und Alf

Auf der weiteren Exkursion moselabwärts stellt sich wie so oft die Frage nach der vorzuziehenden Flussseite. Ein mehrfacher Wechsel von dem einen auf das andere Ufer ist unerlässlich. Erstes Ziel ist **Graach**, und zwar die Pfarrkirche St. Simon und Juda. Wie so häufig an der Mosel besitzt sie einen Westturm mit hoher Pyramide – er trägt die Jahreszahl 1601 –, von dem sich der Kirchenraum erschließt. Er geht in seiner Grundform auf die Zeit um 1500 zurück und wurde 1905 nach Osten hin erweitert. Dieser Vergrößerung gehört auch der Chor an. Die neu geschaffenen Verhältnisse entsprechen in ihrer neogotischen Gestaltung den Formen des Vorbildes. Die ursprüngliche Situation umfasste nur zwei Joche mit einem mittleren Pfeiler und den strahlenförmigen Gewölberippen des Deckennetzwerks. Unschwer ist zu erkennen, dass dem hallenartigen Raumkonzept das Modell zugrunde liegt, das sich von der Kapelle des Bernkasteler Cusanusstifts ableitet.

Der historische Baubestand von Graach besteht sowohl aus massiv ausgeführ-

Bernkastel-Kues, Marktplatz 3, Wetterfahne von 1660

Graach, Pfarrkirche St. Simon und Juda, Blick in Richtung Chor (im Kern um 1500; Chorerweiterung 1905)

Graach, Hauptstr. 39 (17. Jh.)

ten Häusern als auch aus solchen, die aus der Mischbauweise mit Fachwerk bestehen. Namentlich herauszustellen ist für die erste Bauart der Matheiserhof aus der ersten Hälfte des 18. Jh., der einst die Niederlassung der Trierer Abtei St. Matthias war (Kirchstr. 11). Für den Mischbau lassen sich exemplarisch ein Haus mit dreiseitigem Erker des 17. Jh. (Hauptstr. 39) und ein 1561 bezeichneter Bau nennen, dessen massiver Giebel einen über Konsolen vorkragenden Kamin besitzt (Hauptstr. 52). Der Hauseingang ist allerdings jünger. Sicherlich war er früher in den Formen der späten Gotik mit einem Kielbogenabschluss gehalten, wie dies an einigen Portalen zu sehen ist (Hauptstr. 55).

Außerhalb von Graach liegt in Richtung Zeltingen der so genannte Josephshof, der einst der Trierer Abtei St. Martin gehörte. Die volkstümliche Bezeichnung *Merteshof* weist auf diese früheren Verhältnisse hin, der jüngere Name rührt von dem Trierer Geschäftsmann Matthias Joseph Hayn her, der im frühen 19. Jh. im großen Stil säkularisierten Klosterbesitz aufkaufte. Die fast wie ein Vierseithof gebaute Anlage stammt aus mehre-

ren Epochen, wie es auch die Baudaten mitteilen (1672/1712). Der einstige Klosterhof besitzt auch eine Kapelle.

Wehlen – auf der linken Moselseite gelegen – besitzt beidseitig der Brücke eine besonders abwechslungsreich gestaltete Uferpartie. Hier finden sich ausschließlich Massivbauten, darunter das ehemalige kurtrierische Zehnthaus von etwa 1700. Im Ortsinneren stößt man auf einige reichhaltig dekorierte Fachwerkbauten aus den Jahren 1614 bis 1630 (Hauptstr. 58, 64 und 77). Zur Straße hin zeigen diese Bauten leicht hervortretende Fenstererker, deren Brüstungsfelder manchmal ganzflächig mit phantasiereich geschnitzten Holzfüllungen geschmückt sind.

Der nächste rechts der Mosel gelegen Ort ist **Zeltingen-Rachtig**. Er war innerhalb des Kurtrierischen eine Exklave von Kurköln, an dessen Zeiten Reste der früheren Kunibertsburg in den Weinbergen erinnern. Sie befand sich als Hangburg auf halber Bergeshöhe. Die hoch gelegene Zeltinger Kirche St. Stephan mit ihrem Westturm und saalartigem Langhaus entspricht dem Bild der größeren Landkirchen der ersten Hälfte des 18. Jh. Allerdings ist dieser Bau nicht in einem Zug errichtet worden, sondern bestand zunächst aus dem Langhaus, dem anschließend der Turm vorgesetzt wurde. Bemerkenswert ist die Ausstattung, deren Hochaltar von 1627 *Johann Ruprecht Hoffmann* aus Trier zugeschrieben wird. Von derselben Hand stammen vermutlich auch der linke Seitenaltar, der Marienszenen darstellt, und ein Sakramentshäuschen. Bei dem rechten Seitenaltar, dem Antoniusaltar, handelt es sich um eine einfachere Arbeit. Auch Zeltingen wartet mit einer Fülle beachtenswerter historischer Massiv- und Fachwerkhäuser auf. Dabei zeigt sich wie in Wehlen, dass die älteren

Bauten – meistens Häuser in der Kombination massives Parterre und Fachwerkaufbau – eher in der Dorfmitte liegen, während sich die Massivbauten des 18. Jh. vorzugsweise in Richtung Mosel befinden. Zur ersten Kategorie gehören Anwesen in der Kurfürstenstraße (Nr. 49 von 1584) oder in der Engelbertstraße (Nr. 16 von 1631). An der Uferallee (Nr. 3) liegt ein prächtiger Patrizierbau von 1767/68 mit Kelterhaus in der Nachbarstraße darüber. Die katholische Gesinnung der Eigentümer verkünden zwei in die Fassade des Wohnhauses eingelassene Muschelädikulä mit den Skulpturen der hl. Maria und des hl. Stephan. Ein weiterer aufwendiger Massivbau in der Nähe (St. Stephanstr. 14) ist 1629, 1639 und 1738 bezeichnet. Genannt werden soll aus territorialhistorischer Sicht auch das ehemalige Kurkölnische Amtshaus, das 1712 massiv errichtet wurde (Amtsstr. 16, heute Pfarrhaus).

Rachtig war Standort einer bedeutenden Niederlassung des Deutschen Ritterordens. Sein Sitz, der Deutschherrenhof oder die Landkomturei (Deutschherrenstr. 23), zeichnet sich durch hervorragende Fenster mit Drei-

passblenden und Kielbögen auf dem Sturz aus. Es handelt sich um Arbeiten des späten 15. und frühen 16. Jh. Gegenüber von Rachtig befindet sich in einst abgeschiedener Lage **Machern** – ein ehemaliges Zisterzienserinnenkloster, dessen Geschichte sich bis in das späte 11. Jh. verfolgen lässt. Mittelalterliche Bauten sind in situ nicht überliefert. Erhalten ist aus der frühen Zeit nur eine Madonna von 1330/40, die lothringischer Herkunft ist und zu den Schätzen des Rheinischen Landesmuseums Trier gehört. Der jetzige Baubestand des früheren Klosters geht auf die Zeit um 1688 zurück. Die Gründe sind

Bernkastel-Kues, Stadtteil Wehlen, Am Moselufer, u. a. das ehem. kurtrierische Amtshaus (Haus mit hohem Dach, spätes 17. Jh./um 1700)

Zeltingen, Ecke Kurfürstenstr./ St. Stephanstr. (17./18. Jh.)

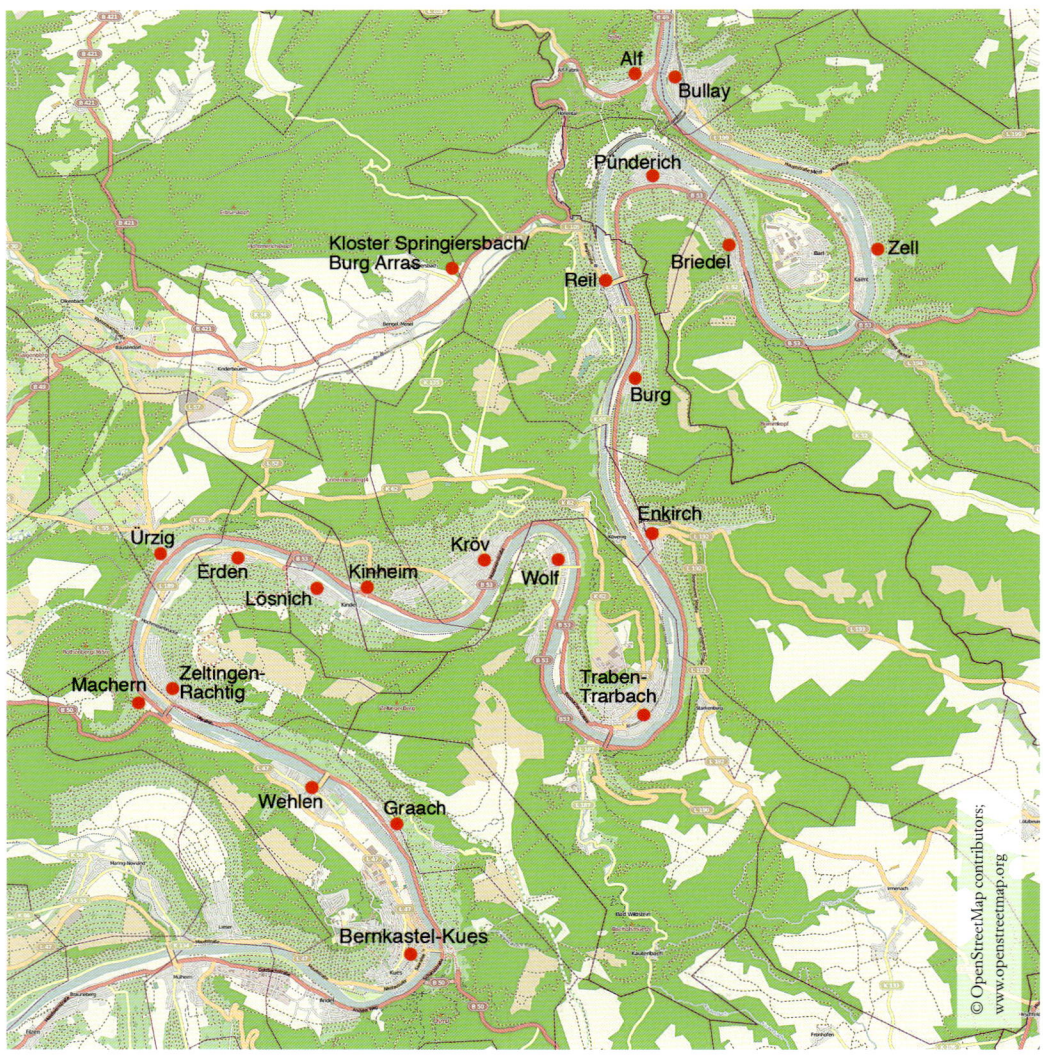

nicht bekannt, die zu dem Kirchenneu-
bau führten. Die Überlieferung spricht
von einer Grundsteinlegung im Jahr
1688. Dabei stellt sich die Frage, ob
sich dieser Akt auf den gesamten heutigen Kirchenbau oder auf eine Erweiterung bezieht. Möglicherweise ist der
Chor, der sich vom Langhaus leicht ab-
setzt, mit Strebepfeilern und einfachen
Bogenfenstern ausgestattet ist, ein älterer Teil. Der strebepfeilerlose Haupttrakt besitzt hingegen Fenster mit Seg-
ment- und Dreiecksgiebeln im Wech-

sel. Dieser Saalbau, der im 19. Jh. als
Scheune diente und in den letzten Jahrzehnten restauriert werden konnte,
zeigt eine Pilastergliederung und ist
flach gewölbt, während der Chor ein
Kreuzgewölbe aufweist. Dort steht
noch der ursprüngliche barocke Hochaltar. 1802 wurde das Kloster aufgehoben, und seine Liegenschaften wurden
versteigert.
Nähert man sich auf der Moselstrecke
Ürzig, so nimmt man vor allem den
Ortsteil wahr, der sich ab dem späten

19. Jh. zum Fluss hin entwickelt hat. Einschränkend ist allerdings festzustellen, dass der so genannte *Mönchshof* – am Dorfende in Richtung Kinheim (Moselufer 43) –, der eine aufwendige Neorenaissancefassade präsentiert, im Grunde ein Bau des 16./17. Jh. ist. Es handelt sich um den ehemaligen Hof des Klosters Himmerod. Der ältere Ortskern von Ürzig liegt etwas erhöht bergwärts und konzentriert sich um die Kirche. Ihr gotischer Turm stammt von dem Vorgängerbau, während das Langhaus 1866/67 ausgeführt wurde. Ürzig ist vor allem wegen seiner Fachwerkhäuser sehenswert, wie sie beispielsweise am Rathausplatz aus dem späten 16. Jh. anzutreffen sind. Diese Bauten sind auch sozialhistorisch aufschlussreich, gestatten sie doch Rückschlüsse auf die früheren wirtschaftlichen Verhältnisse. Man vergleiche etwa den großen Eckbau, Rathausplatz 10, mit seinem bescheidenen Gegenüber (Nr. 8) neben dem historistischen Rathaus. Weitere Fachwerkhäuser sind in der Würzgarten-, Brunnen- sowie in der St. Maternusstraße anzutreffen.

Um Ürzig lagen einst einige Burgen, von denen indes nur mehr kümmerliche Reste erhalten sind. Am augenscheinlichsten ist die Mauer eines Wachturms der Burg zur Leyen, die

Kloster Machern (ehem. Kirche um 1700)

Ürzig, Rathausplatz (1588)

Ürzig, Rathausplatz, Fenstererker

Ürzig, Burgruine

einst eine Position am Ortsende einnahm. Ein wie an den Fels geklebt wirkender Turm, der mit einer Sonnenuhr geschmückt ist, markiert den unteren Zugang zur Wehranlage, während sie selbst sich darüber befand. Die Weinbergslage heißt *Erdener Treppchen* – ein Name, der sich aus der Beschaffenheit der steilen Weinbergsterrassen ergibt. Ein Beweis für ihr Alter ist eine auch hier archäologisch ergrabene römische Kelteranlage.

Erden liegt auf der rechten Moselseite, hat aber seine Weinberge auf der linken. In der Kirche des 18. Jh. – der Glockenturm aus dem 19. Jh. – befindet sich ein Hochaltar mit einem steinernen Aufsatz von 1654, der mit der Werkstätte der Trierer Steinmetzen *Hoffmann* in Verbindung gebracht wird. Das vieretagige Retabel in einfachen Spätrenaissanceformen zeigt biblische Szenen, wie die Heilige Familie, die Dreifaltigkeit und die Krönung Mariens. Im Ortsbild sind einige Fachwerkhäuser

bemerkenswert, so in der Hauptstraße. Haus Nr. 39 ist 1679 bezeichnet, Nr. 73 1661 und Nr. 46/47 1707 sowie 1720. Besonders dieser Bau ist als ein spätes Beispiel mit einem traditionellen Fenstererker hervorhebenswert. Derartiges Dekorfachwerk war damals kaum mehr üblich.

Lösnich – der nächste Ort auf der rechten Moselseite – gehörte zum Besitz der im ganzen Kurtrierischen begüterten Grafen Kesselstatt. Sie unterhielten dort eine Burg, die schon Mitte des 17. Jh. ruinös war. Das später gebaute „Schloss", das sich aber eher als ein Amtshaus klassifizieren lässt, ist im Pfarrhaus aufgegangen. Von der alten Kirche existiert der spätgotische Chor, der als Friedhofskapelle dient. Die jetzige Pfarrkirche, die aus dem späten 19. Jh. stammt, enthält größtenteils die Ausstattung ihres Vorgängerbaues.

Kinheim – links der Mosel – ist einer der wenigen Orte in dieser Region, der eine klassizistische Kirche besitzt. Es ist

Kröv

ein Saalbau von 1825/27 mit vorgestelltem Turm, dessen noch barock inspirierte Haube als Kuppel ausgeführt ist. Als mittelalterlicher Bau ist ein Burghaus zu erwähnen, das aus einer Unter- und Oberburg bestand und von dem ein Torturm erhalten ist (Burgstr. 52/54). Die Anlage befand sich seit Mitte des 17. Jh. unter der Lehnshoheit der Abtei Echternach, die im Dorf auch ein Hofhaus unterhielt (Burgstr. 69). In der Burgstraße finden sich überdies mehrere Fachwerkhäuser aus der zweiten Hälfte des 17. Jh.

Kinheim gehörte einst dem **„Kröver Reich"** an, das sich außerdem aus Kröv selbst – dem Hauptort – und den weiteren Dörfern Reil, Erden, Bengel, Kinderbeuren und Kövenig zusammensetzte. Diese territorialhistorische Besonderheit bestand als ein sponheimisch-kurtrierisches Kondominium bis 1784 und wurde folglich vom Alten Reich nur um wenige Jahre überlebt.

Krövs Pfarrkirche St. Remigius liegt erhöht. Der mit Stichkappen ausgestattete und auf diese Weise gewölbte Saalbau, der von Strebepfeilern abgefangen wird, stammt von 1725 und hat als Verlängerung des Chors einen Turm des 16. Jh. bewahrt, dessen Obergeschoss und spitzer Helm in das mittlere 18. Jh. datieren. Im Inneren bestimmt eine Pilasterarchitektur das Bild. Die Ausstattung gehört mit ihrem hohen Hochaltar der Neubauzeit des 18. Jh. an.

Am Ortsende von Kröv (moselabwärts) liegt umgeben von Weinbergen die 1662 zu datierende Grabkapelle der Grafen Kesselstatt, die aufgrund ihrer gotisierenden Fenster einen konservativen Eindruck erweckt, zugleich aber ein Renaissanceportal besitzt.

Der historische Bestand an Häusern – seien es kirchlich-klösterliche Hofhäu-

ser oder bürgerliche Wohnbauten – ist reichhaltig. Exemplarisch für den ersten Bereich steht der 1764 entstandene Echternacher Hof (Moselweinstr. 22/24), von dem aus der klösterliche Weinbergsbesitz in Kröv organisiert wurde. Dieses langgestreckte, massive Gebäude mit seinen von Giebeln bekrönten Risaliten und seinem Mansarddach erinnert eher an den Sitz eines Landadligen als an ein klösterliches

Kröv, ehem. Hof des Klosters Echternach (1764)

Kröv, sog. Dreigiebelhaus, Karolingerstr. 1 (bez. 1658)

Hofhaus. Als besonders repräsentatives Fachwerkhaus lässt sich das so genannte Dreigiebelhaus anführen, das 1658 bezeichnet ist, aber eher aus dem späten 16. Jh. stammt. Der Ursprung dieses Gebäudes ist nicht eindeutig (Karolingerstr. 1). Nach lokaler Überlieferung gilt es als eine Niederlassung des Ardennenklosters Stavelot. Weitere beachtliche Fachwerkhäuser des frühen 17. Jh. finden sich in der Robert-Schuman-Straße und in der Ritter-Götz-Straße. Die Hauseingänge bestehen zum Teil aus feingliedrigen Stabgewänden mit geteilten Oberlichtern, in deren Stürze Kielbögen eingeschnitten sind (Robert-Schuman-Str. 117 von 1618). Das Portal tradiert spätgotische Formen, das Schmuckfachwerk darüber solche der Renaissance.

Traben-Trarbach/ Wolf, Klosterruine

Traben-Trarbach/Rißbach (um 1580/1620)

Zwischen Kröv und Traben-Trarbach beschreibt die Mosel eine enge Schleife, die den Göckelsberg umzieht. Er ist der hoch gelegene Standort einer besonderen Ruine, nämlich des **Klosters Wolf**, dessen Ursprünge sich urkundlich bis in das 13. Jh. belegen lassen, allerdings nicht als ein Monasterium, sondern als Kirche. Sie war einst als Pfarrei für mehrere Ortschaften zuständig und wurde im 15. Jh. in ein Kloster der so genannten Fraterherren umgewandelt. Ihm war indes in der schon früh protestantisch gewordenen Grafschaft Sponheim keine lange Dauer beschieden. Im 16. Jh. aufgehoben, waren die Gebäude schon im 17. dem Verfall preisgegeben. Weit sichtbar ist die Ruine des Westturms, der mit Rundbogenfriesen und Blendnischen gegliedert ist. Von dem plastischen Bauschmuck der Klosterkirche sind zwei fühgotische Kapitelle erhalten, die an der Straßenseite des früheren Schaffnereigebäudes in Wolf (neben der Kirche) eingemauert sind.

Auch **Wolf** – ein Stadtteil von Traben-Trarbach – ist wegen seiner Fachwerkhäuser bekannt. Das älteste datierte stammt von 1594 und befindet sich in der Wedenhofstraße (Nr. 18). Es schließen sich in der Nachbarschaft weitere Beispiele an, so Nr. 21 von 1610 oder 1616, Nr. 22 und Nr. 35 von 1662. Ein besonders schmuckreiches, 1658 bezeichnetes Haus befindet sich in der Winkelgasse (Nr. 2). Bezeichnend für diese Bauten sind die flachen Erker, die zwei oder drei Fenster zusammenfassen und deren Brüstungsfelder aufwendig gestaltet sind. Sie zeigen phantasiereichen Dekor, der auf Renaissancevorlagen zurückgeht.

Die Hauptstrecke von Wolf nach **Traben-Trarbach** ist die rechts der Mosel verlaufende B 53. Die Nebenstrecke auf der linken Moselseite führt zunächst zu

dem früheren Dorf und dem jetzigen Trabener Stadtteil **Rißbach**, dessen Kern aus einem Fachwerkensemble besteht. In ihrer gemischten Bauweise – hoher, massiver Unterbau, seitliche Brandmauern und repräsentative Fachwerkfassade – sind die beiden 1580 und 1620 bezeichneten Häuser charakteristisch für eine bauliche Blütezeit, die wesentlich vom ornamentalen Fachwerk bestimmt wurde. Das Portal des jüngeren Hauses (Nr. 3) ist zudem ein eindeutiges Beispiel der Renaissancearchitektur. Pilaster mit ionischen Kapitellen säumen den Eingang.

Traben – der links der Mosel gelegene Stadtteil – ist der ältere der beiden Orte, die 1904 zur Doppelstadt vereinigt wurden. Die erhöht stehende evangelische Kirche weist mit ihrem Westturm, wenigstens in seinen unteren Partien, und dem Chor noch Formen des 12. Jh. auf. Ende des 15. Jh. wurde das Langhaus der Kirche abgebrochen und durch eine aus je zwei Schiffen und Jochen bestehende Halle mit einem Mittelpfeiler ersetzt. Er ist der zentrale Punkt für das Rippengewölbe. Als Vorbild ist das Konzept der Cusanuskapelle in Bernkastel-Kues offensichtlich.

Trabens historischer Fachwerkbau wurde 1879 weitgehend das Opfer eines großen Brandes. Als Massivbau verdient das so genannte Kommandantenhaus am Moselufer Beachtung, das aus der Zeit um 1750 stammt und mit seiner klaren Gliederung sowie dem gebrochenen Walmdach ausgewogene barocke Verhältnisse darstellt. Außerdem sind einige spätklassizistisch gestaltete Villen anzuführen. Die Gegend um die Brücke wurde Ende des 19. Jh. historisch geprägt, und um 1900 entstanden mit dem heutigen Hotel Bellevue (früher Hotel Clauss-Feist), der Villa Dr. Breucker und der Villa Hüsgen Jugend-

Traben-Trarbach, sog. Kommandantenhaus am Trabener Moselufer (um 1750)

stilbauten, die für die Moselregion einzigartig sind. Auslöser hierfür war der Bau der Moselbrücke, durch die der Berliner Architekt *Bruno Möhring* mit der Mosellandschaft bekannt wurde. Die 1898/99 gebaute Brücke wurde im Zweiten Weltkrieg zerstört und danach als Stahl-Balkenbrücke wieder aufgebaut. Erhalten ist der Brückenturm auf der Trarbacher Seite, der eine Verbindung von Historismus und Jugendstil darstellt. Zu jener Zeit wurde auch Trabens Marktplatz neu gestaltet, indem er einen Brunnen erhielt, der von einem

Traben-Trarbach, Hotel Bellevue, ehem. Hotel Clauss-Feist am Trabener Ufer (um 1902/03)

Traben-Trarbach, Hotel Bellevue, ehem. Hotel Clauss-Feist

*Traben-Trarbach,
Stadtteil Trarbach,
Moselstr. 10 (1761)*

*Traben-Trarbach,
Moselstr. 10,
Fassadendetail*

*Traben-Trarbach,
Stadtteil Trarbach,
Kasinostr. 2, ehem.
Haus Böcking,
heute Mittelmosel-
Museum (um 1760)*

Traubenmädchen geschmückt wird. Auch hier sind Jugendstileinflüsse unverkennbar.

Trarbach – der rechts der Mosel gelegene Stadtteil – war mit der *Grevenburg* der wichtigste Ort der Hinteren Grafschaft Sponheim. In die Stadtmauer war auch die um 1350 ausgebaute Burg einbezogen, die deren höchsten Punkt bildete und dem Sponheimer Grafengeschlecht als eine Art Residenz diente. Nach dem Aussterben dieses Hauses (1437) verlor die Anlage ihren besonderen Status. Die so genannten Gemeinherren als Erben – Veldenz, Pfalz-Simmern und Baden – richteten in ihr eine gemeinsame Verwaltung ein, die von Oberamtmännern wahrgenommen wurde. Ende des 17. Jh. machte Frankreich im Zuge seiner Reunionspolitk Ansprüche gegen die Grafschaft geltend, besetzte sie und vereinnahmte auch die Grevenburg, die in den folgenden Jahren unter der Leitung des Strategen Vauban festungsartig verstärkt wurde. Sie sollte zusammen mit dem links der Mosel gelegenen Mont-Royal ein französisches Bollwerk in dem umgebenden Kurtrierischen werden. Der Mont-Royal wurde bereits vor seiner Fertigstellung geschleift (Friedensvertrag von Rijswijk, 1697). Auch danach befand sich die Grevenburg im Visier der nach Osten gerichteten französischen Politik, wurde wieder eingenommen und schließlich 1735 von den Franzosen gesprengt. Übrig geblieben ist nur eine Mauer des Kommandantenhauses.

Will man sich über die Geschichte des oberhalb von Traben errichteten **Mont-Royal** informieren, so ist das umfangreiche Kartenmaterial, welches das Mittelmosel-Museum in Trarbach gesammelt hat, sehr hilfreich. Vor Ort sind bei Grabungen ab den zwanziger Jahren des 20. Jh. einige Keller und Grundmauern weniger Bastionen freigelegt worden (vgl. zur Lage des Mont-Royal S. 19).

Die wie ihr Pendant in Traben erhöht über der Stadt gelegene evangelische Pfarrkirche in Trarbach grenzt an die Stadtmauer. Der mit einem Westturm ausgestattete Bau ist unregelmäßig angelegt und besitzt zwei Schiffe mit polygonalen Chören, von denen der größere 1379 datiert ist. Eine Erweiterung mit dem Anbau des zweiten Schiffs fand um 1500 statt. Zugleich wurde die Kirche sternförmig gewölbt und erhielt einen hallenartigen Charakter, der an den der Kueser Cusanuskapelle erinnert. Zwischen den beiden Chören steht in Trarbach ein solitärer Pfeiler, der die Last des östlichen Rippengewölbes auffängt. Der 1518/19 angefügte Eingangsraum vor dem schmaleren Schiff besitzt ein reiches, filigran ausgeführtes Rippengewölbe. Eine besondere Aufmerksamkeit verdient die spätgotische Kanzel aus dem frühen 16. Jh. Neben der Kirche befindet sich die ehemalige Lateinschule, die 1573 eingerichtet wurde und damit nur wenige Jahre der 1563 eingeführten Reformation folgte. Von den landesherrlichen Bauten ist der ehemalige Kellereihof erhalten, der 1364 als Zehnthaus errichtet wurde

(Schottstr. 12). Die massive Anlage, an deren Rückseite sich ein fünfseitiges, gotisches Chörlein befindet, gilt als einer der größten Saalbauten an der Mosel. Als Stadtturm ist der so genannte „Weiße Turm" erwähnenswert – ein mächtiger, fünfstöckiger Rundturm, dessen Abschluss von einem Bogenfries gesäumt wird (Grabenstr. 22). Das „Schwarze Tor" war das Moseltor.

Wie in Traben ereignete sich auch in Trarbach im 19. Jh. (1857) ein verheerender Brand, dem die meisten der Fachwerkhäuser anheimfielen. Verloren ging auch das prächtige Rathaus aus dem mittleren 16. Jh., das aber nicht abbrannte, sondern 1830 abgebrochen und 1843 durch den jetzigen Massivbau ersetzt wurde. Der von dem Koblenzer Architekten *Ferdinand Jakob Nebel* entworfene blockartige Bau ist noch dem Klassizismus verhaftet. In Details, besonders an den Fenstern, zeigen sich dagegen neoromanische Schmuckelemente.

An Massivbauten des 18. Jh. besitzt Trarbach zwei exzellente Beispiele – ein 1761 für den Kaufmann Johann Cornelius Moog gebautes Haus in der Moselstraße (Nr. 10) und das aus derselben Zeit stammende Böckingsche Haus in der Kasinostraße (Nr. 2). Das erstgenannte Beispiel zeichnet sich durch einen dekorativen Reichtum seiner Sandsteinfassade aus. Dieser Formenkanon weist, worauf bereits die frühe kunsthistorische Bauforschung aufmerksam gemacht hat, auf *Johannes Seiz*, insbesondere auf das von ihm entworfene Trierer Schloss hin. Dies wird vor allem anhand der Rekonstruktion des durch einen Brand im 19. Jh. stark in Mitlei-

Traben-Trarbach, Mittelmosel-Museum; Stube mit Takenheizung (um 1760)

Traben-Trarbach, Mittelmosel-Museum, Ofennische mit Delfter Kacheln im Salon

denschaft gezogenen Trarbacher Hauses deutlich. Es besaß einst einen Mittelrisalit mit Dreiecksgiebel über Pilastern. Auf diese Weise war die Mittelachse des zweigeschossigen Hauses betonter, die sich aus der Haustür, dem Balkon und seiner Fenstertür bildet. Alle Gewände sind reich verziert und ihre Keilsteine durch Kartuschen hervorgehoben.

Das zweite großbürgerliche Anwesen aus den Jahren um 1760 – das Haus Böcking – ist ein zweistöckiger, siebenachsiger Massivbau mit Mansarddach, der, abgesehen von einem straßenseitigen, aufwendig gestalteten Portal mit Segmentbogen und ionischen Pilastern sowie einem kleinen moselseitigen Balkon mit schmiedeeisernem Gitter, auf Baudekor verzichtet. Der barocke Geist drückt sich bei diesem Beispiel in einer Haltung aus, die von der Größe des Bauvolumens und der strengen Gesamtkomposition bestimmt wird. Diese betonte Sachlichkeit ist ein Kennzeichen des verantwortlichen Architekten *Christian Ludwig Hautt (Hauth)*, der in Zweibrücken das Amt eines Baudirektors bekleidete und in Mülheim an der Mosel auch das stattliche Haus entworfen hat, das sich 1774 der dortige Kaufmann Niessen bauen ließ. Das Trarbacher Haus Böcking hat in einer für die Moselregion einmaligen Weise seine großbürgerliche, bauzeitliche Einrichtung erhalten, und ist als *Mittelmosel-Museum* zu besichtigen. Besonders sehenswert sind ein Salon mit Landschaftsbildern auf Leinwandbespannung und ein Speisezimmer, dessen Wände mit Delf-

Traben-Trarbach/
Bad Wildstein
(um 1900)

ter Kacheln bestückt sind. Einblick in den alltäglichen Haushalt bietet die Küche, in der sich neben der offenen Feuerstelle die Takenheizung befindet. Ihr wesentliches Element ist eine in die Küchenmauer eingelassene gusseiserne Platte – die Takenplatte, die vom Herdfeuer erhitzt wird und ihre Wärme an das angrenzende Zimmer weitergibt.

Auch Trarbach kann mit einem bemerkenswerten, von *Bruno Möhring* um 1906/07 entworfenen Bau des Jugendstils aufwarten – der früheren Kellerei Julius Kayser am Moselufer (heute Mosel-Castell). Ihr burgturmartig erhöhter mittlerer Trakt wird von zwei Eckpavillons flankiert. Es handelt sich um ein ähnliches Konzept wie bei der Trierer

Traben-Trarbach/
Litzig, Moselwerft

Kellerei Förster von 1905 (Gilbertstr.), das allerdings in Trarbach aufgrund seiner „Trutzigkeit" noch stärker einen fortifikatorischen Charakter aufweist. Amüsant sind manche Baudetails, wie beispielsweise eine aus Steinen gebildete Schlange auf der Rückseite der früheren Kellerei. Im Kautenbachtal, oberhalb von Trarbach, folgte als letzter der Möhringschen Bauten ein Kur- und Logierhaus, dessen reduzierte Architektursprache in einem besonderen Kontrast zu der historistischen Fachwerkumgebung des dortigen „Kurhotels Parkschlösschen" steht, des Zentrums des Traben-Trarbacher Stadtteils **Bad Wildstein** mit seiner Therme.

Auf dem Bergzug oberhalb der Strecke Trarbach/Enkirch liegt hart an der Bergkante das Dorf **Starkenburg**, in dem sich

noch Reste der früheren gleichnamigen sponheimischen Burg finden lassen. Ihre Ursprünge reichen bis in das späte 12. Jh. zurück. Nachdem die Grevenburg um 1350 ausgebaut war, geriet der ältere Sitz ins Abseits. Von Starkenburg, das sich am besten von Enkirch aus erreichen lässt, hat man einen großartigen Blick in die Mosel-Eifel-Region. Unmittelbar gegenüber liegt der Mont-Royal, und zu dessen Füßen breitet sich der Trabener Stadtteil **Litzig** aus, an dessen Moselufer sich einige Fachwerkhäuser des 17. Jh. im Wasser spiegeln.

Enkirch – auch einst zur Hinteren Grafschaft Sponheim gehörig – ist aufgrund seines reichen Fachwerkbestands einer der bekanntesten Moselorte. Das städtisch geprägte, früher ummauerte Dorf besitzt zwei Kirchen, die evangelische Pfarrkirche und die sich außerhalb im Großbachtal, Richtung Hunsrück, befindende katholische Wallfahrtskirche. Die oberhalb vom Dorf gelegene und mit einem hohen Westturm ausgestattete evangelische Pfarrkirche verfügt über drei gotische Chöre, deren mittlerer der älteste ist. Angefügt wurden im 14. Jh. der nördliche, rechteckige und vermutlich erst im 16. Jh. der südliche Nebenchor mit seinem sternförmigen Gewölbe. Um 1490 fand eine weitere Umbaumaßnahme statt, auf der gewölbte Vorchor hindeutet. Offensichtlich wurde dabei das Langhaus zweischiffig ausgerichtet und erhielt einen Mittelpfeiler, den man bei einer späteren Umbaumaßnahme entfernte. Von ihr resultiert der jetzige tonnengewölbte Saal. Der südlich an das Langhaus angefügte Turm ist 1618 bezeichnet.

Auch die frühere Wallfahrts- und Franziskanerkirche, die zwischen 1475 und 1492 errichtet wurde, präsentiert sich im Inneren als barocker Saalbau mit höherem gewölbtem Chor und einem nördlichen Nebenchor. Er beherbergt die Marienkapelle, über die sich ein zierliches Netzgewölbe spannt. Die Fenster der Kirche sind mit Maßwerk ausgestattet, zum Teil mit aufwendigem Fischblasendekor wie an der Westseite des Langhauses. Die Strebepfeiler besitzen keine Strebebögen, was für die Pfarrkirchen an der Mosel charakteristisch ist. Südlich des Chors befindet sich als quadratischer Anbau die Sakristei mit einer Bibliothek im oberen Stockwerk. Hier zeigen sich wieder verwandtschaftliche Züge zur Hospitalskirche in Bernkastel-Kues. Vermutlich war diese Parallelität früher noch deutlicher; denn es ist davon auszugehen, dass die Wallfahrtskirche vor ihrem Umbau zum Saalbau zweischiffig angelegt war.

Wie in allen Moseldörfern existierte früher in Enkirch eine große Zahl kirchlicher und adeliger Hofgüter, die Anfang des 19. Jh. im bürgerlichen Besitz aufgegangen sind. Namen wie Kurpfälzischer Administrationshof, Nassau-Dillenburgischer Saalhof, Cratzenhof, Schmidtburgerhof, Simeonshof, Machernerhof oder Springiersbacherhof erinnern an die alten Verhältnisse.

Die vorherrschende historische Bauweise ist das auf einem massiven Steinparterre gründende Fachwerk, dessen älteste erhaltene Bauten aus der zweiten Hälfte des 16. Jh. stammen, wie Am Wochenmarkt 9 von 1583. Das Gros der Häuser stammt aus dem 17. Jh.

Ein Rundgang durch Enkirch: Um einen Überblick über die Vielfalt der Fachwerkgestaltung zu erhalten, empfiehlt sich ein Rundgang etwa folgender Art.: Ausgangspunkt ist die Ecke Zum Herrenberg/Weingasse. Das talwärts orientierte Eckhaus Weingasse 1 ist mit seinem Dekorholzwerk charakteristisch für das mittlere 17. Jh. Es folgt

auf der linken Seite Weingasse 12/14 – ein traufständiger, historistisch anmutender Bau. Weingasse 16 – 1675 bezeichnet – ist ein besonders markantes Beispiel mit einem aufwendig gestalteten Eckerker. Die Weingasse geht in die Priesterstraße über, wo einst das Haus Nr. 12 stand. Es wurde als jahrelang leer stehender und ruinöser Bau 1999 in das Rheinland-Pfälzische Freilichtmuseum Bad Sobernheim transloziert. Dendrochronologisch ist das Haus 1665 datiert.

Enkirch, Weingasse 1 (Mitte 17. Jh.)

Enkirch, Weingasse 20 (bez. 1679)

Enkirch, Sponhei-merstr. 34–36 (um 1620)

Von der Priesterstraße zweigt die Back-hausstraße ab, deren erstes Gebäude mit seinem weit vorspringenden Erker der Zeit um 1670 angehört. Das Eckhaus Priesterstr. 37/Sponheimerstraße de-monstriert die Vielfalt von Umbau-situationen eines historischen Hauses. Die Zweiergruppe Sponheimerstr. 34/36, die um 1620 errichtet wurde, ist mit ihren breiten, vorkragenden Giebeln zur Straße ausgesprochen repräsentativ angelegt, die Tiefe der Häuser ist dage-gen auffallend gering, wie es sich oft in

Enkirch, Sponheimerstr. 54–56 (1735)

den Moseldörfern feststellen lässt. Spon-heimerstr. 29 von 1612 ist ein Beleg für die an der Mosel seit alters her prakti-zierte Realteilung, die dazu führte, dass auch Häuser halbiert wurden. Der lin-ke Teil dieses Hauses ist verputzt. Die-ses Verstecken des ursprünglich auf Sicht angelegten Fachwerks geht, sei es als vermeintlicher Feuerschutz oder als konservatorische Maßnahme, auf das 19. Jh. zurück. Etwas weiter stößt man rechts auf die Sponheimerstr. 54 – das evangelische Pfarrhaus von 1735. Die Jahreszahl und das Mansarddach die-ses stattlichen Anwesens, das eher ein Gehöft als ein einzelnes Wohnhaus ist, sprechen für barocke Gegebenheiten.

Enkirch, Weingasse 16 und 20 (Wein-prämierung 1943!)

Der Dekor des Fachwerks ist indes der Tradition verpflichtet, auch wenn er besonders symmetrisch angelegt ist. Bei der reich dekorierten Zweiergruppe Wallgraben 17/19 verdient die Brandmauer zwischen den beiden Häusern Aufmerksamkeit, die ein Zeugnis für frühe obrigkeitliche Schutzmaßnahmen ist. Das rechte Haus ist übrigens, vermutlich Ende des 19. Jh., um sein Giebeldreieck reduziert worden und zeigt sich seitdem mit einem Walmdach. An der evangelischen Kirche vorbei geht es zum Wochenmarkt 9, einem Haus von 1583 mit einem als Stabgewände gearbeiteten Renaissanceportal. Weiter talwärts erreicht man die Straße Zum Herrenberg, die alte Hauptstraße, die parallel zur Mosel verläuft. Dort befindet sich der etwas zurückliegende so genannte Hillenhof (Zum Herrenberg 46), dessen Fachwerk vielleicht noch in die Zeit um 1600 einzuordnen ist. Zum Herrenberg 20 und 42 – moselabwärts – sind wieder Beispiele der ersten Hälfte des 17. Jh. Am Straßenende liegt unter der Bezeichnung Im Alten Tal ein großer, mehrglied-

Enkirch,
Am Wochenmarkt 9
(1583)

riger, ummauerter Hof (Batterieberg), dessen Wohnhaus einen runden Treppenturm des 16./17. Jh. aufweist. Der Ausgangspunkt des Rundgangs – die Weingasse – gehört zur Nachbarschaft. Hinter dem Dorf **Burg** – dort einige Fachwerkhäuser des späten 17. Jh., darunter ein Fenstererker von 1669 mit Bäcker-Handwerkszeichen (Weck und Brezel, Im Kreuzgarten 2) – passiert man

Reil, Moselstraße

die Moselseite des links vom Fluss gelegenen Dorfs **Reil**. Neben der Reiler Brücke liegt moselabwärts ein großes Anwesen des 18. Jh. (1756), das einst ein herrschaftlicher Hof und zugleich, möglicherweise auch erst später, eine Halfenstation war (Moselstr. 65/67). Darunter versteht man etwas Ähnliches wie eine Posthalterei, allerdings mit Flusscharakter. Es handelte sich um einen Wechsel für Pferde, die Schiffe auf einem Treidelpfad flussaufwärts zogen. Verbunden war ein solcher Hof mit einer Gastronomie und Ställen für die Zugtiere. Scheinbar handelt es sich bei dem dreiseitig angelegten Reiler Gehöft um einen Massivbau, tatsächlich ist es aber ein überputztes Fachwerk, wie dies in der zweiten Hälfte des 18. Jh. häufig vorkam, als man eine aufwendigere Steinbauweise simulieren wollte. Etwas versetzt befindet sich hinter dieser großzügigen Anlage ein giebelständiger, äußerst dekorativer Fachwerkbau von 1700 (Moselstr. 63); und in der benachbarten Burgstraße (Nr. 5) zeigt sich eine spätmittelalterliche Fassade mit einem Schwebegiebel (um 1500). Im unteren Dorf, neben der Brücke, ist ein frühneuzeitliches Fachwerkhaus (Moselstr. 49) anzutreffen, das den Namen

„Arche" trägt. Interpretiert wird diese Formulierung als ein Gebäude mit einem besonders hohen Dach. Weitere Fachwerkbauten des 16. bis 18. Jh. säumen das Moselufer.

Die 1839/41 im Dorf errichtete Kirche ersetzt einen auf der rechten Moselseite, in „Reilkirch" gelegenen spätgotischen Bau, der wie in Bernkastel-Kues zweischiffig angelegt war und wegen Baufälligkeit abgebrochen wurde.

In Reil kann man zwei Strecken für die Weiterfahrt wählen – entweder die Bergstraße, die durch die Weinberge und über die Höhe des „Reiler Halses" in das Alfbachtal führt. Dort liegt in Richtung Bengel das **Kloster Springiersbach**. Weiter geht es auf der B 49 in Richtung Cochem. Über dem engen Alfbachtal thront die **Burg Arras,** von der Alf an der Mosel nur wenige Kilometer entfernt ist. Oder man wählt – die zweite Möglichkeit – von Reil aus die altvertraute B 53 längs der Mosel und besucht als nächsten Ort **Pünderich**, das rechts der Mosel unterhalb der **Marienburg** liegt. Sie selbst nimmt den Berggrat auf der linken Moselhöhe ein. Der Fluss beschreibt hier eine große Schleife, die sich von Pünderich über **Briedel** und **Zell** bis nach **Alf** zieht. Leicht irritiert wird man feststellen, dass die Marienburg aus den unterschiedlichsten Perspektiven zu sehen ist.

Springiersbach: Die am Rande der älteren Klosteranlage stehende und zwischen 1769 und 1772 nach Plänen des Straßburgers *Paul Stehling* errichte Kirche ist ein Saalbau mit dreiseitigem Chor und einem abwechslungsreich gegliederten, leicht vortretenden Westturm. Seine Geschosse setzen sich durch Dreiecksgiebel und umlaufende Gesimse voneinander ab. Der bei einer solchen Lösung leicht problematische

Reil, Burgstr. 5 (um 1500)

Übergang vom Turm zum Langhaus mit den eventuell sichtbaren Dachansätzen wird durch eine Galerie auf deren Höhe gelöst, die diese Dachschenkel verdeckt und den Turm beidseitig säumt. Bekrönt ist er von einer welschen Haube mit Laterne. Außen wie innen unterteilen wandhohe Pilaster die Fensterpartien, die mit ihren Okuli einen besonderen Akzent setzen. Im prächtigen, rein barocken Innenraum verbinden sich die Architektur, die Deckengemälde und die

Springiersbach, Klosterkirche, Blick nach Osten zum Altar

Burg Arras über dem Alfbachtal (Bergfried, 12./13. Jh.)

Ausstattung zu einer beeindruckenden Einheit. Die Ausmalung, die nach einem Brand 1940 erneuert wurde, stammt in ihrem Ursprung von *Franziskus Freund* aus Bernkastel. Parallelen mit St. Paulin in Trier sind nicht nur bei ihr offensichtlich, sondern in dem gesamten Baukonzept der Kirche zu Springiersbach.

Die **Burg Arras** ist nach ihrer Lage zugleich eine Eifel- und Moselburg. Ihre Geschichte verliert sich im 10. Jh. Eindeutige Belege bestehen seit dem frühen 12. Jh., als sich die Anlage in den Händen der Trierer Erzbischöfe befand, in deren Besitz sie auch über die Jahrhunderte verblieb. Im 18. Jh. hat man die Burg baulich vernachlässigt; im frühen 20. Jh.

wurde sie rekonstruiert. Dies bedeutet, dass wir heute weniger eine mittelalterliche Anlage, sondern eine romantisierende Nachschöpfung vor Augen haben.

Pünderich – von Reil aus gesehen der nächste Ort auf der rechten Moselseite – liegt abseits vom großen Verkehr und besitzt somit ein ungestörtes Moselufer. Einen vorzüglichen Blick auf das Dorf hat man von der Marienburg aus. Innerhalb des Häusergewirrs tief unten zeichnen sich die Umrisse der Pfarrkirche von 1766 ab. Als Architekt begegnet man wieder *Paul Stehling*, den Baumeister der Klosterkirche Springiersbach. Die Ausstattung der Pündericher Kirche ist barock. Der Hauptaltar entspricht dem gängigen Aufbau mit Säulenpaaren, einer Dreiergruppe von Heiligen – in der Mitte Mariä Himmelfahrt – und einer Baldachinbekrönung.

Von herausragender Qualität sind Pünderichs Fachwerkbauten, deren bekannteste die Gruppe des alten Rathauses und des Fährhauses in der Nähe des Moselufers bildet. Das dendrochronologisch 1548 datierte Rathaus zeigt ein

Springiersbach, Klosterkirche, Deckengemälde (1773)

Fachwerk, das vor allem durch die Vertikale der Ständer bestimmt wird. Eine Art Mittelachse ergibt sich aus den gekrümmten Fuß- und Kopfbändern. Die seitlichen Gefache werden durch hohe Kreuzstreben ausgesteift. Angebaut ist ein massiver runder Turm mit Spindeltreppe. Ein vorkragender Kamin überragte einst den gemauerten rückseitigen Giebel. Leicht versetzt befindet sich vor dem Rathaus das so genannte Fährhaus von 1621. Sein mehrfach vorkragendes Fachwerk unterscheidet sich deutlich von dem spätmittelalterlichen Bild des Nachbarhauses. Der Schmuck der vortretenden Fenstererker und vor allem der Fensterbrüstungen des ersten Stockwerks weist trotz mancher derben Ursprünglichkeit auf eine von der späten Renaissance oder dem frühen Barock geprägte Ästhetik hin. Weitere, zum Teil beachtenswerte Bauten finden sich im Ortsinnern, so ein schmales Haus mit offenem Erdgeschoss in der Kirchstraße (Nr. 23). Konstruktiv wiederholen sich die Merkmale des Rathauses. Bemerkenswert ist das aus dem rechten Eckständer geschnitzte Wappen des Trierer Kurfürsten Johann von der Leyen mit der Jahreszahl 1565. Dieses Signet beweist, dass die damalige Obrigkeit auch den Fachwerkbau schätzte. Gegenüber von diesem Haus befindet sich ein stattlicher Eckbau, dessen Dekor der Eckständer an den des Fährhauses erinnert. Auch in dem einst ummauerten **Briedel** lässt sich das Studium des historischen Fachwerks vorzugsweise an Beispielen des späten 16. und des 17. Jh. fortsetzen. Einer der ältesten Bauten steht in der Himmeroder Straße (Nr. 8). Ein hoher Giebel mit mehreren Speicherebenen und ein reiches Fachwerk sind die Merkmale dieses 1565 datierten Hauses. Eine interessante Umbausituation zeigt das Eckhaus Hauptstr. 88. Das im

Kern um 1585 errichtete Gebäude erhielt durch eine bis zum First reichende Erweiterung ein völlig verändertes Aussehen. Das freigelegte Fachwerk

Pünderich von der Marienburg aus gesehen

Pünderich, Urkataster von 1832; absichtlich gedreht, um die Position von Fährhaus, Altem Rathaus und der Kirche besser darzustellen; die Mosel am unteren Bildrand

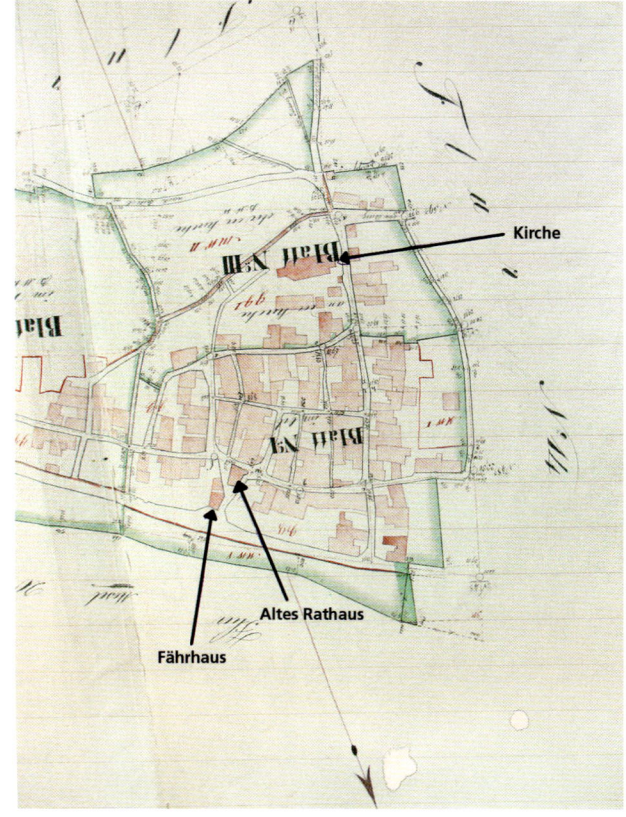

Kirche

Altes Rathaus

Fährhaus

Pünderich, Pfarrkirche St. Markus (1766)

Pünderich, sog. Fährhaus (1621) und Altes Rathaus dahinter (dendrochronologisch 1548 datiert)

verdeutlicht wieder die ursprünglichen Formen. Erhalten ist auch die alte Flurküche mit ihrer Feuerstelle, deren Position von außen anhand des über Konsolen vortretenden Kamins sichtbar ist. Er wird teilweise vom Fachwerk überdeckt. Schräg gegenüber befindet sich eine gleichfalls nach und nach zu einem größeren Anwesen gewachsene Fachwerkanlage, deren Ursprung in den Jahren um 1621 liegt (Hauptstr. 91). Bemerkenswert ist auch ein 1621 bezeichnetes Haus in der Graf-Salm-Straße (Nr. 5). Sein Dekor der rosettenförmig reliefierten Fensterbrüstungen zeigt eine Verwandtschaft mit dem Schmuck des Fährhauses in Pünderich. Offensichtlich wirkte hier derselbe Meister. Zu nennen ist auch das kleine Gemeindehaus von 1615, dessen Parterre einst arkadengleich geöffnet war (Alte Rathausstr.).

Die oberhalb des Ortskerns gelegene Pfarrkirche St. Martin wurde zwischen 1772 und 1776 gebaut. Der von Strebepfeilern umfasste Saalbau mit Frontturm öffnet sich durch ein dortiges prächtiges barockes Portal, dessen Tür mit Rocaille-Schnitzereien geschmückt ist. Im Inneren ist die zeitgleiche Ausstattung nahezu vollständig erhalten. Mit ihr korrespondiert die Ausmalung, insbesondere die Deckenmalerei, die von Fran-

Pünderich, „Fährhaus", Fachwerkdekor

Pünderich, Kirchstr. 23 (1565)

Briedel, Hauptstr. 88 (dendrochronologisch um 1585 datiert)

ziskus Freund aus Bernkastel geschaffen wurde. Von ihm stammt auch das Deckengemälde in der Klosterkirche Springiersbach.

Zentrum der Moselregion um die Marienburg ist **Zell**, dessen Beiname **im Hamm** auf die Windungen des Flusses hinweist. Bereits 1229 war die Siedlung ummauert, obwohl sie keine Stadtrechte besaß. Reste der Stadtmauer bestehen noch, darunter der so genannte Bachturm und der oberste Turm oder Pulverturm, der eine barocke, geschweifte Haube trägt. Als Erzbischof Balduin von Luxemburg (1285–1354) das Erzstift von einem „Personenverbandsstaat" in einen „instutionellen Flächenstaat" umwandelte und die Ämter des Kurstaates neu gliederte, wurde Zell Sitz eines Amtsmannes. Vorher war es die Burg Arras. Bauliches Zeugnis für die besondere Stellung von Zell ist das so genannte „Schloss", das tatsächlich aber der kurtrierische Verwaltungssitz

war. Die ursprünglich aus zwei Trakten bestehende Anlage, die aus den Jahren 1530 bis 1542 stammt, wirkt aufgrund ihrer Vieltürmigkeit abwehrend, was aber eher symbolisch zu verstehen ist. Die Formensprache ist, wie es vor allem die Fenster mit ihren maßwerkverzierten Stürzen demonstrieren, ausgesprochen trierisch. Die späte Gotik erlebt hier einen letzten Höhepunkt, und zugleich ist die frühe Renaissance präsent, wie es die inneren Fensterpfeiler des Vorderbaues und – als Detail – eine rechteckige Tafel mit dem Wappen des Kurfürsten Johann von Hagen (Regierungszeit 1540–1547) verdeutlichen. Putten geben ihr Debüt, und zierliche Flachreliefs in der Art von Beschlagwerk zieren die Seiten. Besondere Aufmerksamkeit verdient das kunstvoll gestaltete Fenstergitter an dem straßenseitigen vorderen Bau, der einst als Torbau freistand. Auch für den frühen Hausbau ist Zell ein Schwerpunkt. So glänzt Balduinstraße

Pünderich, Kirchstr. 23, Wappen des Kurfürsten Johann von der Leyen

Briedel, Graf-Salm-
str. 5 (1621)

Briedel, Pfarrkirche
St. Martin (um
1775)

Zell, ehem. Schloss,
straßenseitiger Flügel
(um 1543)

Nr. 32 mit spätgotischen Fenstergewänden, die an diejenigen des Zeller Schlosses erinnern und folglich in der Trierer Tradition stehen. Diese Einfassungen sind bei einem Umbau 1849 zutage getreten und zeigen sich seitdem in zweitverwendeter Form. Ganz in der Nachbarschaft befindet sich Balduinstr. Nr. 37 (identisch mit der Moselpromenade 34) – ein inschriftlich 1532 datiertes Haus, das als Kurtrierisches Burghaus gilt. Es ist zur Balduinstraße als Fachwerkbau mit hohem Treppenturm ausgeführt, während die Seite an der Moselpromenade massiv gebaut ist. Diese Front hat einige Fenster bewahrt, deren Stürze die bekannten Maßwerkverzierungen zeigen. Die untere und mittlere Etage werden durch Gesimsbänder mit Dreipassschmuck abgesetzt, die obere weist dagegen einen Rundbogenfries unter der Traufe auf, wie man ihn mit der Renaissance assoziiert. Möglicherweise sind diese unterschiedlichen Formen nicht zeitgleich, sondern auf einen Umbau zurückzuführen.

Fachwerkbauten der Renaissance sind in der Altstadt von Zell nicht vertreten. Die großen Brände von 1848 und 1857 haben vieles vernichtet.

Die zwischen 1786 und 1792 nach Plänen von *H. von Roth* gebaute Pfarrkirche besteht aus einem Westturm mit welscher Haube und Laterne sowie einem Saalbau mit halbrundem Chor und Strebepfeilern. Das Innere macht einen nüchternen, klassizistisch geprägten Eindruck. Vorbild des Hochaltars – vier Säulen mit einem Baldachin, der eine Kreuzigungsgruppe beschirmt – ist der nicht mehr existierende Hauptaltar der Liebfrauenkirche in Trier.

Im hinteren Flügel des Schlosses (Schlossstr. 10) befindet sich die im letzten Jahrzehnt wieder hergestellte Synagoge – ein Bau, der aufgrund seiner

Schlichtheit eindrucksvoll die schwierige sozioökonomische Lage einer ländlichen jüdischen Gemeinde im mittleren 19. Jh. vor Augen führt. Den Zugang bildet ein spätgotisches Portal, in dessen (renoviertem) Sturz eine kleine heraldisch wirkende Platte mit dem siebenarmigen Leuchter eingearbeitet ist. Nachdenklich stimmt im Inneren eine Gedenktafel mit den im Ersten Weltkrieg gefallenen jüdischen Gemeindemitgliedern.

Gegenüber der Altstadt von Zell liegt der Stadtteil **Kaimt**. Von der dortigen mittelalterlichen Pfarrkirche existiert noch der spätromanische Turm. Das um 1770 neu gebaute Langhaus wurde 1968 abgebrochen und durch einen Neubau ersetzt, der die Ausstattung des Vorgängerbaues übernommen hat. Von besonderer Bedeutung ist eine Inschriftentafel aus der Zeit um 1220, deren Text sich auf eine Kirchenstiftung bezieht und die von einem bärtigen Mann in einem kuttenähnlichen Gewand präsentiert wird. Diese Gestalt wird gerne als „die älteste Darstellung eines Moselwinzers" interpretiert.

Von dem einst größeren Bestand an Fachwerkhäusern sind einige Beispiele erhalten. Das bekannteste ist das am Moselufer gelegene ehemalige Haus der Boos von Waldeck, das inschriftlich 1551 bezeichnet ist. Der stattliche Bau wird sehr dekorativ von zwei barocken Pavillons gerahmt. Das in starke Brandmauern eingespannte Fachwerk des hohen Giebels ist aufgrund der Reihen von kleinen Andreaskreuzen, welche die Brüstungen auskleiden, schmuckreich angelegt. Die seitlichen Felder werden, wie häufig im 16. Jh., von hohen, gekreuzten Streben ausgesteift. Ein nahezu zeitgleiches Fachwerk findet sich in der Barlstraße (Nr. 7). Dieser 1559/60 datierte Bau besitzt ebenfalls die sich

Zell, ehem. Schloss, kurtrierisches Wappen am straßenseitigen Flügel

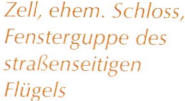

Zell, ehem. Schloss, Fensterguppe des straßenseitigen Flügels

Zell, ehem. Schloss, Fenstersturz des straßenseitigen Flügels

Zell, Schlossstr. 10, ehem. Synagoge, um 1850 in einem Nebenbau des Schlosses eingerichtet; umgeändertes spätgotisches Portal

kreuzenden, wandhohen Streben. Sie betonen als übereinander angeordnete Formation die Mittelachse der Fassade. Zu Zell gehört als höchster Stadtteil auch die **Marienburg,** von der man einen der schönsten Ausblicke in das Moseltal hat. Die Mosel umfließt den Berg in einer engen Schleife. Man erreicht die „Burg" über die B 53, von der am Ortsende von Zell-Kaimt eine Auffahrt abzweigt. Die früheste Erwähnung einer

*Zell, Pfarrkirche
St. Peter und Paul
(1786–1792), Altar*

*Zell, Pfarrkirche
St. Peter und Paul
(1786–1792)*

Kapelle auf dem Petersberg datiert 1143. Im Jahr 1157 wurde dort eine Klosterkirche geweiht, die 1515 zugunsten einer burgartigen Befestigung aufgegeben wurde. In den fünfziger Jahren des 20. Jh. wurde die Ruine ausgebaut. Von dem alten Bestand besteht nur der gotische Chor der Kirche.

Auf der rechten Moselseite schließt sich an die Altstadt von Zell der Stadtteil **Merl** an. Am Ortseingang liegt ein größerer Gebäudekomplex – das ehemalige Minoritenkloster. Die langgestreckte, einschiffige Kirche des späten 13. Jh. erhielt 1668 ein Tonnengewölbe mit Stichkappen und eine Pilastergliederung. Der Hauptaltar ist ein dreiflügeliges Retabel aus der Zeit um 1520, das, wie das Beispiel in der Klosterkirche Klausen, in Antwerpen gearbeitet wurde. Der geschnitzte Mittelteil zeigt etliche Szenen aus der Lebensgeschichte Christi mit der Kreuzigung in oberster Position. Die Gemälde der seitlichen Flügel, die auch der Vita Christi gewidmet sind, gelten als niederrheinische Arbeiten. Die Seitenaltäre sind neogotisch. Von der Decke schwebt eine spätgotische Muttergottes, die von Leuchter tragenden Engeln begleitet wird.

Von der einstigen Pfarrkirche St. Michael steht in erhöhter Lage und umgeben vom Friedhof noch der romanische Chorturm aus der ersten Hälfte des 12. Jh. Exponiert, wie sich das Bauwerk über Merl erhebt, bestimmt es die Silhouette des früheren Dorfs entscheidend mit. An seinen dem Tal zugewendeten Seiten zeigt der fünfgeschossige Turm, der von einem spitzen Helm bekrönt wird, zwei Reihen von überfangenen Doppelarkaden. An der Ostseite befindet sich ein kleines, kreuzförmiges, aus einem einzigen Stein gearbeitetes Fenster mit den Symbolen der Evangelisten. Bei der kürzlich erneuer-

ten Farbfassung, die mit derjenigen der Eckquaderung des Turmes korrespondiert, hat man eine Lösung gefunden, die der des romanischen Kirchturms von Brauneberg-Filzen nahekommt (vgl. S. 53). Das 1823 abgebrochene Langhaus der früheren Kirche in Merl entsprach dem Typ der zweischiffigen Kirche mit Mittelstütze wie in Bernkastel-Kues.

Für die hohe Bedeutung von Merl spricht auch der spätmittelalterlich-frühneuzeitiche Baubestand, der sowohl massive Häuser als auch Fachwerkhäuser umfasst. Nennenswert sind ein im Kern mittelalterlicher Wohnturm, der barock überformt worden ist (Zandtstr. 70) und die so genannte Klapperburg (Ecke Alte Kirchgasse – Zandtstr. 77). Es handelt sich um ein allerdings durch Umbauten sehr beeinträchtiges Giebelhaus, das von Türmchen flankiert wird. Ein bemerkenswertes kleines Bauensemble findet sich etwas versteckt in der

Hauptstraße (Nr. 32). Verbunden mit dem Rest eines mutmaßlichen Wehrturms ist es ein Fachwerkbau aus der Zeit um 1485. Eines seiner Zimmer besitzt eine Bohlenwand, die für die Moselregion einzigartig ist. Unterhalb der einstigen Pfarrkirche befindet sich ein 1442/43 dendrochronologisch datiertes Fachwerkhaus, dessen bis unter das Dach geführte Ständer ausgespro-

Marienburg auf einer Moselhöhe oberhalb von Zell, Alf/Bullay und Pünderich, ab 1515 in eine kurtrierische Burg umgewandelt

Zell-Kaimt, Boos-von-Waldeck-Str. 1 (1551)

Zell-Merl mit dem romanischen Turm (12. Jh.) der im 19. Jh. abgebrochenen Kirche St. Michael

Zell-Merl, ehem. Minoritenkirche (spätes 13. Jh.)

chen mittelalterlich wirken (Zandtstr. 82). Außerdem ist ein giebelständiges Haus an der Moselstraße (Rohrgasse 2) zu erwähnen, dessen ebenfalls dendrochronologisch ermitteltes Alter – um 1550 – von der Konstruktion der wandhohen, gekreuzten Streben unterstützt wird.

Bullay – wie Zell-Merl auf der rechten Moselseite – bietet in der Zehnthausstraße einige Fachwerkhäuser des 17. Jh. und in seiner Kirche aus der zweiten Hälfte des 19. Jh. einen steinernen Seitenaltar von 1618, der einer Trierer Werkstätte zugerechnet wird. In dem auf der linken Moselseite gelegenen **Alf** verdienen zwei Massivbauten besondere Aufmerksamkeit. An erster Stelle steht das aus dem späten Mittelalter – um 1448/49 – stammende, bisher nachweislich älteste Haus des Dorfs (Wilburggasse 5). Es handelt sich aller Wahrscheinlichkeit nach um ein ehemaliges Burgmannenhaus, das mit der Burg Arras in Verbindung stand. Das Gebäude hat, was selten ist, sein ursprüngliches hohes Parterre mit der Flurküche bewahrt. Die Raumhöhe beträgt 3,14 m. An zweiter Stelle ist das ehemalige kurtrierische Amtshaus erwähnenswert, das im Kern aus dem späten 16. Jh. stammt und um 1700 umgestaltet wurde (Auf Kockert 6). Mitte des 19. Jh. erlebte Alf eine Ausbauphase und wurde um großbürgerliche Kellereigebäude spätklassizistischer Art erweitert. Alf ist der letzte Ort des Zeller Hamms. Moselabwärts schließt sich als nächste Moselregion das Umland von Cochem an.

Von Alf über Ediger-Eller und Bruttig-Fankel nach Cochem

Der **Cochemer Krampen,** so bezeichnet man die etwa 20 km lange Moselstrecke zwischen St. Aldegund und Cochem. Damit ist vor allem der Moselbogen gemeint, der die Form einer zweifach konkav eingedrückten Klammer hat, wie sie ab Bremm besonders deutlich vor Augen tritt. Vielleicht handelt es sich bei dem *Krampen* auch um eine Ursprungserklärung ätiologischer Art.

St. Aldegund ist als Fundstätte kostbarer spätrömischer Glasgefäße bekannt – darunter eine kleine, geschliffene und polierte blaue Schale in Schiffform –, die Beigaben eines Steinkammergrabes waren. Der Fund befindet sich in der Archäologischen Abteilung des Landesmuseums Koblenz auf der Festung Ehrenbreitstein.

St. Aldegunds mittelalterliche Kirche steht weit abgerückt über dem Dorf.

Der gedrungene spätromanische Turm schließt mit einem Rhombendach ab, das teils noch spätgotische Dachfenster mit bekrönenden, bleiernen Krabben aufweist. Das im Kern spätmittelalterliche Langhaus wurde im 18. Jh. verän-

Zell-Merl, ehem. Minoritenkirche (spätes 13. Jh.; Ausstattung 16.–18. Jh.)

Zell-Merl, ehem. Minoritenkirche; Muttergottes im Engelskranz als Deckenleuchter (frühes 16. Jh.)

Zell-Merl, Ecke Moselstr./Rohrgasse (dendrochronologisch 1547/48 datiert)

St. Aldegund, Alte Pfarrkirche St. Bartholomäus; spätromanischer Westturm, sonstiger Ausbau 17./18. Jh.

dert. Der Chor gehört, wie freigelegte Malereien zeigen, dem 14./15. Jh. an. Kostbarste Ausstattung ist ein Renaissancealtar vermutlich trierischer Herkunft, der einst dem Kunsthandel übergeben wurde, nach langer Abwesenheit mit Hilfe des Aachener Kunstsammlers und Mäzens Peter Ludwig zurückerworben werden konnte und inzwischen wieder an seinem angestammten Platz steht. Hervorhebenswert ist auch die schmiedeeiserne Kanzel des 17. Jh., die ein Gegenstück zu derjenigen im früheren Kloster Stuben darstellt (heute im Rheinischen Landesmuseum Trier). Ein realistisch dargestellter Christus neben der Geißelsäule stammt von 1522. Eine Besonderheit stellt die Brüstung der Empore dar, die Fachwerkornamente wiedergibt, wie man sie sonst nur vom Hausbau des späten 16. oder frühen 17. Jh. kennt.

St. Aldegunds reicher Bestand an Fachwerkbauten verteilt sich auf die Christophorusstraße und ihre Seitengassen. Ältestes Haus mit dem dendrochronologischen Datum 1480 ist der Kernbau des Christophorushauses (Nr. 10) selbst,

dem die Hauptstraße ihren Namen verdankt. Angefügt an diesen älteren Bauteil ist ein Trakt des 18. Jh., aus dessen Eckständer eine 1710 bezeichnete Christophorusfigur geschnitzt ist. Die Fachwerkkonstruktion des Altbaues charakterisiert sich fast ausschließlich als ein quadratisches Raster, das Ständer und Riegel miteinander bilden. Nur wenige Streben steifen das Gefüge aus. Das Dachwerk des Haupthauses ist eine Kombination von Kehlbalken- und Pfettenzimmerung – doppelter stehender Stuhl mit kleinem Firstständer und Firstpfette. Das Dachwerk des vorkragenden Nebenbaues besitzt dagegen den für seine Bauzeit üblichen liegenden Kehlbalkenstuhl. Größter Raum des älteren Bauteils ist die beinahe 4 m hohe Flurküche mit der offenen Feuerstelle. Von diesem Entree ist über eine barock gestaltete Podesttreppe der Anbau erreichbar.

Die Raumgliederung des Christophorushauses wiederholt sich nicht nur in mehreren Häusern St. Aldegunds des 17. Jh., beispielsweise in Christophorusstr. 9 von 1619, sondern findet sich bis in das 18. Jh. in ähnlicher Form in der ganzen Moselregion – und auch darüber hinaus. Wesentlicher Raum ist aufgrund seiner Zentralität und

St. Aldegund, Alte Pfarrkirche St. Bartholomäus; Orgelempore als Fachwerkbrüstung

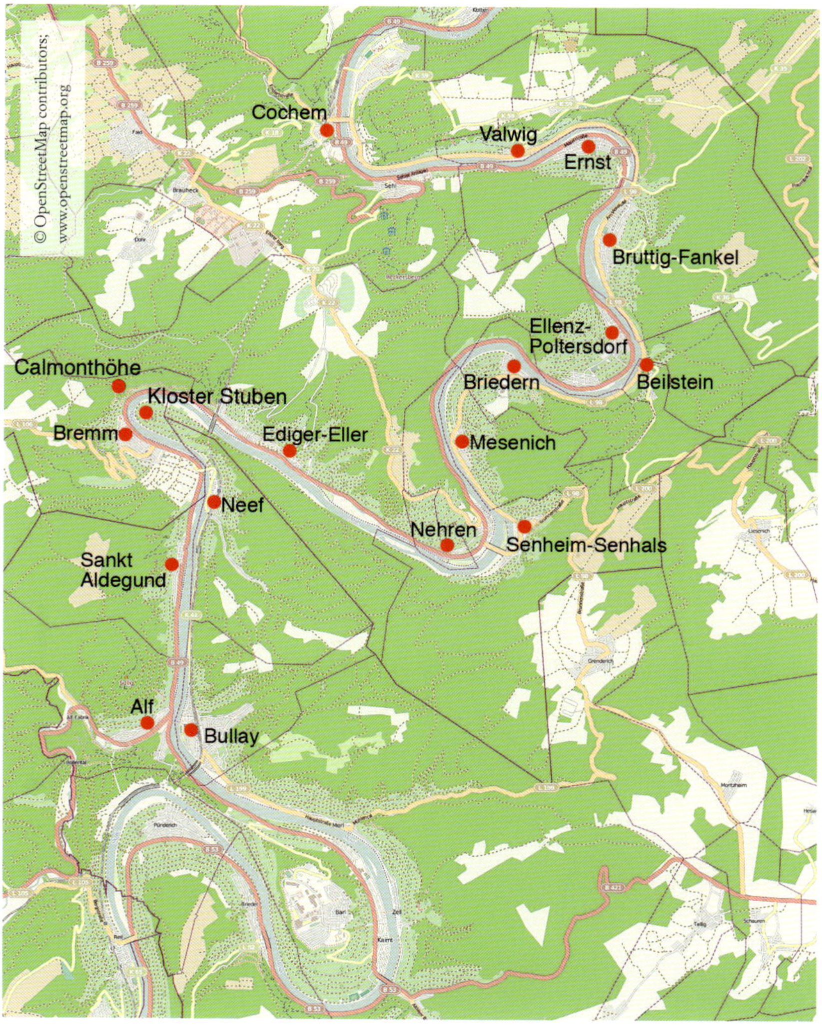

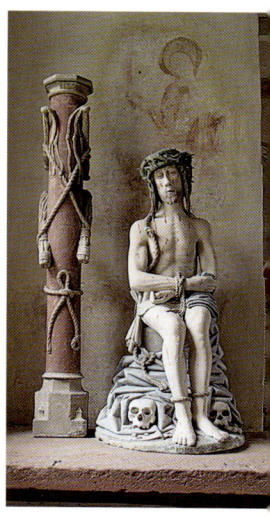

St. Aldegund, Alte Pfarrkirche St. Bartholomäus; Christus in der Rast (1522)

Multifunktionalität die Flurküche mit der Feuerstelle, einem eventuellen Brunnen und den Treppen zu den anderen Hausebenen, wie Keller und obere Etage.

Die gut erhaltene historische Bausubstanz von St. Aldegund erlaubt nicht nur Rückschlüsse auf das Wachstum des Dorfs vom späten Mittelalter bis in die Gegenwart, sondern ermöglicht auch eine Sozialtopographie mit der Unterscheidung in mehrere Viertel. So umfasst das Kirchviertel den ältesten Kern mit der St. Bartholomäuskirche und dem Rathaus. Einen großen Bereich nimmt das Winzerviertel um die Christophorus- und Brunnenstraße ein. Das Zehnthausviertel konzentriert sich um den entsprechenden Bau des Stifts Pfalzel. Andere Hofhäuser gehörten den Klöstern Springiersbach, Stuben und Beilstein. Zur Mosel liegt das Gasthaus- und Händlerviertel mit seiner vorwiegenden Bebauung des 18. Jh. Es schließen sich flussaufwärts wie abwärts die jüngeren Zonen an.

Zwischen St. Aldegund und Bremm zweigt eine Straße in Richtung Beuren

St. Aldegund, Christophorusstr. 10, Christophorus-Haus, Erweiterung des 18. Jh.

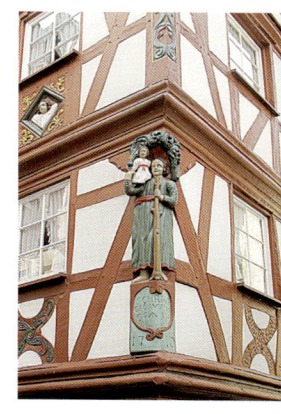

St. Aldegund, Christophorusstr. 10, Christophorushaus, Flurküche mit der Feuerstelle und dem Anfänger der Haustreppe

St. Aldegund, Christophorusstr. 9, Flurküche

ab, die kurvenreich in die Bergregion des zirka 380 m hoch gelegenen **Calmonts** führt. Dort, oberhalb von Bremm, befindet sich ein jüngst rekonstruierter gallorömischer Tempel, von dem aus man großartige Ausblicke in das Moseltal und zu dem sich anschließenden Hunsrück hat. Die Anlage, die auf entsprechende Funde aus dem zweiten bis vierten nachchristlichen Jh. zurückgeht, war wie das erwähnte, bekanntere Beispiel auf dem Martberg bei Pommern mit einem loggienartigen Umgang versehen. Das heißt: Um einen Kernbau zog sich eine überdeckte, von Säulen gestützte Galerie. Im Umfeld dieser Kultstätte wurden Kleinfunde – Münzen, Glas- und Keramikfragmente sowie Votivfigürchen aus Terrakotta entdeckt – Indizien für eine rege Besucherfrequenz dieses Bergheiligtums.

Wieder im Tal, trifft man auf der Flussstrecke St. Aldegund – Bremm, kurz

St. Aldegund, Christophorusstr. 10, Christophorushaus, Blick auf das spätmittelalterliche Fachwerk (im Kern um 1480, erweitert 1710)

vor dem Dorf, auf die Kapelle St. Michael aus der Zeit um 1690. Sie ist eines der zahlreichen Flurdenkmäler in der weitgehend katholischen Moselregion. Das offene, nur durch ein Holzgitter gesicherte Innere beherbergt außer einer erneuerten Kreuzigungsgruppe einen kleinen, in Bremm aufgefundenen barocken Altar, der 2005 restauriert wurde.

Wie in St. Aldegund liegt auch die Pfarrkirche von **Bremm** – St. Laurentius – oberhalb des Ortes. Auch hier ist, wie so häufig an der Mosel, von der ursprünglichen Kirchenanlage nur der romanische Turm erhalten, der gestaffelt nach oben bis zu drei Schallarkaden in Blendbögen zeigt. Das oberste Geschoss und der Helm wurden Mitte des 19. Jh. aufgesetzt. Das zweischiffige Langhaus ist charakteristisch für das späte 15. Jh. und weist auf die Hospitalskirche in Bernkastel-Kues als ihr Vorbild hin. Wie dort stützt ein Mittelpfeiler die Langhaushalle, deren Gewölberippen hohlkehlig profiliert sind. Im Jahr 1895 wurde das Langhaus verlängert – daher die nächsten Mittelpfeiler. Früher besaß die Kirche bedeutende Steinaltäre des 17. Jh., die 1895 durch neogotische Holzaltäre ersetzt wurden. Das Kircheninnere sollte in ein zeitgemäßes Gesamtkunstwerk umgewandelt werden. Der Geist änderte sich wieder und die einstige Wertschätzung des Historismus schlug spätestens in den 50er/60er Jahren des 20. Jh. ins Gegenteil um. Zurückgekehrt ist in die Bremmer Kirche (1969) der frühere Hochaltar des 17. Jh., der St. Laurentius gewidmet ist. Das mittlere Feld des dreietagigen Aufbaues zeigt das Abendmahl. Die Heiligen Laurentius und Stephan begleiten diese Szene. Im oberen Bild ist die Leidensgeschichte des Namenspatrons

Bremm, Calmonthöhe, rekonstruiertes gallorömisches Bergheiligtum als Umgangstempel (Vorbild, 2. Jh. n. Chr.)

St. Aldegund, Brunnenstraße 16 (1618)

Bremm, Kapelle St. Michael, restauriertes Altarbild

Bremm, Pfarrkirche St. Laurentius, spätromanischer Westturm

dargestellt, wie er auf einem Eisenrost den Feuertod erleidet.

In Bremm befindet sich eines der bekanntesten Fachwerkhäuser an der Mosel – das so genannte Storchenhaus. Namensgebend ist eine geschnitzte Brüstungsfüllung an der Moselseite. In ihrer Darstellungsweise und gefachfüllenden Art sind hiermit die Reliefs am barock geprägten Anbau des Christophorushauses in St. Al-

Bremm, Pfarrkirche St. Laurentius, spätgotisches Langhaus (Ende 15. Jh.) und Laurentiusaltar (1. Hälfte 17. Jh.)

Bremm, Pfarrkirche St. Laurentius, Laurentiusaltar (1. Hälfte 17. Jh.)

degund von 1710 verwandt. Das Storchenhaus ist inschriftlich 1695/96 bezeichnet, entspricht aber abgesehen von den plastischen Brüstungsfüllungen weitgehend älteren Bauvorstellun-

gen. Als Massivbau ist das spätmittelalterliche ehemalige Zehnthaus des Klosters Stuben hervorhebenswert, dessen Fenstergewände zum Teil spätgotisch profiliert sind.

Die Ruine des Klosters Stuben befindet sich auf dem Moselufer gegenüber von Bremm und ist über das ebenfalls rechts der Mosel gelegene **Neef** zu erreichen. Sein bedeutendster Bau ist das ehemalige Burghaus, das sich als mächtiger Kubus mit hohem Walmdach darstellt. Schon von der anderen Moselseite ist offensichtlich, dass das Gebäude, das früher sicherlich von einem Wassergraben umgeben war, etliche Veränderungen über sich hat ergehen lassen müssen. Immerhin sind Reste romanischer Kleeblatt-Fensterblenden aus dem mittleren 13. Jh. erhalten. Die **Klosterruine Stuben** geht auf einen Neubau von 1687 zurück. Er sollte würdig genug sein, den wertvollen Reliquien des Klosters den ihnen gebührenden Rahmen zu verleihen. Als kostbarster Besitz galt eine Staurothek – eine Reliquienlade, die nach traditioneller Meinung Kreuzpartikel und mehrere persönliche Zeugnisse von Jesus und seiner nächsten Umgebung in sich vereint. Dieser hochverehrte Schatz wurde bis 1204 in der Hagia Sophia in Byzanz verwahrt und „gelangte" während eines Kreuzzugs 1208 in die Hände eines Ritters der Moselregion, der ihn später dem Kloster Stuben übereignete. In der dortigen Kreuzkapelle wurde er bis 1788 gehütet und bei der Umwandlung des Klosters in ein freies Damenstift – ebenfalls 1788 – der trierischen Kirche anvertraut. Das Sanktuarium wurde vor dem Einrücken der französischen Revolutionstruppen in Kurtrier, 1794, ins Linksrheinische in Sicherheit gebracht und später dem Dom von Limburg an der Lahn übergeben. 1794 wurde das Stift aufgelöst. Zu diesem Schritt hatte sich die kurfürstliche Regierung – also vor der eigentlichen Säkularisation von 1803 – aufgrund der zerrütteten inneren Verhältnisse des Klosters veranlasst gesehen. In der französischen Zeit verlassen, verkamen die versteigerten Klostergebäude in Stuben, die auch als Steinbrüche benutzt wurden, bald zu Ruinen. Erhalten sind als Inbegriff der Moselromantik nur die Mauern der Kirche aus dem späten 17. Jh. Es war ein Saalbau mit dreiseitigem Chor. Die gotisierenden Fenster belegen eine traditionsverhaftete Gesinnung, wie sie für das damalige Kurtrier schon öfters festgestellt worden ist.

Oberhalb der Klosterruine Stuben liegt auf einem schmalen, von der Mosel umflossenen Berggrat, der einen der schönsten Aussichtspunkte dieser Gegend gewährt, die von ihrem Friedhof umgebene **Peterskapelle**. Diese im Kern mittelalterliche Anlage gehört zu den Sakralbauten in einsamer Höhenlage, die einst für mehrere Pfarreien zuständig waren. Das Kirchlein hütet einen zweiteiligen steinernen Altar aus der zweiten Hälfte des 17. Jh., der im Mittelfeld eine Kreuzabnahme und darüber Christi Himmelfahrt zeigt. Die kräftig-rustikale Darstellungsart ist im Zusammenhang mit dem so genannten Knorpel- oder Ohrmuschelstil zu sehen. Die exzellente Lage der Kirche und die Ausblicke moselaufwärts nach Neef, St. Aldegund und Alf sowie moselabwärts nach Eller und Ediger machen diesen Ort zu einer besonders „romantischen" Stätte. Ihre Bedeutung wird dadurch erhöht, dass sich hier einst eine römische Befestigung befand, während der nächsthöhere Berg – der 421 m hohe *Hochkessel* – eine keltische Zufluchtsstätte war.

Die Nachbarorte Bremm und **Eller** zeigen eine verblüffende Ähnlichkeit in der romanischen Art der Westtürme ihrer Pfarrkirchen, und zwar sowohl in deren Gliederung als auch in der Art der Schallarkaden. Das mit einem Tonnengewölbe ausgestattete Langhaus von St. Hilarius in Eller gehört dem 18. Jh. an, das Portal ist 1718 bezeichnet. Der polygonale Chor erinnert an gotische Lösungen, scheint aber erst im 17. Jh. geschaffen worden zu sein. Von den ursprünglichen Altären ist der Marienaltar von 1621 erhalten, der als eine Arbeit der Hoffmann-Schule (Meister Johannes Gros) in Trier gilt. Zu nennen ist zudem ein Grabstein des 1566 verstorbenen Bürgermeisters Theys Kulwer, der im Dorf mehrere Häuser besaß, unter anderem Moselweinstr. 62. In der Kirche befinden sich zwei Werke des letzten kurtrierischen Hofmalers *Heinrich Foelix*, die aus der Karmeliterkirche in Koblenz stammen – eine Krönung Mariens und eine Maria Magdalena.

Erwähnenswert sind zwei Kapellen: die spätgotische St. Rochus-Kapelle (eigentlich St. Arnulf-Kapelle) gegenüber der Pfarrkirche und die sich in ihrer Nachbarschaft befindende Straßenkapelle von 1784 (beide in der Bachstr.),

Bremm, Moseluferstr. 167, „Storchenhaus" (1695/96)

Bremm/Neef, Klosterruine Stuben (um 1687)

Neef, die Peters-
kapelle oberhalb
des Ortes

Hubertusschlüssel brennt, um ihn von seiner Krankheit zu heilen. Die zweitgenannte Kapelle – ein offener Raum mit einer geschweiften Haube über Eckständern – bietet einem lebensgroßen gekreuzigten Christus Schutz. Im Inneren sieht man eine Ecce-Homo-Szene.

In Eller sind einige adelige und kirchliche Hofhäuser erhalten. Größte Anlage ist der ehemalige Besitz des Stiftes St. Simeon in Trier, der in der Literatur meistens als frühere Kurfürstliche Kellnerei bezeichnet wird (Moselweinstr. 60). Der Kurfürstliche Hof selbst befand sich dagegen bei der St. Rochus-Kapelle. Ihr gegenüber liegt das ehemalige kurtrierische Zehnthaus – ein Massivbau mit gewölbtem Keller (Ecke Bachstraße – Brunnenstraße). Das frühere Anwesen des Trierer Stiftes am Moselufer setzt sich aus mehreren Gebäuden zusammen, deren ältestes – der große vordere Massivbau – in das späte 16. Jh. zu datieren ist. Etwas versetzt daneben befindet sich ein Fachwerkhaus, das dendrochronologisch um 1531/32 bestimmt ist (Moselweinstr. 62). Es war eines der Häuser des erwähnten Bürgermeisters Theys Kulwer (gest. 1566). Baulich handelt es sich um eine rein sachliche Konstruktion ohne Schmuckhölzer. Interessant ist der Grundriss des Parterres, das Rücksicht auf die Hochwassergefahr nimmt. Deswegen lag die etwas über 4 m hohe Flurküche im hinteren Teil des Gebäudes. Der Vorraum konnte überflutet werden.

die im Zuge einer Volksmission erichtet wurde. Der erstgenannte Bau besteht aus einem dreiseitigen Chor mit Vorjoch aus der Zeit um 1500 – beide von Strebepfeilern abgefangen – und einem Schiff, das möglicherweise älter ist. Über dem Südfenster des Chores befindet sich eine spätgotische Malerei, die den hl. Arnolphus darstellt, wie er einen tollwütigen Hund mit dem so genannten

Bei einem Rundgang durch Eller, dessen Kernpunkte einerseits die Pfarrkirche St. Hilarius mit den beiden unter ihr gelegenen Kapellen und andererseits die Partie um die Moselweinstraße 60 und 62 sind, sollte man auch ein Jugendstilportal von 1913 einer früheren Kellerei (Platterstr. 1; neben Moselweinstr. 61) näher betrachten.

Neef, Altar der
Peterskapelle

Ediger – ein *oppidum* mit einer Ortsummauerung seit 1363 – definiert sich bauhistorisch an erster Stelle durch seine hoch gelegene Pfarrkirche St. Martin, deren südwestliches Joch mit Turm 1506 gebaut wurde, während die anderen Partien älter, zum Teil romanisch sind. Der Turm erhebt sich in drei Geschossen, die durch Gurte voneinander abgesetzt sind. Der oberste besteht wie in Klotten aus einem Bogenfries. Über ihm schließt eine Maßwerkgalerie, deren Schmuck mit dem der großen Schallfenster der Glockenstube korrespondiert, das Mauerwerk ab. Oberhalb der Turmkanten, die gequadert, während die Flächen verputzt sind, befinden sich Wasserspeier, die an ländlichen Kirchen nur selten anzutreffen sind. Die Steigerung an Vertikalität wird schließlich durch die schlanke achtseitige Turmpyramide erreicht, die mit übereinander gestaffelten, schmalen Gauben besetzt ist. Auf der

unteren Ebene sind es eher kleine Eckwarten oder Ecktürmchen, wie sie auch manchen anderen spätgotischen Glockenturm an der Mosel schmücken, beispielsweise in Bruttig und Klotten, und wie man sie von Wehrbauten kennt. Die Gauben der Kirche zu Ediger laufen in vergoldeten Krabben aus, die wie die ebenso hervorgehobenen Helmgrate einen belebenden Kontrast zum dunklen Schieferdach darstellen. Den Höhepunkt der Turmspitze nimmt der güldene Hahn ein. Die nach Befund rekonstruierte farbige Gestaltung ist ein gelungenes Beispiel für gotische Fassungen, die einst auch die Skulpturen der Dome und Kathedralen auszeichneten, in der Regel aber nur mehr spurenweise erhalten sind. Insofern war das ursprüngliche Erscheinungsbild häufig ein ganz anderes, als es die bis heute übliche Sichtweise der Romantik vorgibt.

Ediger-Eller,
Ortsteil Eller,
Moselweinstr. 60

Ediger-Eller, Ortsteil Eller, Plattertstraße

Ediger-Eller, Ortsteil Eller, kath. Pfarrkirche St. Hilarius

Das Langhaus der Kirche war anfangs eine zweischiffige Halle mit mittleren Stützen und einem unregelmäßigen vierseitigen Chor. Von den beiden Rundpfeilern spannen sich die hohl-kehligen Rippen des Sterngewölbes, dessen 117 Knotenpunkte als Wappenschilde, Hausmarken, Heiligenbildnisse oder Rosetten hervorgehoben sind. Einige Gewölbekonsolen zeigen figürlichen Schmuck. An der Nordostecke befindet sich ein im 16. Jh. erweiterter, älterer Kapellenanbau (Beinhaus), in dem ein Heiliges Grab von 1671 seinen Platz gefunden hat. Diese Nordseite wurde 1951/53 nach Plänen des Kölner Dombaumeisters *Willy Weyres* um ein Schiff mit einer Empore erweitert. Dabei wurden die alten Fenstergewände wieder verwendet. Auch ist das Kreuzgratgewölbe geschickt dem spätgotischen Kreuzrippengewölbe angepasst. An mittelalterlicher Ausstattung sind ein romanischer Taufstein, ein Vesperbild (15. Jh.), ein Schmerzensmann (16. Jh.) und ein Kruzifix an der überdachten Südwand (um 1510) zu nennen. Im 18. Jh. wurde das Innere weitgehend

Ediger-Eller, Ortsteil Eller, Moselweinstr. 62, (dendrochronologisch 1531/32 datiert)

barockisiert, wie es vor allem der Hauptaltar zeigt.

Moselabwärts steht am Ortsende von Ediger die langgestreckte, 1665/67 erbaute Marienkapelle, die in ihrer Zweigliedrigkeit an die Wallfahrtskapelle von Maria Einsiedeln in der Schweiz erinnert. Ihr Geist lebt auch in einem Glasgemälde von 1710 und in dem Gnadenbild der Muttergottes fort, die den Steinaltar dieser frommen Stiftung schmückt. Nennenswert sind auch die Skulpturen der Heiligen Margaretha und Ottilie aus dem 16. Jh.

Ediger ist innerhalb der Moselregion eines der bedeutenden Zentren des historischen Hausbaues. Über fünfzig Fachwerkbauten des 16. bis mittleren 17. Jh., deren Untergeschosse in der Regel massiv ausgeführt und deren Seiten häufig gemauert sind, lassen sich hier nachweisen. Es spannt sich ein weiter Bogen von einer eher noch mittelalterlich inspirierten Bauweise bis zu schmuckreichsten Formen der späten Renaissance. Für das frühe 16. Jh. können als Beispiele der gemischten Bauweise exemplarisch ein nicht näher sozialhistorisch identifiziertes Haus von 1514/15 (Pelzerstr. 22) und das einstige Kurtrierische Amtshaus genannt werden, dessen Bauzeit sich anhand eines Wappenschildes des Erzbischofs Richard von Greiffenklau (1511–1531) einigermaßen eingrenzen lässt (Moselweinstr. 13). Das Fachwerk des imponierend hohen Giebels begnügt sich mit dem Wechsel von Ständern und Riegeln und verzichtet sogar auf Streben. Ganz anders liegt der Fall bei den Nachbarhäusern, insbesondere bei dem 1657 bezeichneten Eckhaus (Moselweinstr. 11). Seine Fenstererker, die geschnitzten Eckständer und der Brüstungsdekor bringen das ganze für die damalige Zeit ver-

bindliche Formenvokabular zur Geltung.

Ein Rundgang durch Ediger: Startpunkt (**1**) ist die Pfarrkirche St. Martin, deren Turm ein Meisterwerk spätgotischer

Ediger-Eller, Ortsteil Ediger, Pfarrkirche St. Martin, restaurierter Turmhelm und Sterngewölbe

Ediger-Eller, Ortsteil Ediger, Pfarrkirche St. Martin, Heiliges Grab (1671)

Ediger-Eller, Ortsteil Ediger, restaurierter Kirchturm

Klosters Springiersbach – eine Anlage des 18. Jh. (Kirchstr. 15; **3**). Das Fachwerkensemble des so genannten früheren Dauner Hofs aus dem 16. Jh. liegt an der Ecke Paulusstraße/Kirchstraße (**4**). Daran schließt sich ein barocker Bau an – ein rein konstruktiv gesetztes Fachwerk des 18. Jh. (**5**; Paulusstr. 7). Folgt man der Kirchstraße in Richtung Mosel, so stößt man auf den Oberen Turm der Ortsbefestigung (**6**). Die nächsten Positionen – (**7**) – (**9**) – beziehen sich auf die Oberbachstr. 2 – ein Fachwerkhaus des 17. Jh. – und Oberbachstr. 4 – ein prächtiger Bau von 1623. Eine spätbarocke Tür befindet sich zwischen diesen beiden Häusern. Besondere Aufmerksamkeit verdienen die geschnitzten Brüstungstafeln von Oberbachstr. 4, die in der Art derjenigen des Fährhauses in Pünderich (1621) gehalten sind. Nummer **10** – ebenfalls in der Oberbachstraße – ist der frühere Hof des Klosters Niederehe (bez. 1580); und Position **11** markiert einen Massivbau mit einem dendrochronologischen Baudatum von 1424. An der Ecke Oberbachstraße/Paulus-

Gestaltung ist. Das Kircheninnere stellt mit seinem von Stützen getragenen Sterngewölbe ein besonders gelungenes Beispiel einer großzügigen Kirchenhalle dar. Nummer **2** ist die Kirchpforte, die zum Bering der „Stadt"-Mauer gehört. Es folgt der ehemalige Hof des

Ein Rundgang durch Ediger–Eller, Ortsteil Ediger, Kath. Pfarrkirche St. Martin

straße 1 steht ein Fachwerkhaus des frühen 16. Jh. (**12**). Von dort geht es zur Ortsbefestigung mit dem Plaiter Turm von 1363 (**13**). Nummer **14** bezeichnet wiederum einige Fachwerkhäuser, darunter das 1628 datierte Eckhaus Hochstr. 28 mit in den Putz der Gefache eingedrückten Ornamenten. Bei Nummer **15** befinden sich ein kleineres Fachwerkhaus von 1699 und ein Barockbau von 1785 mit einem exzellenten Portal. Daneben liegt der Aufgang zum Plaiter Pförtchen. Von der Hochstraße zweigt moselwärts die Nikolausstr. ab. Dort ist als Nikolausstraße 7 (**16**) ein Ständerbau mit Schwebegiebel anzutreffen (vermutl. frühes 16. Jh.). Wieder zurück zur Hochstraße, wo sich drei Fachwerkbauten des 16. Jh. befinden, gelangt man an der Abbiegung mit der Pelzerstraße zu einem stattlichen Eckhaus, dessen Fachwerk 1514/15 datiert ist (**17**). Nummer **18** ist der Rest eines Fachwerkhauses des 16. Jh.; am Nachbarhaus sichtbar ein Veronikatuch. An der Rathausstraße liegt in der Nachbarschaft eines Fachwerkhauses des 16. Jh. die schlichte jüngere Synagoge (19. Jh.; im Kern vermutl. 16. Jh.; **20**). Nummer **19** bezieht sich auf die Eulenstr. 5 – den vermutlichen früheren Waldecker Hof (auch als Klausener Hof bezeichnet) – ein verputztes Fachwerkhaus, das ebenfalls aus dem 16. Jh. stammt. Der folgende Punkt **21** stellt die Rathauspforte der ehemaligen Ortsbefestigung dar. Das Eckhaus Pelzerstr. 1 (**22**), welches das Haus des Gastes beherbergt, ist 1623 datiert (in der oberen Etage ein hervorragender Kamin). Pelzerstr. 14 ist ein Fachwerk des 16. Jh. (**23**); und die Ecke Pelzerstraße/Raiffeisenstraße bezeichnet eine gemischte Baugruppe ebenfalls des 16. Jh. (**24**). Weiter bergwärts geht es zum dritten Plaiter Turm der Ortsbefestigung

(zu erreichen hinter der Ringmauer; **25**). Unterhalb von ihr befinden sich in der Hochstraße zwei Fachwerkhäuser des 16. bis 18. Jh. (**26**). Hochstr. 4 ist der Standort des früheren Hofhauses der Abtei Steinfeld – ein Massivbau des 18. Jh. (**27**). Durch die Klepperstraße erreicht man die Moselweinstr. 13 – das ehemalige Kurfürstliche Hofhaus aus dem frühen 16. Jh. (**28**), das vermutlich etwas jüngere Nachbarhaus mit der Haus-Nr. 12 (**29**) sowie den prächtigen Bau Nr. 11, der 1657 bezeichnet ist

Ediger-Eller, Ortsteil Ediger, Ecke Paulusstraße, Kirchstr. 10

Ediger-Eller, Ortsteil Ediger, Pelzerstr. 22 (1514/15)

Ediger-Eller, Ortsteil Ediger, Hochstr. 28 (1628)

*Ediger-Eller,
Ortsteil Ediger,
Moselweinstr. 11–13
(16./17. Jh.)*

(**30**). Von dort führt die Pützstraße bergwärts. Auf ihrer rechten Seite findet man das Haus zum Hl. Geist – Fachwerk des 16. Jh., darin eine Stuckdecke mit der Darstellung des Hl. Geistes (**31**). Weiter aufwärts trifft man auf die Hochstraße, an deren Ecke sich zwei 1543 und 1549 bezeichnete Fachwerkhäuser – das eine mit Schwebegiebel – befinden (**32**). Unweit davon beschreibt die Ortsbefestigung etwa ab dem so genannten Vinum-Bonum-Turm (wieder ein Schalenturm im Gegensatz zu den Rundtürmen am

Fluss; **33**) eine Biegung in Richtung Mosel. Die in der Nähe gelegene Kapellenstraße weist ein freigelegtes Fachwerkhaus des 16. Jh. auf (**34**); und am Anfang der Unterbachstraße findet sich ein Fachwerkensemble des 16./17. Jh. (**35**). Am Ende des alten Ortskerns liegt die Maria-Einsiedeln-Kapelle von 1665/67 (**36**). Nummer **37** ist schließlich der Untere Turm der 1363 errichteten Ortsbefestigung.

Oberhalb von Ediger liegt, beinahe schon auf einer Eifelhöhe und in ganz einsamer Lage, eine **Heilig-Kreuz-Kapelle**. Zu ihr führt vom Dorf aus ein steiler Kreuzweg von 1762, dessen 15. Station beispielsweise der hl. Kaiserin Helena gewidmet ist. Die Legende schreibt ihr, die innerhalb der Moselregion einst hoch verehrt wurde, den Fund des Kreuzes Christi zu. Die Kapelle ist ein schlichter Massivbau des 18. Jh. mit einem älteren Chor (1488). Der Altarraum, der von einer Kreuzigungsgruppe des 16. Jh. dominiert wird, ist vom Laienraum durch ein hölzernes Gitter getrennt. In dieses ist das berühmte Relief eines **Christus in der Kelter** eingefügt. Dieses Bildnis und

*links: Ediger-Eller,
Ortsteil Ediger,
Moselweinstr. 12
(16. Jh.)*

*rechts: Ediger-Eller,
Ortsteil Ediger,
Moselweinstr. 11
(bez. 1657)*

links: Ediger-Eller, Ortsteil Ediger, Heilig-Kreuz-Kapelle oberhalb von Ediger (frühes 18. Jh.)

sein im rechten Winkel angefügtes Gegenstück, das den hl. Hilarius – Kirchenpatron von Eller – darstellt, sind Fragmente aus einem größeren Zusammenhang, dessen Geschichte indes nicht überliefert ist. Man spricht häufig von einer Kanzel trierischer Herkunft (Hoffmann?), der diese Bildnisse als Wangen angehört hätten. Das sind Vermutungen. Eine kürzliche restauratorische Untersuchung des *Christus in der Kelter* hat ergeben, dass die Farbfassung nicht original ist, sondern aller Wahrscheinlichkeit nach aus dem 19. Jh. stammt. Eine Gegenüberstellung des gewohnten Bildnisses mit der zu Tage getretenen ursprünglichen Situation verdeutlicht dies. Die frühere Plakativität ist obsolet, und die Arbeit gewinnt eine höhere ästhetische Qualität.

Ein weiterer Ortsteil von Ediger-Eller ist **Lehmen** – ein einstiges kleines Dorf, von dem nur ein Wohnturm von 1237 erhalten ist. Es handelt sich um einen schlichten Bau, dessen erstes Wohngeschoss hoch gelegen ist und sich nur über eine äußere Stiege betreten lässt.

In **Nehren** – noch auf der linken Moselseite – ist die kleine Pfarrkirche St. Agatha zu entdecken, deren Turm mit ihren Zwillingsschallfenstern romanisch ist, während sich das Langhaus und der spitze Turmhelm gotisch zeigen. Seine ihn begleitenden, kleinen Eckpyramiden enden zum Teil in einer filigranen, krabbenartigen Bleizier mit einem Vögelchen auf der Spitze. Im Inneren sind besonders die romanischen Altarmensen und ein gotischer Tauf-

Ediger-Eller, Ortsteil Ediger, Heilig-Kreuz-Kapelle, gesicherter Altarraum, rechts das Relief „Christus in der Kelter"

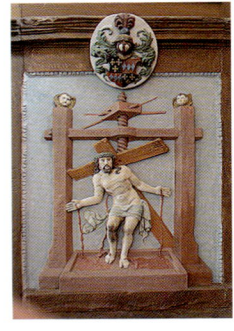

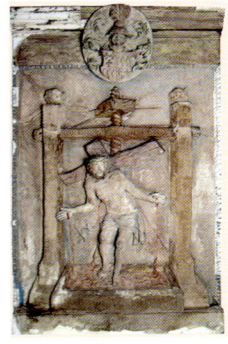

stein zu erwähnen. Die sonstige Ausstattung ist barock.

Nehren, das frühere römische „Nogeria", liegt am Fuß eines sich lang erstreckenden Weinbergrückens, auf dessen Höhe – sie lässt sich auf der Bergstraße in Richtung Cochem erreichen – zwei kleine rekonstruierte Grabtempel als Zwillingsbauten anzutreffen sind. In einer der Anlagen, die dem 3. bis 4. nachchristlichen Jh. angehören, ist die Grabkammer noch intakt, ebenso die Ausmalung. Beide Oberbauten waren zerstört und wurden in den siebziger Jahren des vorigen Jh. nach Befund rekonstruiert. Diese kleinen Denkmäler, von denen man einen herrlichen Ausblick in das sich hier weit öffnende Moseltal hat, strahlen, ähnlich wie die frühere Grabstätte des Grutenhäuschens bei Igel an der deutsch-luxemburgischen Grenze, eine besondere kultische Sphäre aus.

In Nehren ist übrigens auch ein römischer Kelterstein gefunden worden – ein wichtiger Nachweis für den Weinbau an der unteren Mosel.

Ediger-Eller, Ortsteil Ediger, Heilig-Kreuz-Kapelle, Christus in der Kelter als Rest einer Steinkanzel (?), (2. Hälfte 16. Jh.). Diese Farbfassung ist nicht original, sondern stammt aus der Zeit um 1900. Laut der kürzlichen Restaurierung ist ursprünglich von einer monochromen, alabasterartigen, weißen Kalkfarbe auszugehen. Farbig abgesetzt war das Wappen.

Christus in der Kelter, Zwischenzustand 2009 (Restaurierung Ferdinand Lawen/ Briedel)

Nehren, St. Agatha, spätromanischer Turm

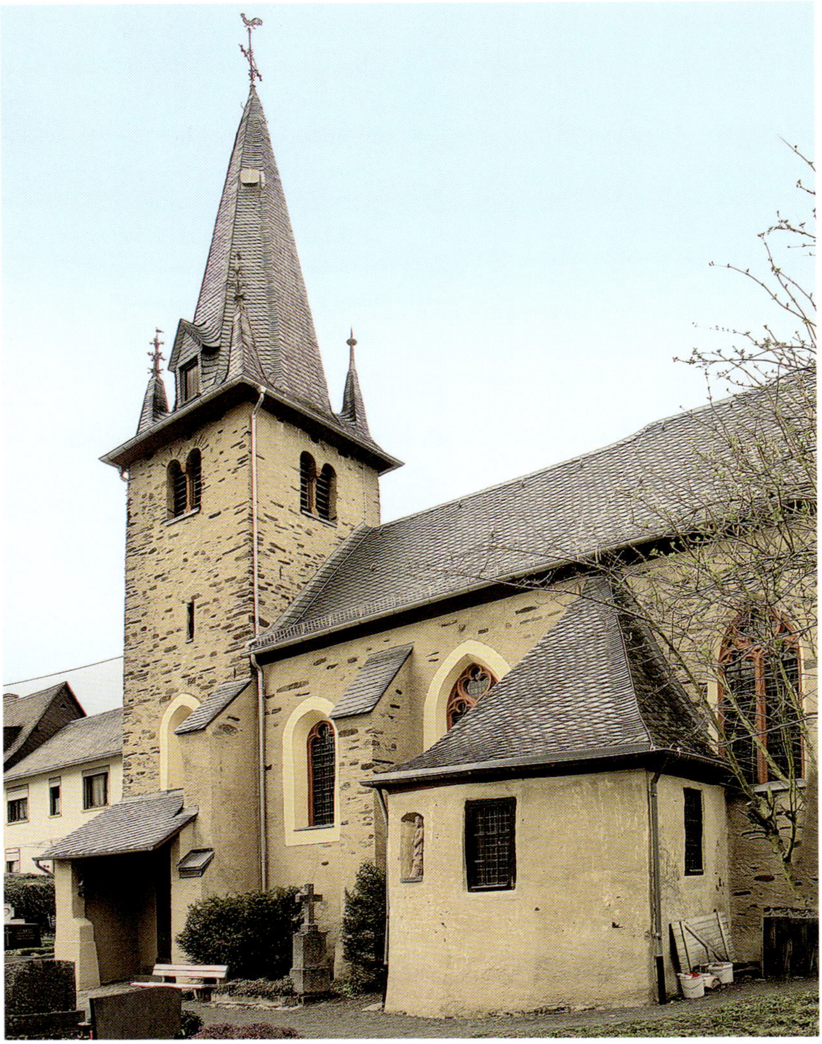

Nehren, rekonstruierte spätrömische Gräber in den Weinbergen oberhalb des Ortes (3./4. Jh. n. Chr.)

Senheim-Senhals, Ortsteil Senhals, Fähr-straße (18. Jh.)

Die besondere historische Lage von Nehren, dem benachbarten Senhals und von Senheim auf der rechten Moselseite wird auch an der früheren Fährverbindung deutlich, die längst durch eine Brücke ersetzt worden ist. In **Senhals**, das unmittelbar an der Mosel liegt, befindet sich eine Kapelle mit einem älteren rechteckigen Chor und einem eben solchen, aber jüngeren Langhaus, das mit einer für diese Region recht seltenen aufwendigen Stuckdecke des mittleren 17. Jh. geschmückt ist. Von den Fachwerkhäusern ist vor allem ein Beispiel mit einem flachen, dreiseitigen Erker bemerkenswert, in dessen Brüstung ein geschnitztes Füllbrett mit der Jahreszahl 1780 eingelassen ist. Aus der Dachlandschaft von **Senheim** – auf der anderen Moselseite – ragt ein hohes Gebäude – das Burghaus der ehemaligen Vogtei (Burgstr. 9). Das um 1240 datierte Gebäude entspricht dem Typ des staufischen Wohnturms. Auf einer rechteckigen Grundfläche erheben sich über einem tonnengewölbten Keller ein Untergeschoss, zwei Obergeschosse, ein Kniestock und ein relativ flaches Dach. Der hoch gelegene alte Eingang führt in das heutige Parterre. Die beiden oberen Etagen besitzen Kamine, deren Abzüge im Mauerwerk liegen. Der Turm ist auf Anfrage zu besichtigen.

Am oberen Ortsende von Senheim liegt die Pfarrkirche mit ihrem romanischen Westturm und der hohen, achtseitigen Turmpyramide spätgotischer Prägung. Das Langhaus wurde 1766 unter der Leitung des von der Springiersbacher Klosterkirche bekannten Straßburger Architekten *Paul Stehling* neu gebaut. Die Ausstattung ist barock, und die Ausmalung zeigt Rokoko-Anklänge. Der Hauptaltar stammt von der ehemaligen

Nehren, St. Agatha, Bleiverzierung eines Ecktürmchens (16. Jh.)

Senheim-Senhals, Ortsteil Senheim, Pfarrkirche (um 1780)

Senheim-Senhals, Ortsteil Senheim, Burgstr. 9, ehem. Vogteihaus (dendrochronologisch datiert 1240 +/– 5)

dorf und Ernst nach Cochem oder auf dem rechten Ufer über Senheim, Mesenich, Briedern, Beilstein, Bruttig-Fankel und Valwig nach Cochem.

Zunächst links der Mosel in Richtung Cochem:

Über **Poltersdorf** – dort ist wieder der romanische Westturm einer Kirche erhalten – gelangt man nach **Ellenz**, dessen Pfarrkirche St. Martin weit außerhalb des Ortes liegt. Diese einsame Lage soll mit der Pest zusammenhängen, die zur Aufgabe des dortigen Dorfteils führte. Auch hier ist ein mittelalterlicher Westturm stehen geblieben, an den ein spätgotisches, zweischiffiges und hallenartiges Langhaus mit einer Mittelsäule angefügt wurde. Es wurde 1762 um einen dreiseitigen Chor mit einer Sakristei an dessen Scheitel verlängert. Auf diese Weise entstand ein abgestufter Bau mit verschieden hohen Dächern und unterschiedlich gestalteten Fenstern – die romanischen Zwillingsarkaden des Turms, die spätgotischen Maßwerkfenster des Langhauses und die einfachen segmentförmig abgeschlossenen Öffnungen des Chors. Im Innern zeigt sich wieder das von der Hospitalskirche in Bernkastel-Kues vertraute Bild. Allerdings ist das sternförmige und hohlkehlige Gewölbe in Ellenz einfacher ausgeführt. Als baufeste Ausstattung sind zwei Sakramentsnischen erwähnenswert, von denen die ältere aus dem frühen 14. Jh. stammt. An die Kirche grenzt der Friedhof, vor dessen Mauer eine Kreuzigungsszene von 1760 aufgestellt ist.

Auch die an der Moselweinstraße gelegene St. Sebastianuskapelle ist im Zusammenhang mit der Pest zu sehen. Nach ihrem Abklingen – 1624 – wurde diese kleine Wallfahrtskirche gebaut, de-

Senheim-Senhals, Pfarrkirche St. Katharina (um 1780)

Klosterkirche St. Katharinen bei Neuwied.

In Senheim-Senhals steht man wieder vor der Wahl, auf welcher Moselseite die weitere Fahrt verlaufen soll – auf dem linken Ufer über Ellenz-Polters-

Senheim-Senhals, Pfarrkirche St. Katharina, Bankwange (um 1780)

ren polygonaler Chor spätgotisch geprägt ist. Der steinerne Hauptaltar ist eine Arbeit der späten Renaissance.

Im Hinblick auf die profane Architektur ist ein massives Burghaus aus der Zeit um 1473 zu nennen, das allerdings nur in einem arg mitgenommenen Zustand in die Gegenwart gelangt ist (Schulstr. 1–3). Es war mit zwei runden Türmen bewehrt, die den vorderen Giebel flankierten. Seine ursprüngliche Höhe lässt sich an dem langen Schlot ermessen, der offensichtlich in ursprüng-

*Ellenz-Poltersdorf,
Ortsteil Ellenz,
Rathaus (1541)*

licher Länge in den Himmel ragt. Bedeutendstes Gebäude in gemischter Bauweise ist das Gemeindehaus von 1541, dessen gemauertes Parterre sicherlich einst als offene Halle bestand. Das Fachwerk darüber weist die bekannten wandhohen, gekreuzten Streben und in den Brüstungen gebogene Fußbänder auf, wie sie zeitgleiche Häuser in Ediger zeigen. Die Dachgauben besaßen früher eine aus Blei gearbeitete Krabbenzier in der Art der Spitze über dem Zwergwalm. Ein spätmittelalterlicher Bau – vielleicht noch spätes 15. Jh. – befindet sich in der Hauptstraße (Nr. 45). Beachtlich hoch ist das massive Erdgeschoss mit der Flurküche, deren Stelle anhand eines äußeren Ausgusssteines des Waschbeckens abzulesen ist. Das Fachwerk der oberen Etagen ist rein konstruktiv gesetzt und deklariert sich als eine ausschließliche Ständerzimmerung. In der Nachbarschaft – Hauptstr. 45 – trifft man auf ein Fachwerk von 1622. Es zeigt als seltenen Beleg bemalte Windbretter unter der Dachführung. Die erneuerte Malerei, die teils abstrakt-ornamental ausgeführt ist, teils phantastische Fabelwesen demonstriert, richtet sich nach dem Befund. Zu nennen ist zuletzt ein Massivbau in der Moselweinstraße (Nr. 14) von 1845. Vor allem seine lange, zum Fluss orientierte Traufseite ist ein Beispiel für einen späten Klassizismus, der bewusst die Naturhaftigkeit des Steinmaterials einbezieht. Dies kommt besonders gut an dem Bogenkranz unter dem Dach und den Lüftungsrondellen des Kniestocks zum Ausdruck. Es ist die Architektursprache des Koblenzer Baumeisters *Johann Claudius von Lassaulx*. In **Ernst** – nächster Ort moselabwärts – ist zwischen 1844 und 1848 eine Kirche nach Johann Claudius von Lassaulx' Plänen errichtet worden. Es handelt sich um einen unverputzten Bruchsteinbau mit

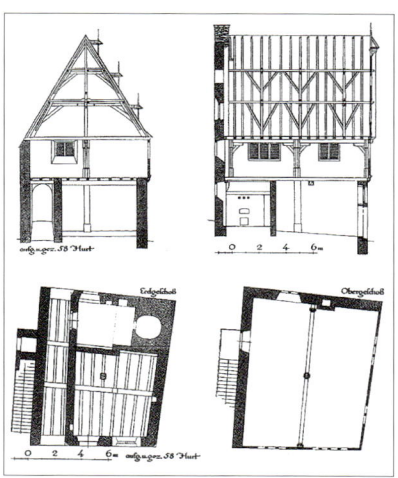

*Ellenz-Poltersdorf,
Ortsteil Ellenz,
Rathaus, Aufmaß*

Ellenz-Poltersdorf, Ortsteil Ellenz, Pfarrkirche St. Martin, Fenster des spätgotischen Langhauses

Ellenz-Poltersdorf, Ortsteil Ellenz, Kreuzigungsgruppe auf dem Friedhof (1670)

Ellenz-Poltersdorf, Ortsteil Ellenz, Pfarrkirche St. Martin (spätromanischer Turm, spätgotisches Langhaus)

Doppelturmfassade, kreuzförmigem, Grundriss und einem Chor als Halbkreis. Für die Moselregion ist es ein frühes Beispiel der neoromanischen Sakralarchitektur. Von dem Vorgängerbau sind zwei Altäre der späten Renaissance und einige Skulpturen erhalten, darunter eine Anna selbdritt aus der Zeit um 1480.

Ernst verfügt über einige beachtliche Fachwerkbauten, von denen offenbar das Ensemble *Auf der Winneburg 29/31* zu einem adeligen Hofhaus gehörte. Die Baugruppe datiert im Kern 1503/04. Ein Fachwerk des frühen bis mittleren 16. Jh. findet sich an der Ecke Herren- und Zehnthofstraße.

Ellenz-Poltersdorf, Ortsteil Ellenz, Pfarrkirche St. Martin (spätgotisches Langhaus)

Ellenz-Poltersdorf, Ortsteil Ellenz, Hauptstr. 45 (spätmittelalterliches Fachwerk)

Die Strecke rechts der Mosel von Senheim bis Cochem:

Nächster Ort moselabwärts ist **Mesenich**, dessen Pfarrkirche auch ihren romanischen Westturm bewahrt hat. Das Langhaus – ein dreijochiger Saalbau – wurde zwischen 1733 und 1736 in der konservativen Art mit Strebepfeilern errichtet. Im Inneren zeigt sich dagegen eine Pilastergliederung. Die Ausstattung ist durchweg barock, ebenso der Hochaltar. An seiner Stelle stand, was bemerkenswert ist, einst ein von Lassaulx entworfener so genannter Stufenaltar von 1845. Die jetzige Situation ist rebarockisiert.

Ein markanter profaner Bau in Mesenich ist der ehemalige Brauweiler Hof (Kirchstr. 6), mit dem es bauhistorisch eine besondere Bewandtnis hat. Dieses 1771 im Auftrag des Eigentümers – Kloster Brauweiler bei Köln – errichtete Hofhaus ist möglicherweise von dem Koblenzer Baumeister *Nikolaus Lauxen* entworfen worden. Das Gebäude hebt sich aufgrund seiner Stattlichkeit und massiven Ausführung von dem üblichen Fachwerkbau des Dorfes ab. Dies ist allerdings nicht die ursprüngliche Situation; denn der Hof war 1888 bis auf das Erdgeschoss abgebrannt und wurde anschließend aufgestockt. Insofern müsste eher von einem Bau des 19. Jh. die Rede sein, der allerdings auf eine ältere Substanz gründet. Zu ihr gehört die Grundform der Fenstergewände mit dem üblichen, leicht gebogenen Sturz und einem Keilstein. Ihr Baumaterial besteht aber nicht aus Sandstein wie in der Gegend um Trier, sondern aus Eifeler Basalt. Er war als Werkstein vor allem im Mittelrheinraum beliebt.

In der Kirchstraße von Mesenich befindet sich ein größeres Ensemble von Fachwerkhäusern, von denen einige mehrseitige Erker des 18. Jh. aufweisen. Die

Baugeschichte dieser recht einfach strukturierten Häuser reicht indes, wie dendrochronologische Untersuchungen ergeben haben, in der Regel bis in das späte Mittelalter zurück. Dies trifft etwa auf Kirchstr. 5 zu, dessen Kern aus der zweiten Hälfte des 15. Jh. stammt. Gleiches gilt für die Nummern 7 und 9 oder 12.

Ellenz-Poltersdorf, Ortsteil Ellenz, Moselweinstr. 14 (um 1845)

Ellenz-Poltersdorf, Ortsteil Ellenz, Hauptstr. 34, Windbrett unter dem Dach mit Bemalung nach Befund (1622)

Mesenich, ehem. Brauweiler Hof (2. Hälfte 18. Jh.)

Mesenich, Pfarr-kirche St. Nikolaus (Ausbau um 1735)

Briedern, Pfarrkirche St. Servatius

unteren Zone gleichfalls als hochmittelalterlich anzusehen ist, ist mit spätgotischen Maßwerkfenstern ausgestattet, die teils in Zwerchhäusern über das Hauptdach hinausragen. Der Chor gehört sicherlich auch der frühesten Bauperiode an. Über der zum Friedhof vortretenden Sakristei des 15. Jh. befindet sich ein 1592 bezeichnetes Fachwerkgeschoss, dessen Seitengefache mit den zeittypischen wandhohen, gekreuzten Streben ausgesteift sind. Der kleine Erker wird als Außenkanzel interpretiert. Die Spitze seines Zeltdächleins ist wie diejenige des abgewalmten Dachs dieses Anbaues mit einem aus Blei getriebenen Vögelchen geschmückt. Von der baufesten Ausstattung ist eine spätgotische Sakramentsnische zu erwähnen. Die Altäre sind barock gestaltet, der seitliche zeigt in seiner Ädikula eine Servatius-Figur aus den Jahren um 1500. Im Dorf befinden sich einige ältere Bauten, beispielsweise die massiv ausgeführte Alte Schule mit spätgotischen Gewänden und Dachgauben, die in hohen Spitzen mit Bleibesatz auslaufen (Rathausstr. 2). In der Moselstr. 22 ist das Fachwerk von 1665 sehenswert.

Auch die St. Servatius-Kirche des vom Hauptverkehr etwas abgelegenen Dorfs **Briedern** hat sich ihren romanischen Westturm erhalten, der, wie so häufig, von einem hohen, achtseitigen Helm mit flankierenden Ecktürmchen bekrönt wird. Das zweijochige Langhaus, das in seiner

Beilstein ist einer der Tourismusmagneten dieser Region. Hier verbindet sich alles miteinander, was man von der „Mosel-Romantik" erwartet – eine idyllische Lage, eine Burgruine über dem Dorf, eine ebenfalls hoch gelegene Kirche und Straßenbilder mit weiterer historischer Architektur. Beilsteins Geschichte ist eng mit dem freiherrlichen Haus der von Metternich verbunden, das 1652 endgültig von Kurtrier mit dieser kleinen Herrschaft belehnt wurde. Die 1689 von den Franzosen zerstörte Burg wird von einem fünfseitigen Bergfried aus der Zeit um 1200 beherrscht. Die ausgedehnte Anlage mit weiteren Bauten des 14./15. Jh. – darunter Reste des Palas – ist mit dem Dorf durch eine „Stadt"-Mau-

er verbunden. Dominierende Baugruppe ist das ab 1686 errichtete Karmeliterkloster, dessen Kirche heute Pfarrkirche ist. Es handelt sich um eine dreischiffige Halle mit Mönchschor und einem barocken Dachreiter über dem Haupttrakt. Das Innere wird von den beiden Reihen der Säulen toskanischer Ordnung bestimmt. Besonders hervorhebenswert ist der zweigeschossige Hauptaltar mit seinen gedrehten Säulen, dem gesprengten mittleren Giebel und dem hl. Josef mit Jesuskind in der Ädikula. Offenbar leben hier Auffassungen des Klosters Springiersbach fort, aus dem der Baumeister der Beilsteiner Kirche stammte. Die ehemalige, seit dem frühen 19. Jh. profanierte Pfarrkirche – auch unter dem Namen „Alte Schule" bekannt – befindet sich am Marktplatz. Der von 1732 stammende Saalbau bezieht ältere Bauteile ein. Der stattliche Massivbau neben der Kirche ist das frühere Zehnthaus von 1578, dessen polygonaler Treppenturm zum Marktplatz

orientiert steht. Im Zehnthaus befindet sich heute ein Weinmuseum. Städtebaulich stellt Beilstein aufgrund seiner harmonischen Verbindung von Landschaft und der sich vom Moselufer bis zur Klosterkirche und Burg staffelnden Bebauung eine Art Gesamtkunstwerk dar.

Mit dem Doppelort **Bruttig-Fankel** ist ein weiteres kleines bauhistorisches Zentrum erreicht, das vor allem wegen seiner Häuser des 14. bis 16. Jh.

Beilstein

*Beilstein,
Burg Metternich*

Beilstein, Am Markt 64, ehem. Zehnthaus (um 1570)

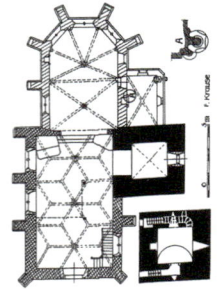

die Kirche eine barocke, 1955 freigelegte Ausmalung, zu der auch eine fragmentarisch erhaltene Kreuzigungsszene im Chor gehört. Die Altäre sind ebenfalls barock gehalten.

Fankels historische Häuser sind größtenteils in der Verbindung von Massivbau und Fachwerkbau errichtet. Die in der Regel gestalterisch hervorgehobene Schauseite besteht aus einem Holzwerk, das von Brandmauern begleitet wird. Die Daten mehrerer Bauten in der Brunnengasse und der näheren Umgebung des Rathauses konnten dendrochronologisch ermittelt werden. Ältester Bau ist der ehemalige *Hof der Stetzgis von Treis*, der um 1466/67 errichtet wurde (Brunnenstr. 47). Die Fachwerkfassade, die in die seitlichen Mauern wie eingehängt wirkt, zeigt in ihren mittleren wie seitlichen Feldern der ersten Stockwerke die bekannten wandhohen, teils gekreuzten Streben, die einerseits eine statische Notwendigkeit und andererseits gestalterischer Bauschmuck sind. Gleiches gilt für die kleinen Andreaskreuze des oberen Stockwerks, dessen Ecken von polygonalen Türmchen besetzt sind. Der

brilliert. Aber zunächst zur Pfarrkirche Mariae Himmelfahrt in **Fankel**: Auch bei ihr handelt es sich um die Verbindung eines spätromanischen Turms mit einem allerdings seitlich angebauten Langhaus des späten 14. Jh. und einem schmaleren Chor des mittleren 15. Jh. Beide Räume sind kreuzrippengewölbt und besitzen zeitgleiche Maßwerkfenster, mit denen die Sakramentsnische – ebenfalls aus dem 15. Jh. – korrespondiert. Im Jahr 1762 erhielt

Bruttig-Fankel, Ortsteil Fankel, Mariae Himmelfahrt

Bruttig-Fankel, Ortsteil Fankel, Mariae Himmelfahrt, spätromanischer Turm

Bruttig-Fankel, Ortsteil Fankel, Mariae Himmelfahrt, spätgotischer Chor mit barocker Ausmalung und gleich altem Altar (um 1762)

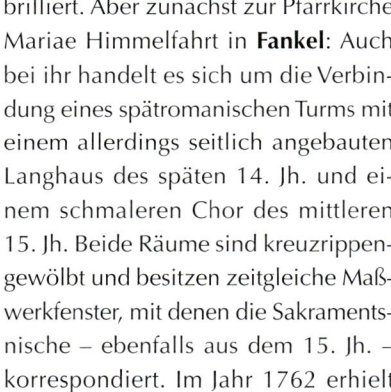

Hang zum Repräsentativen ist unverkennbar. Der rückwärtige Giebel, aus dessen Scheitel ein hoher Schornstein ragt, ist massiv ausgeführt und abgetreppt, wie es hier öfters zu sehen ist. Das Gegenstück zu diesem stattlichen Haus der früheren Stetzgis stellt die Brunnenstr. Nr. 44 dar, ein Massivbau im Kern von 1377/78, der in der Literatur als *Abteiliches Hofhaus* aufgeführt wird. Die unterschiedlichen Baumaterialien der beiden Häuser spielten im Aufriss offensichtlich keine Rolle. Ein besonderer Hinweis gilt Brunnenstr. Nr. 48 – an der Straßenseite ist ein von Brandmauern geschütztes, stockwerkweise vortretendes Fachwerk zu sehen und rückseitig ein massiver Giebel mit einem vorkragenden Kamin, wie er für mittelalterliche Bauten in Trier als besonders charakteristisch gilt. Allerdings finden sich solche vortretenden Feuerstellen, Kamine und Schornsteine auch im übrigen Rheinland und in anderen Regionen, beispielsweise in Burgund. Das genannte Haus in Fankel (Brunnenstr. 48) stammt von 1432/33.

Auch die oberhalb von **Bruttig** stehende Pfarrkirche St. Margaretha besitzt einen älteren Westturm. Er ist allerdings, wie es die Schallarkaden und die abschließende Brüstungsgalerie mitteilen, nicht romanisch, sondern gotisch geprägt. Als Baudatum ist 1507 angegeben. An diesen Turm fügte man zwischen 1845 und 1847 ein langes Schiff mit dreiseitigem Chorabschluss. Die Außengliederung des Langhauses wird von den jochweise angeordneten Lisenen mit ihren Bogenfriesen bestimmt. Besonders betont sind die Fenster, die von Blendbögen mit einbeschriebenen wulstartigen und geriffelten, hellen Tuffsteinbögen begleitet werden. Die Gliederung von Lise-

nen und Fensterbögen gibt auch das innere Bild vor und wird von der farbigen Gestaltung mit ihren dezenten, webartigen Mustern berücksichtigt. Als Altar dient ein spätgotisches Sakramentshäuschen des Vorgängerbaues. Architekt der Kirche ist nicht der Koblenzer *Johann Claudius von Lassaulx*, wie man meinen könnte, sondern der ihm nahestehende Kreisbaumeister *Carl Riemann*.

Wie viele Moseldörfer besitzt auch Bruttig ein historisches Rathaus. Der massive, dreigeschossige Bau am Moselufer, der aufgrund seines runden Treppenturms recht wehrhaft wirkt, stammt von 1619. In seiner Nachbarschaft befinden sich mehrere spätmittelalterli-

Bruttig-Fankel, Ortsteil Fankel, Mariae Himmelfahrt, spätgotische Sakramentsnische (Mitte 15. Jh.)

Bruttig-Fankel, Ortsteil Fankel, Brunnnstr. 47, Hof der Stetzgis von Treis (1466/67)

*Bruttig-Fankel,
Ortsteil Fankel,
Brunnenstr. 48,
Straßengiebel,
(dendrochronolo-
gisch datiert
1432/33)*

*Bruttig-Fankel,
Ortsteil Fankel,
Brunnenstr. 48,
rückseitiger Giebel*

che Häuser, welche die in Fankel ge-
wonnenen baugeschichtlichen Eindrücke verstärken. Hier sind es vor allem
die spätgotisch verzierten Schwebegiebel, die den Fachwerkhäusern eine besondere Note verleihen. Das Haus Rathausstr. Nr. 104 ist dendrochronologisch 1472/73 datiert, Herrenstr. Nr. 171
1473/74 und Am Moselufer Nr. 9 1488.
In manchem der Häuser ist die hohe
Flurküche erhalten, so Am Moselufer Nr.
76 von 1510/11. Das nordöstliche Ortsende wird von einem überaus stattlichen
Massivbau eingenommen, der 1659 als
Wohn- und Amtshaus des sponheimischen Gerichtsschultheißen errichtet
wurde und mit seiner barocken Bauzier
wohl das prächtigste Beispiel dieser Art
für die gesamte Moselregion ist. (Am
Moselufer 6). Das Gebäude ist der Er-
satz für ein älteres Hofhaus, das im ge-
meinsamen, großen Garten erhalten ist
und laut dendrochronologischem Datum von 1598 stammt. Eine im Inneren
erhaltene Hausmarke mit der Jahreszahl

*Bruttig-Fankel, Ortsteil Bruttig, Pfarrkirche, ehem. sponheimisches Amts- und Gerichtshaus (Am Moselufer 6) und ein
Fachwerkhaus von 1667 (Am Moselufer 7)*

1529 muss sich auf einen anderen Zusammenhang beziehen; denn der Fachwerkdekor dieses Hinterhauses entspricht eindeutig dem späten 16. Jh. Neben dem früheren Amtshaus befindet sich ein kleines, 1667 bezeichnetes Fachwerkhaus (Am Moselufer 7).

In den letzten Jahren ist die frühere Synagoge restauriert worden, die Mitte des 19. Jh. in etwas abgelegener Lage in der Mühlenbachstraße errichtet wurde. Unter den wenigen erhaltenen jüdischen Gebetshäusern der Moselregion (Zell, Ediger, Wittlich) stellt sie insofern eine Besonderheit dar, als sich unter ihr die Reste einer Mikwe befinden. Der kleine, bescheidene Bau präsentiert sich aus der Ferne wie ein größeres Gartenhaus und überrascht in seinem Inneren mit einer hölzernen Scheinkuppel, die gotisierende Rippen besitzt.

Valwig erhielt zwischen 1823 und 1826 eine neue Pfarrkirche, die nach Plänen von *Johann Claudius von Lassaulx* ausgeführt wurde. Von außen zeigt sich der unverputzte Bruchsteinbau, der nur einen Dachreiter besitzt, durch Lisenen gegliedert. Sie verbinden sich zu Segmentblenden. Ein rundbogiges Traufgesims umzieht den ganzen Bau. Die Formen der dreischiffigen Säulenhalle sind neoromanisch gehalten. Das Dorf weist einige Fachwerkhäuser des frühen 17. Jh. auf, darunter Bachstr. 2 (1607). In dem Ortsteil **Valwigerberg**, hoch über der Mosel, liegt die Wallfahrtskirche St. Maria, deren Langhaus im 16. Jh. zu einer dreischiffigen Halle mit Kreuzrippengewölbe umgestaltet wurde. Im 1445 geweihten Chorraum befindet sich eine gotische Sakramentsnische des frühen 16. Jh. Die Lage dieses Wallfahrtsorts bezeichnet, wie beispielsweise die Laurentiuskapelle im Weinberg über Trittenheim oder die Peterskapelle oberhalb von Neef oder die Kirche Unserer Lieben Frau auf dem Bleidenberg bei Oberfell an der unteren Mosel, einen besonderen landschaftlichen Höhepunkt, und zwar von einer solchen Güte, wie er auch für diese an landschaftlichen Reizen nicht armen Region selten ist. Schon von der Serpentinenstraße von Valwig aufwärts bieten sich großartige Ausblicke in das Moseltal mit dem Cochemer Krampen, dessen Endpunkt eben diese Stadt darstellt.

Bruttig-Fankel, Ortsteil Bruttig, Pfarrkirche St. Margaretha, Plan des Sakramentshäuschens

Bruttig-Fankel, Ortsteil Bruttig, Pfarrkirche St. Margaretha, Turm (1507), Langhaus nach Plänen des Lassaulx-Schülers und Kreisbaumeisters Carl Riemann (1845–1847)

Bruttig-Fankel, Ortsteil Bruttig, Pfarrkirche St. Margaretha, als Altar das Sakramentshäuschen

Bruttig-Fankel, Ortsteil Bruttig, Rathausstr. 104 (im Kern 1472/73 – dendrochronologische Datierung)

Bruttig-Fankel, Ortsteil Bruttig, Rathausstr. 104, Schwebegiebel

Bruttig-Fankel, Ortsteil Bruttig, Am Moselufer 76, Flurküche

Bruttig-Fankel, Ortsteil Bruttig, ehem. Synagoge in der Mühlenbachstraße (um 1850)

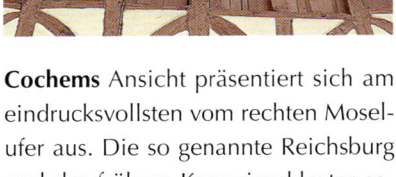

Cochems Ansicht präsentiert sich am eindrucksvollsten vom rechten Moselufer aus. Die so genannte Reichsburg und das frühere Kapuzinerkloster sowie die barock gestaltete Turmhaube

der St. Martins-Kirche sind die Fixpunkte der Stadtsilhouette. Hinter der Moselbrücke öffnet sich ein Seitental, durch das der Endertbach fließt. Hoch über ihm sieht man auch aus der Ferne – vom Moseltal aus – eine zweite Burg – die Winneburg, die diesen Aufstieg in Richtung Eifel sicherte. Die Winneburg ist in ihrer abgeschiedenen Lage seit 1689 Ruine, die Reichsburg wurde im 19. Jh. zu einer Art Märchenburg. Dieser auf einem hohen Kegel oberhalb der Stadt gelegene Wehrbau war zunächst im pfalzgräflichen Besitz, wurde Ende des 13. Jh. an Kurtrier ver-

Bruttig–Fankel, Ortsteil Bruttig, Am Moselufer 9 (1488 – dendrochronologische Datierung)

Bruttig-Fankel, Ortsteil Bruttig, Am Moselufer 76 (1510/11 – dendrochronologische Datierung)

pfändet und unter Kurfürst Balduin ausgebaut. Im Jahr 1689 ereilte ihn das Schicksal vieler rheinischer Burgen, indem er von den Franzosen zerstört wurde und bis Mitte des 19. Jh. in Trümmern lag. Ein großzügiges, möglicherweise auch national motiviertes Mäzenatentum führte ab 1868 zum Wiederaufbau der Burg anhand historischer Vorlagen und beendete 1877 dieses Werk erfolgreich. Von weitem zeigt sie sich spätmittelalterlich, aus der Nähe und im Inneren offenbart sich aber eher ein herrschaftlicher oder großbürgerlicher Landsitz des 19. Jh., der in beispielhafter Weise das historistische Bestreben verkörpert, mittelalterliche Geschichte in dreidimensionaler Form zu vergegenwärtigen. Bauherr war der Berliner Großkaufmann *Jacob Louis Fréderic Ravené*, der einer Hugenottenfamilie entstammte und dem es in der Tat ein Herzensanliegen war, die Cochemer Ruine zu neuem Leben zu erwecken. Beraten wurde er von Baurat *Hermann Ende*, und die Pläne lieferte Baurat *Julius Raschdorff*, der sich intensiv mit der moselländischen Architektur befasst hatte. Burg Cochem und die Mosellandschaft stellen im allgemeinen Bewusstsein eine Einheit dar, sie bilden eine Identität. Dabei ist auch zu wissen, dass Ravenés letzten Endes von der Romantik inspirierte Ideen ohne die moderne Technik, zu der auch die Eisenbahnstrecke an der Mosel gehört, kaum durchsetzbar gewesen wären.

Zum Erscheinungsbild der Burg gehört die unter ihr auf einer kleinen Plattform postierte Pestkapelle St. Rochus, die, wenn auch ein einfacher Bau des späten 17. Jh., den romantischen Aspekt dieser Burgseite akzentuiert.

Das Bombardement, mit dem 1689 die Franzosen die Stadt heimsuchten, beschädigte auch die Pfarrkirche St. Martin stark. Vor allem hatte es den Turm getroffen, der in der Folgezeit unter der Leitung des kurtrierischen Baudirektors *Philipp Joseph Honorius Ravensteyn* zumindest teilweise erneuert werden musste und nach dem Vorbild der Koblenzer Liebfrauenkir-

Cochem, „Reichsburg"

Cochem, „Reichsburg", Speisesaal mit historistischer Ausstattung

Cochem, Pfarrkirche St. Martin mit Glasgemälden nach Entwürfen von Graham Jones

Cochem, Marktplatz, Rathaus (ehem. kurfürstliches Amtshaus) von 1739 und rekonstruierter Turm von St. Martin

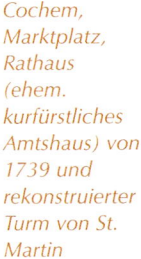

che eine barocke Haube mit Laterne und bekrönenden Türmchen erhielt. Der zweite Schicksalsschlag traf die Cochemer Kirche 1944, als sie bis auf den Chor und die südliche Langhausmauer in Trümmer fiel. Ihr Turm mit der barocken Haube ist in den späten fünfziger Jahren in Anlehnung an das frühere Bild wieder entstanden. Zuvor, 1950/51, wurde das Kirchenschiff in erweiterter Form nach Plänen von *Dominikus Böhm* errichtet. Entstanden ist ein weiter, lichter Raum in der Art einer Hallenkirche, die von einer gratgewölbten Decke überspannt wird. Diese in der Tat moderne Gestaltung hat auch eine historische Parallele – die von *Lassaulx* um 1830/40 entworfene Kirche in Koblenz-Güls. In den letzten Jahren ist der erhaltene spätgotische Chor von St. Martin um einige Fenster des englischen Glaskünstlers *Graham Jones* bereichert worden, die in bewegter Linienführung und intensiver Farbgebung biblische Themen ausleuchten.

Wie in Beilstein liegt auch in Cochem das ehemalige Kapuzinerkloster hoch über der Stadt und ist über lange Treppen zu erreichen. Die nach dem Ordensverständnis bewusst schlicht gehaltenen Klosterbauten des 17. Jh. dienen heute als kulturelles Zentrum der Stadt. Die Kirche ist ein Saalbau mit einem Hochaltar von 1635 und ebenso barocken Seitenaltären.

Die Stadt wurde im 14. Jh. ummauert. Erhalten sind größere Partien, insbesondere das Martinstor als südlicher Punkt, das Balduinstor am Kapuzinerkloster und das Enderttor, an das 1625 ein Wohnhaus angebaut wurde. Sein reichhaltiges Fachwerk und die geschweifte Dachlinie stehen in einem belebenden Kontrast zu dem Torbau. Im Stadtkern, besonders um den

Marktplatz, finden sich weitere Fachwerkgiebel des 17. Jh. Platzbestimmender Bau ist dort das massive Rathaus von 1739, das aus einem kurfürstlichen Amtshaus hervorgegangen ist. Bemerkenswert ist der barocke Marktbrunnen von 1767, dessen Original ein Entwurf des Koblenzer Baumeisters *Nikolaus Lauxen* zugrunde liegt. An der Moselpromenade (Nr. 12) steht ein stattlicher, 1654 bezeichneter Massivbau, der mit seinem hohen Treppengiebel ausgesprochen repräsentativ wirkt.

Rechts der Mosel, gegenüber der Altstadt, liegt das frühere Dorf und der heutige Stadtteil **Cond**, dessen Pfarrkirche einen romanischen Westturm besitzt. Das kreuzgewölbte Langhaus stammt von 1701. Als Fachwerkbau ist das ehemalige, 1615 bezeichnete Hofhaus des Ardennenklosters Stablo von Bedeutung – reich dekoriert und mit einem hervortretenden Treppenturm ausgestattet (Zehnthausstr. 83). Im Süden der Altstadt befindet sich der Stadtteil **Sehl**, in dem vor einigen Jahren eine Fachwerkfassade von 1374/75 freigelegt wurde (Ellerer Str. 18). Bis zum Giebeldreieck ist das originale Ständerwerk mit seinen langen, verblatteten Streben erhalten. Im Stadtteil **Ebernach** bestand früher eine Benediktinerpropstei, an die eine Gnadenkapelle von 1437 erinnert. Das dortige so genannte Propsteigebäude von 1751 – ein Massivbau mit Mittelrisalit – wird mit dem Namen des Kurtrierischen Baudirektors *Johannes Seiz* in Verbindung gebracht.

Zurückzukommen ist auf die eingangs erwähnte **Winneburg**, die sich als immer noch beeindruckende Ruine auf einem Berggipfel über dem Endertbachtal erhebt und deren frühe Geschichte (13. Jh.) im Dunkel der Zei-

Cochem, Pfarrkirche St. Martin

ten liegt. Der Kernbau der Burg ist der Bergfried, um den in der ersten Hälfte des 14. Jh. zwei neue Ringmauern gezogen wurden, die eine ältere ersetzten. Wie jüngere Forschungen ergeben haben, entstanden wahrscheinlich zu dieser Zeit auch weitere Bauten, wie der Palas, ein Küchentrakt, die Burgkapelle im Obergeschoss des Torturms, der Zwinger und ein zusätzlicher Wohnbau. Für die Schalentürme des westlichen Zwingers werden so genannte Prellhölzer angenommen, unter denen Balken zu verstehen sind, die den Rückstoß von Feuerwaffen abfangen sollten. Im zweiten Jahrzehnt des 15. Jh. räumte ein Burgherr der Winneburg dem trierischen Kurfürsten

Cochem, Fensterbrüstung der „Alten Torschänke" (1625) neben dem Enderttor

allerdings auch nicht ungetrübt blieb. Die Burgherren versuchten nämlich, in ihrem Territorium den Protestantismus einzuführen. Die Reaktion darauf war die Belagerung der Winneburg und von Burg Beilstein durch kaiserliche Truppen. 1637 starb das Geschlecht aus, und die Besitzungen wurden von Kurtrier als erledigtes Lehen eingezogen. Im Jahr 1652 gelangten die Freiherren Metternich in seinen Genuss.

Von Cochem über Treis-Karden – Kobern-Gondorf – Winningen nach Koblenz

Cochem, Winneburg über dem Endertbachtal

wieder ein Öffnungsrecht ein, für das er als Gegenleistung Privilegien in Cochem und einen Kredit erhielt. Ende des 15. Jh. verfinsterte sich das Verhältnis zwischen den Partnern, und die Burg wurde sogar von kurtrierischen Mannen belagert. Nach diesem Konflikt folgte eine neue Belehnung, die

Klotten zieht sich in so steiler Lage den Berg hinauf, dass ein Unterdorf und ein Oberdorf bestehen. In ihm befindet sich, beinahe schon über der Ortsbebauung, die Pfarrkirche St. Maximin mit ihrem romanischen Westturm. Er hat allerdings 1564 aufgrund einer Aufstockung mit Maßwerkfenstern, einer ähnlich verzierten Galerie und des hohen Helms mit krabbengeschmückten Gauben ein eher gotisches Äußeres angenommen. Im Inneren trifft man auf die vertraute zweischiffige Halle mit – dieses Mal – zwei ursprünglichen Mittelpfeilern und zweieinhalb Jochen. Das Langhaus wird von einem sternenförmigen Gewölbe eingefasst, das sich aus den Pfeilern entwickelt, während der schmalere, polygonale Chor ein Netzgewölbe aufweist. Es wächst aus Konsolfiguren empor, die Apostel und in einem Fall möglicherweise auch den Baumeister darstellen. Sein Schriftband ist mit einem Namen bezeichnet. Ein Wappenschild des Gewölbes im Haupthaus ist mit der Heraldik des Erzbischofs Richard von Greiffenklau geschmückt, in dessen Amtszeit (1511–

Cochem, Moselpromenade 12 (1654)

1531) der spätgotische Bau entstand. Im Jahr 1868 wurde die Kirche behutsam, unter Berücksichtigung ihrer alten Bausubstanz erweitert. Das wertvolle Interieur besteht vor allem aus sandsteinernen Altaraufsätzen, die der Muttergottes und den Heiligen Nikolaus und Hubertus gewidmet sind. Die Renaissancearbeiten aus den Jahren um 1625 sind im Zusammenhang mit *Hans Ruprecht Hoffmann* in Trier oder seiner Werkstätte zu sehen. Bedeutend ist auch die steinerne Kanzel der ersten Hälfte des 17. Jh. – ihre Wangen säumen die vier Evangelisten, als Kanzelträger dient ein hl. Petrus, dessen Haupt zu einem den Kanzelkorb unterfangenden korinthischen Kapitell überleitet. Der Bestand an Häusern, die in gemischter Bauweise – teils massiv, teils Fachwerk – errichtet wurden, ist beachtlich. Als ältestes belegtes Beispiel gilt Hauptstr. 103 von 1545, dessen Fachwerkhölzer auffallend kräftig dimensioniert sind. Das konstruktive Raster steht mit seinen engen Gefachen und den gekreuzten Streben in den Seitenfeldern noch in der spätmittelalterlichen Tradition, auch wenn die Knotenpunkte der Holzverbindungen neuzeitlich sind. Ein bemerkenswerter Bau ist das Eckhaus Hauptstr. 104, das neben seiner 1664 bezeichneten Haustür ein Fenster aufweist, das einst zu einer Verkaufslaube eines Handwerkers gehört haben könnte. Das Fenstergewände ist 1585 datiert. Hauptstr. 75, der so genannte „Fronhof", befand sich früher im Besitz der Abtei Brauweiler bei Köln. Das Gebäude verfügt über ein hohes, massives Untergeschoss, in dem sich ein Kelterraum befand. Das Fachwerk stammt aus dem 16. Jh. – jüngere Fachwerkbauten befinden sich in der weiteren Hauptstr. (z. B. Nr. 72 – um 1600; Nr. 80 – 1632). Bemerkenswert ist auch eine Baugruppe in der Reuschelstraße

Klotten, Pfarrkirche St. Maximin, romanischer Westturm, 1564 um ein Geschoss erhöht

Klotten, Ecke Hauptstr. 104/ Bahnhofstr./ Reuschelstr. (1585/1664)

(Nr. 6/7), die dem späteren 17. Jh. zuzurechnen ist.

Oberhalb von Klotten liegt die Ruine **Coraidelstein**. Die Burg, die im 10. Jh. von den Pfalzgrafen gegründet wurde, war ab dem späten 13. Jh. kurtrierisches Lehen, das man dem Geschlecht der von Kesselstatt übertrug. Die Anlage wurde im späten 17. Jh. nicht von den Franzosen zerstört, sondern blieb bis ins frühe 19. Jh. erhalten. Erst danach wurde sie aufgegeben und größtenteils abgebrochen. Geblieben sind im Wesentlichen der ehemals fünfgeschossige Bergfried, der romanisch geprägt ist, und einige Umfassungsmauern.

Klotten, Hauptstr. 103 (1545)

The map labels (from OpenStreetMap):

Koblenz · Koblenz-Güls · Koblenz-Moselweiß · Winningen · Koblenz-Lay · Dieblich · Kobern-Gondorf · Lehmen · Oberfell · Alken · Löf · Hatzenport · Brodenbach · Burg Eltz · Burg Bischofstein · Burgen · Ehrenbürg · Moselkern · Müden · Martberg · Pommern · Treis-Karden · Klotten · Cochem

Pommern, Pfarrkirche St. Stephan, spätgotische Bleibekrönung einer der kleinen Pyramiden des Turms

Auch in **Pommern** hat ein spätmittelalterlicher Kirchturm alle Zeitstürme überstanden. Die zugehörige Kirche wurde dagegen bei einem Eisgang im Jahr 1784 weitgehend zerstört. Der Neubau von 1786 ist ein Saal mit Kreuzgratgewölben, dreiseitigem Chor und angebauter Sakristei. Die Ausstattung ist früklassizistisch. Der Turm steht etwas abgerückt vom Langhaus. Aus seiner Nordwestecke schaut unter Dreipassbögen eine kleine, grob gearbeitete Figur mit gefalteten (?) Händen. Ob es sich dabei um einen reinen Bauschmuck oder gar um ein Apotropaion handelt, wie vermutet worden ist, muss offen bleiben. Der spitze, achtseitige Turmhelm wird von kleinen Py-

ramiden begleitet, die mit zierlichen Bleikrabben besetzt sind. Das neben der Kirche gelegene Pfarrhaus ist der ehemalige Hof des Klosters Himmerod. Der zweiflügelige Bau geht im Kern auf das 16. Jh. zurück. Bemerkenswert sind die beiden bis in Firsthöhe gezogenen Schornsteine an der Traufseite (Zehnthofstraße). Die im 18. Jh. erweiterte Anlage hat ihre originale baufeste Ausstattung bewahrt, die stuckierten, zum Teil „Kölnischen Decken" und die gut gestalteten Türen. In der Nachbarschaft des Pfarrhauses befindet sich ein Fachwerkhaus aus dem ersten Drittel des 17. Jh. (Zehnthofstr. 29). Die Farbfassung des Holzwerks und der Felder ist bei der letzten

Restaurierung nach Befund wieder hergestellt worden. Dazu gehören auch die Begleitstreifen der Gefache. Im oberen Dorfbereich steht ein ehemaliges erzbischöfliches Burghaus, der so genannte „Stockturm" von 1414. Der allerdings weitgehend modernisierte Bau teilt seine ursprüngliche Bedeutung nur mehr aufgrund seiner Stattlichkeit gegenüber den schmaleren und niedrigeren Nachbarhäusern mit.

Oberhalb von Pommern erstreckt sich ein weitläufiges Plateau – der seit der Jungsteinzeit besiedelte **Martberg**. Seine frühesten baulichen Spuren reichen bis in das erste vorchristliche Jh. zurück. In römischer Zeit ist hier das Leben nicht erloschen, sondern hat sich, wie es Tempelfundamente beweisen, fortgesetzt. Diese Bauten bestanden aus einem rechteckigen Kern, um den sich ein säulengetragener Umgang zog. Eine heutige Rekonstruktion verdeutlicht dort eine solche spätantike Tempelsituation. Außerdem wurden einige Wohnhütten nach Befund aufgebaut, die Einblick in das Alltagsleben jener Zeit geben. Der heute als Museum zu besichtigende Martberg musste wie sein Gegenstück auf dem Calmont oberhalb von Bremm vermutlich im 5. Jh. aufgegeben werden. Es wird angenommen, dass sich anschließend die Besiedlung talwärts an die Mosel verlagerte. Geistlich-wirtschaftlicher Hauptort wurde nicht etwa Koblenz, sondern Karden, das sich ab dieser Zeit als Archidiakonat zum kirchlich-administrativen Mittelpunkt der unteren Mosel entwickelte. Aus dieser frühen Zeit ist ein spätrömisch-christlicher Grabstein mit Christusmonogramm erhalten. In Karden wurde auch ein großer frührömischer Münzschatz gehoben. Etwas außerhalb der dortigen Siedlung, des *vicus Cardena,* waren vom 1. bis in das mittlere 5. Jh. n. Chr. ungefähr drei-

Klotten, Burg Coraidelstein

Pommern, Pfarrhaus – früher Himmeroder Hof – mit hohen, vorkragenden Schornsteinen

unten: Pommern, Zehnthofstr. 14 (1623)

ßig Töpferöfen in Betrieb. Die dort ent-
deckten Funde wie etliche aus Gräbern
geborgene irdene Spruchbecher sind im
Stiftsmuseum neben dem St. Kastor-Dom
ausgestellt, der an den hl. Kastor, einen
Schüler des legendären Trierer Bischofs
Maximinus, erinnert (352). Bei dieser bedeutendsten romanischen Kirche an der
unteren Mosel handelt es sich um einen
Bau, der teilweise noch dem späten 11.
Jh., weitgehend aber der Zeit um 1180
angehört und dessen markante Charak-
teristika der Westturm mit seiner barocken Haube und die beiden östlichen
Flankierungstürme sind. Hervorhebenswert ist die romanische Gestaltung der
Apsis mit ihrer bekrönenden Zwergga-
lerie. Der Grundriss der Pfeilerbasilika
ist kreuzförmig angelegt. Größter Schatz
der Ausstattung ist der Hochaltar, dessen
Schrein mit filigranem, spätgotischem
Maßwerk besetzt ist. Die aus Ton ge-
brannte Dreikönigenszene aus der Zeit
um 1420 weist auf den Kunstkreis um
Mainz hin. Arbeiten der Renaissance aus
den Jahren 1628 und 1629 sind die beiden Seitenaltäre, in deren Zentren die

Steinigung des hl. Stephan und die Auf-
erstehung Christi stehen. Die Formen lassen auf die Hoffmann-Werkstätte in Trier
schließen. Ein Flügelaltar von 1591 zeigt
in seiner mittleren Tafel ebenfalls die Auf-
erstehung Christi. Die äußeren Seiten-
tafeln geben Mariä Verkündigung wieder, während die inneren die Stifterfa-
milie Broy mit dem hl. Kastor und der
hl. Anna selbdritt darstellen. Simon
Broy war kurtrierischer Schultheiß; er
bewohnte das 1562 bezeichnete massive „Burghaus" am Moselufer (Moselstr. 18). Weiter zu St. Kastor: In einem spätgotischen Reliquienschrein
mit Fialen- und Maßwerkdekor und
verschiedenen Skulpturen, unter anderem des hl. Kastor, werden persönliche
Zeugnisse des Namensgebers der Kirche aufgehoben. Ein Wandtabernakel
(1634) ist nicht in der üblichen spätgotischen Weise gestaltet, sondern in derjenigen der Renaissance. Ein Heiliges
Grab aus der zweiten Hälfte des 17. Jh.
führt in den handwerklich-volkstümli-
chen Bereich. Gleiches trifft auf ein Gemälde des „Wahren Weinstocks" ver-

mutlich aus dem 17. Jh. zu. Dieses Thema verdeutlicht in ähnlich allegorischer Weise wie das Relief Christus in der Kelter in der Kreuzkapelle oberhalb von Ediger die Verbindung katholischer Mystik mit dem Rebstock.

Karden war Sitz des Chorbischofs an der unteren Mosel. Auf diese Beziehug weist der Name „Korbisch" hin – Wohnhaus dieses hohen kirchlichen Würdenträgers (St. Castor-Str. 1). Die Anlage besteht aus einem längsrechteckigen Bau und einem Turmhaus. Der Hauptteil ist dendrochronologisch 1207/08 datiert. Er besteht auf jeder Ebene aus einem saalartigen Raum, dessen Kamine außen auf Konsolen vortreten. Das jüngere Turmhaus besitzt ebenfalls eine solche von außen sichtbare Feuerung. Aufwendig sind die Fenster gestaltet – entweder in rechteckiger Zwillingsform mit mittleren Säulchen oder ebenfalls in doppelter Ausfertigung, einerseits mit Überfangbögen, andererseits als Kleeblattform. Die heutige Farbgebung geht auf den Befund zurück. Hinsichtlich seines Schmucks ist der Korbisch wie auch das Refektorium des Stifts (heute Stiftsmuseum) mit Bauten in Metz zu vergleichen, die sich der dortige Stadtadel, die Paraigen, im 12./13. Jh. errichtete. Es handelt sich dabei aber, wie es in besonders beeindruckender Weise das Hôtel Saint-Livier (Rue des Trinitaires) zeigt, um wehrhafte Bauten in der Art von Stadtburgen oder Turmhäusern (S. 139).

Zum früheren Stiftsbereich in Karden gehört auch die so genannte „Schola" hinter der St. Kastor-Kirche (Stiftsgasse 1). Dieses 1415 datierte Haus – eine Kombination von Massiv- und Fachwerkbau – hütet als besonderen Schatz Freskenzyklen der Heinrichsage und Susanneerzählung. Nordwestlich, des Korbisch moselabwärts, befindet sich als Massivbau das frühere Haus des kurtrierischen

Schultheißen Broy, der sich 1562 diesen Amtssitz erbauen ließ (Moselstr. 18). Im Kardener Stiftsbezirk befindet sich auch eines der nachweislich ältesten Fachwerkhäuser an der Mosel: Am Buttermarkt 6, ein Bau von 1321 +/– 5. An seiner straßenseitigen Front lässt sich be-

Treis-Karden, Ortsteil Karden, ehem. Wohnhaus der Stiftsherren, später sog. Zehnthaus, heute Stiftsmuseum (1238/1305/06 – dendrochronologische Datierung)

Treis-Karden, Ortsteil Karden, Am Buttermarkt 6 (um 1321 – dendrochronologische Datierung)

Treis-Karden, Ortsteil Karden, Am Buttermarkt 6 , Hofseite, Ständer und Strebe von der Schwelle bis unter das Dach (um 1321)

Treis-Karden, Ortsteil Karden, St. Castor-Str. 1, sog. „Korbisch" (im Kern laut dendrochronologischer Datierung um 1208)

*Treis-Karden,
Ortsteil Treis,
Bergfried der
Burg Treis (12. Jh.)*

*Treis-Karden,
Ortsteil Treis, Wild-
burg, links der Palas
(um 1120?)*

sonders gut die Zimmerung der Stock-
werkkonstruktion ablesen, deren Ständer und Streben von der Schwelle bis
unter das Dach reichen. Ein Schwebegiebel – Freigespärre vor der Hauswand
– unterstreicht den mittelalterlichen Eindruck des Gefüges. Angebaut ist als
Überbauung einer Einfahrt ein kleines
Fachwerkgefüge von 1516 +/– 5.

Weitere beachtliche Massiv- und Fachwerkbauten befinden sich in der Nachbarschaft der St. Kastor-Kirche, etwa ein
spätmittelalterliches Haus mit Treppengiebel (St. Castor-Str. 10) oder ein 1587
bezeichnetes Fachwerkgebäude (St. Castor-Str. 23), dessen Fassade in sich die
traditionellen wandhohen Kreuzstreben
mit einem dekorativen Rauten- und An-
dreaskreuzmuster in den Brüstungen vereint. Neben der gotischen evangelischen
Kirche – der früheren Georgskapelle
(Moselstr. 33) – steht ein Fachwerkhaus
mit einer dekorativen Fassade des 17. Jh.;
die Rückseite zeigt dagegen eine spätmittelalterliche Ständerkonstruktion (Moselstr. 32).
Ein großer Teil der historischen Bauten
des rechts der Mosel gelegenen **Treis** ist
im Zweiten Weltkrieg zerstört worden,
darunter als wichtiger Fachwerkbau das

so genannte „Fischerhaus" von 1672.
Auch die von *Johann Claudius von Lassaulx* in den zwanziger Jahren des 19.
Jh. entworfene Pfarrkirche erlitt schwere
Schäden. Sie steht wieder in alter Form.
Im Werk des Koblenzer Architekten
nimmt sie insofern einen besonderen
Rang ein, als sie eine frühe Verbindung
klassizistisch verstandener Kubatur mit
neogotischen Bauformen darstellt. Es
handelt sich um einen Bruchsteinbau mit
hohem Frontturm, einem Langhaus mit
drei Schiffen und einem Vorchor, der
dreiseitig abschließt. Das hohe Mittelschiff und die niedrigeren Seitenschiffe
sowie der Chorraum sind kreuzrippengewölbt. Das Portal und die Fenster besitzen Maßwerkdekor, der als Kranzgesims
auch das Langhaus und den Turm um-
läuft. Skulpturen, die von Konsolen getragen und Baldachinen beschirmt werden, so neben dem Turmeingang, verstärken die neogotische Gestik.
Treis besitzt zwei Burgen, die auf orts-
nahen Bergen oberhalb des Flaumbach-
tals liegen. Von der **Burg Treis** zeugt ein
weithin sichtbarer quadratischer Bergfried des 12. Jh.; weitere Mauerpartien
geben die Lage des Palas und eines Burg-
mannenhauses an. Die etwas weiter tal-
aufwärts gelegene **Wildburg** geht auf eine Gründung des 11. Jh. zurück und befand sich ab der ersten Hälfte des 12. Jh.
im pfalzgräflichen Besitz. Die langgestreckte Anlage besteht im Kern aus einem dreigeschossigen Bergfried und einem rechteckigen, zweigeschossigen Palas. Er gilt als einer der besterhaltenen
der Romanik (um 1120?).
Flussabwärts liegt links der Mosel das
Dorf **Müden**, dessen Pfarrkirche St. Stephan eine Tallage einnimmt, was in dieser Region nicht so häufig vorkommt.
Von der alten Kirche spätstaufischen Ursprungs ist der Turm erhalten. Das Langhaus – einst von einer flachen Decke

überspannt – wurde um 1925 abgebrochen. Der Westturm, der Chor und eine Nebenapsis entgingen diesem Schicksal. Der Turm, der bis zur Höhe seiner Glockenstube mit den Schallfenstern sehr schlicht gehalten ist, trägt ein Rautendach, wie es am Mittelrhein nicht selten, in der Moselregion aber weniger anzutreffen ist. Weitere markante Ausnahmen sind am unteren Flusslauf die Kirchen in *Winningen* und *Koblenz-Lay* – beide 12./13. Jh. (S. 132 f.) – Die barocke Ausstattung der Müdener Kirche stammt größtenteils vom Vorgängerbau. Ein Taufstein ist 1574 bezeichnet. Der Friedhof, der nach früherem Brauch die Kirche umgibt, hat etliche historische Grabsteine bewahrt.

Die ältesten Wohnhäuser Müdens – Hauptstr. 22/24 – befanden sich einst im Besitz der Grafen von Eltz und sind dendrochronologisch 1452/53 sowie um 1490 belegt. Wie üblich ist das Parterre mit der Flurküche massiv ausgeführt. Das darüber vorkragende Fachwerk dieser Zwillingsbauten ist spätmittelalterlich-konstruktiv gezimmert und verzichtet weitgehend auf Dekor. Fachwerkhäuser des 16./17. Jh. sind ebenfalls anzutreffen. In stattlicher Art finden sie sich in der Moselstraße, wie das „Halfenhaus", das einst von den Treidlern der Schiffe – den *Halfen* – als Gaststätte und Unterkunft aufgesucht wurde (vgl. Reil, Moselstr. 65/67; S. 76).

Moselkern ist bekannt als Fundstätte einer Grabstele der Jahre um 700, die als eines der bedeutendsten fränkisch-frühchristlichen Monumente gilt. Die durchbrochene, aus einem einzigen Stein gemeißelte Arbeit zeigt in ihrem oberen Teil ein griechisches Kreuz mit einer menschlichen Figur, die als Christus am Kreuz zu verstehen ist. Weitere eingeritzte Kreuzzeichen sind auf der Rückseite des Gedenksteins zu sehen. Das

Müden, Pfarrkirche St. Stephan, Westturm mit Rautendach (mittleres 13. Jh.)

Müden, Moselstr. 1, ehem. Halfenhof (Gasthaus und frühere Pferdestation der Treidler)

Original befindet sich im Rheinischen Landesmuseum Bonn. Kopien sind in der Moselkerner Kirche und an der Friedhofsmauer aufgestellt. Die Pfarrkirche St. Valerius gehört zu den zahlreichen moselländischen Sakralbauten, die ihren romanischen Westturm beibehalten haben. Das Langhaus wurde 1781 ausgeführt. Darin befindet sich eine auch an Skulpturen beachtliche Ausstattung, unter anderem eine Anna selbdritt und ein hl. Valerius, beide aus dem 15. Jh. Mit dem früheren Rathaus (Oberstr. 47) besitzt der Ort ein prägnantes, 1535 bezeichnetes Haus der gemischten Massiv- und Fachwerkbauweise. Der straßenseitige Giebel und sein dreiseitiger, zweigeschossi-

Moselkern, Pfarrkirche St. Valerius, Statue des Kirchenpatrons (15. Jh.)

ger Erker sind ein frühes Beispiel für ausgeprägten Brüstungsschmuck.

Von Moselkern bietet sich ein Abstecher zur **Burg Eltz** an, die einige Kilometer nordwestlich liegt. Bis zur Ringelsteiner Mühle ist die Strecke befahrbar, weiter führt ein Wanderweg durch das Eltzbachtal bis zur Burg. Eine zweite Möglichkeit, die Burg zu erreichen, besteht über das Eifeldorf Wierschem. Hinter dem Parkplatz gelangt man zur **Trutz-Eltz**, die unter Kurfürst Balduin (1285–1354) als Gegenburg gebaut wurde.

Bleibt man hinter Moselkern auf der linken Moselseite, so erreicht man bald die **Burg Bischofstein**, deren Ursprünge im 12. Jh. liegen. Die kurtrierische Anlage wurde Ende des 17. Jh. zerstört und ab 1930 teilweise wieder aufgebaut. Das

auf einem Felsgrat „thronende" Ensemble ist dreifach gegliedert. Auf der ersten Stufe befindet sich die spätromanische Pauluskapelle (Unterbischofstein), auf die der frühere Palas mit der an ihn gelehnten gotischen Stephanuskapelle folgt. Es schließt sich als letzter Bau der mächtige Rundturm des Bergfrieds an, der aus dem mittleren 13. Jh. stammen dürfte. Ihn umzieht etwas unterhalb seiner halben Höhe ein heller Putzring, der wohl auf einen früheren Wehrgang hinweist.

Gegenüber der Burg Bischofstein befindet sich das Dorf **Burgen**, dessen Kirche, das heißt das Langhaus, von 1765 stammt, während der Westturm erst 1829 ausgeführt wurde. In der Ortsmitte sind einige Fachwerkhäuser des 17. Jh. anzutreffen, von denen besonders Bergstr. 6 genannt sei. Es ist 1688 bezeichnet und besitzt einen bemerkenswerten Fenstererker. Seine Brüstungsfüllung ist mit einem Kreuz dekoriert, von dessen Zentrum Spiralen abzweigen. Sie verteilen sich gleichmäßig in den vier

Burg Eltz

Burg Eltz, Innenhof mit Blick auf die Platteltz

Kreuzfeldern und werden von kleinen Sternen begleitet. Es handelt sich in der Tat um eine eigenartige Formgebung, die sich von einem abstrahierten Renaissancedekor ableiten lässt. Der Brüstungsrahmen ist teils mit einem Spruch umschrieben, der in etwas verstümmelter Form folgende, auch an anderen Häuser verbürgte Sentenz wiedergibt: WER WILL BAUEN AN DIE STRASSEN/DER MUSS DIE GESCHEIDTEN UND NARREN REDEN LASSEN.

In **Brodenbach** mündet der Ehrbach in die Mosel. Folgt man dem Bachlauf, so sieht man auf dessen nördlicher Seite, hoch über dem Tal, die **Ehrenburg**, die früher den Aufstieg zum Hunsrück sicherte. Aus mittelalterlich-fortifikatorischer Sicht ist der als Doppelturm angelegte Bergfried des 14. Jh. hervorhebenswert. Als weitere wehrtechnische Besonderheit ist der „Rampenturm" zu nennen, der über eine spiralförmig angelegte Auffahrt verfügt. Darüber ließen sich vermutlich Kanonen befördern. In der Nachbarschaft der Ehrenburg befinden sich weitere Burgruinen – Schöneck und Waldeck. Gegen sie ließ der kurtrierische Kurfürst Balduin 1332 eine Trutzburg errichten, wie er das auch mit der Trutz-Eltz oberhalb der Burg Eltz unternommen hatte.

Der nächstgrößere Ort auf der linken Moselseite ist **Hatzenport**, dessen Kirche, hoch über dem Dorf und umgeben vom Friedhof, eine der markantesten Lagen der gesamten Region einnimmt. Der spätromanische Westturm besitzt den charakteristischen spitzen, achtseitigen (gotischen) Helm mit den zierlichen, aus dem Achtort entwickelten Begleittürmchen. Das relativ kurze spätgotische Langhaus wird von einem Chor abgeschlossen, dessen Dach pyramidenartig in die Höhe gezogen ist. In der Kirche befinden sich Glasmale-

Burg Bischofstein bei Lasserg (über der Eisenbahnstrecke Koblenz – Trier)

Ehrenburg bei Brodenbach

Burgen an der unteren Mosel, Bergstr. 6, Fachwerkdekor eines Fenstererkers (1688)

*Hatzenport,
alte kath. Pfarr-
kirche St. Johannes*

reien des späten 15. Jh.; die sonstige Ausstattung ist barock.

Eine Feuersbrunst verwüstete das Dorf 1741 weitgehend. Glücklicherweise ist ein wichtiges spätmittelalterliches Haus erhalten geblieben, dessen dendrochronologische Untersuchung als Baudatum 1547/48 ergeben hat (Moselstr. 29). Das Fachwerk erinnert mit seinen

*Hatzenport,
Moselstr. 29, Haus
Ibald (dendrochro-
nologisch 1547/48
datiert)*

wandhohen, gekreuzten Streben und den gebogenen Fußbändern an Beispiele in Ediger.

Es folgt **Löf** – links der Mosel, dessen Pfarrkirche St. Lucia wieder die so häufig angetroffene Kombination eines ungegliederten, romanischen Westturms mit seinem spätgotischen, achtseitigen, hohen Helm präsentiert. Das Kirchenschiff ist nach einem Entwurf von *Johannes Seiz* ausgeführt. Auch die Pfarrkirche St. Stephan in **Lehmen** hat ihren spätromanischen Turm bewahrt. Er stammt aus der zweiten Hälfte des 12. Jh., besitzt fünf Geschosse und stellt den Rest einer einst gleich alten Kirche dar. In seiner oberen Partie öffnen sich je zwei Schallfenster in Zwillingsanordnung, und im beschließenden Dreiecksgiebel darüber befindet sich eine dreifache Arkade. In seinen unteren Geschossen ist der Turm wie sonst üblich ungegliedert. Bemerkenswert ist sein Satteldach, wie es in der Moselregion kaum verbreitet ist, sondern eher einem südlicheren Bautyp entspricht. Landschaftsprägendes Bauwerk auf der rechten Moselseite ist die oberhalb von **Alken** gelegene **Burg Thurant**, deren beide Rundtürme den Eindruck großer mittelalterlicher Macht vermitteln. Diese besondere Situation rührt daher, dass sich die um 1200 gegründete Burg ab 1248 im Besitz zweier Eigentümer befand, nämlich der beiden Erzbischöfe von Trier und Köln. Im Jahr 1689 wurde die Anlage von den Franzosen zerstört. Ab dem zweiten Jahrzehnt des 20. Jh. ist die Ruine ausgebaut worden. Die Burg war durch eine „Stadt"-Mauer mit Alken verbunden. Ihr Verlauf lässt sich teilweise gut im Weinbergsgelände erkennen. Erhalten sind im Dorf die Fallerport als viereckiger Torturm und am Moselufer ein mächtiger Rundturm. Am östlichen Ortsausgang liegt das ehemalige Burghaus der Herren von Wildberg (Von-Wiltberg-Str. 18–28). Es handelt sich um einen größeren Komplex, dessen Kern ein spätgotisch geprägter Massivbau ist. Den Zugang zum alten Adelssitz bildet ein barockes Portal von 1676. Oberhalb dieses Areals befindet sich die älteste der Alkener Pfarrkirchen. Der Turm von St. Michael gehört vielleicht dem 12. Jh. an. Das Langhaus des flach gedeckten Saalbaues ist im Kern auch noch romanisch.

Löf, Pfarrkirche St. Lucia

Lehmen, katholische Pfarrkirche

Löf, Pfarrkirche St. Lucia, Turmhelm mit der Bleikrabbe eines Achtortes

Oberfell-Bleidenberg, Fußfall (Kreuzwegstation), (1665)

Oberfell-Bleidenberg, Wallfahrtskirche, Hauptchor mit Nebenchor (links) sowie Turmstumpf

Will man die Burg Thurant von der Bergseite aus sehen – eine weniger bekannte Ansicht, so empfiehlt sich eine Fahrt nach **Oberfell** und von dort die Strecke aufwärts in Richtung Hunsrück. Eine Abzweigung führt zur **Wallfahrtskirche Bleidenberg**, die auf einem kleinen Plateau der Burg gegenüber liegt. Von diesem Standort aus beschossen im 13. Jh. kurtrierische Belagerer die damalige pfalzgräfliche Thurant mit Bliden. Die in ihrer ursprünglichen Gestalt nur teilweise erhaltene Kirche ist als dreischiffige Basilika angelegt und besitzt an ihrem südlichen Schiff einen bemerkenswerten frühgotischen Chor. Neben dem Hauptchor befindet sich der Stumpf eines wohl nicht fertig gestellten Turmes. Von Oberfells profaner Architektur ist ein Fachwerkhaus des 17. Jh. mit einem dekorativen Fenstererker zu erwähnen (Hauptstr. 52). Als kirchliche Architektur verdient St. Nikolaus Beachtung, dessen Neubau von 1910 sein bauzeitliches Interieur erhalten hat.

Kobern-Gondorf – auf dem linken Moselufer – ist bauhistorisch die herausragendste Gemeinde an der Unteren Mosel kurz vor ihrer Mündung in den Rhein. In Gondorf liegt direkt am Moselufer die so genannte Oberburg, der Stammsitz des Geschlechts von der Leyen. Die einst mächtige Anlage, die um 1560 schlossartig ausgebaut wurde, stellt sich in einer sehr entstellten Weise dar; denn seit 1876 ist von ihr die Vorburg durch die Eisenbahnstrecke abgetrennt, und seit 1971 ist die Hauptburg durch die Moselstraße (B 416) aufgebrochen, die als

Tunnel durch sie durchführt. So sind der südlich gelegene „Neue Bau" der Renaissance und der sich im Norden befindende Palas des 15. Jh. im wörtlichen Sinne „durchfahrbar". Beide Bauten verbindet eine auf Konsolsteinen vorkragende Galerie des Innenhofs, der durch die Straße fast völlig vereinnahmt wird. Der Bergfried, der früher durch weitere Rundtürme moselaufwärts verstärkt wurde, ist ein Teil des „Neuen Baues".

Einige hundert Meter flussabwärts von der Oberburg liegt die unter dem Namen „Schloss Liebig" bekannte Niederburg, die durch Um- und Ausbauten des 19. Jh. völlig überformt worden ist. Erkennbar ist der mittelalterliche Bergfried als hoher Turm und das neogotisch geprägte, im Kern aber ebenfalls mittelalterliche Burghaus.

Im Ortsteil Kobern bestehen gleichfalls eine Niederburg und eine Oberburg. Die untere Anlage befindet sich als Ruine auf halber Berghöhe. Erhalten sind der Bergfried aus der Zeit um 1200, Mauern des Palas und des Berings. Die um 1195 erbaute Oberburg bekrönt den Berggipfel und bildet mit der berühmten Matthiaskapelle aus den Jahren um 1220 ein Ensemble. Der kleine Sakralbau, der als edle Hülle für das als Reliquie hochverehrte Haupt des Apostels Matthias errichtet

wurde, ist sechseckig und anderthalbgeschossig angelegt und besitzt an der Nordostseite eine Apsis. Seine Mitte bildet eine ihn bekrönende, ebenfalls sechseckige Laterne, durch deren Fenster das Licht in dieses Zentrum fällt. Es ist wiederum als ein Hexagon konzipiert, dessen Ecken durch jeweils fünf gebündelte Säulen akzentuiert werden. Sie unterfangen hohe Spitzbögen, von deren Mauerkronen sich kranzförmig die Halbtonne der Rippengewölbe zu den Außenmauern spannt. Auf diese Weise ergibt sich ein Rundgang um die hervorgehobene Mitte, deren Bündelsäulen einen besonders reichen Kapitellschmuck aufweisen. Blendbögen mit Dreipassrahmen und Schlüssellochfenster gliedern das Äußere des Baues und unterstreichen seine vornehme Erscheinung.

Koberns älteste Kirche stand unterhalb der Niederburg. Erhalten ist der Glockenturm aus der zweiten Hälfte des 12. Jh., der immer von der Kirche getrennt stand. Im ersten Drittel des 19. Jh. entstand an anderer Stelle eine neue Pfarrkirche, zu der *Johann Claudius von Lassaulx* die Pläne geliefert hatte. Es handelt sich um einen Bruchsteinbau in neoromanischen Formen. Die Außenmauern des Langhauses mit seinem Dachreiter werden durch die für den Baumeister charakte-

Oberfell/Mosel, Hauptstr. 52, Fenstererker

Kobern-Gondorf, Oberburg im Ortsteil Gondorf

Kobern-Gondorf, Niederburg im Ortsteil Gondorf

Kobern-Gondorf, Glockenturm der St. Lubentius-Kirche im Ortsteil Kobern

ristische Verbindung von Lisenen und Blendbögen gegliedert. Unter der Orgelempore sind Kapitelle von etwa 1230 eingebaut, die vermutlich dem Vorgängerbau entstammen. Die sonstige Ausstattung ist weitgehend bauzeitlich, wie beispielsweise die gusseiserne Treppe, die zur Empore führt. Gegenüber dem erhaltenen, alten Glockenturm der ersten Kirche liegt der Friedhof mit der Dreikönigskapelle von 1420/30. Der kurze, einjochige Bau, dessen Chor fünfseitig abgeschlossen ist, besitzt im Inneren sehenswerte bauzeitliche Ausmalungen biblischer Thematik.

In der Nähe des Marktplatzes von Kobern befindet sich das älteste datierte Fachwerkhaus der Moselregion – der nach dem Trierer Kloster St. Marien benannte Mergener Hof von 1320 (Kirchstr. 1). Das Haus ist mit seinem dreiseitig vorkragenden Holzwerk bereits in der Stockwerkbauweise errichtet, zeigt mit den bis zum Dach durchlaufenden Ständern am Giebel und den waagerechten, die Eckständer der Traufseiten verbindenden Schwertungen auch Elemente des

Kobern-Gondorf, Kirchstr. 1, ehem. Hof der Abtei St. Marien in Trier (1320 – dendrochronologische Datierung)

älteren Geschossbaues. Konstruktiv ist die Gleichzeitigkeit von Verblattung und Verzapfung bemerkenswert. Beeindruckend ist das hohe Erdgeschoss mit seinem mächtigen Mittelständer, der einen Unterzug der Balkenlage unterfängt. Fachwerkbauten des 16. Jh. sind in der oberen Kirchstraße (Nr. 18, bezeichnet 1575/77) und des 17./18. Jh. vor allem am Marktplatz anzutreffen. Für sie sind die geschweiften Giebel und Zwerchhäuser bezeichnend. Als Massivbau ist die ehemalige Schule von 1845/47 zu nennen, die *Lassaulx* entworfen hat und die wieder ein Beispiel für farbig aufeinander abgestimmten Bruchstein ist (Lenningstraße).

In den folgenden Dörfern – **Winningen** links und **Dieblich** rechts der Mosel – verdienen zunächst die Kirchen Aufmerksamkeit. Die evangelische Pfarrkirche von Winnigen besitzt einen Ostchorturm, der bis kurz über den Schallarkaden romanisch angelegt und darüber neoromanisch fortgestzt ist (1879). Das Langhaus, das konchenartige Verbreiterungen zeigt und im Kern auch romanisch ist, wurde beim Umbau von

1695 völlig überformt. Im Inneren ist die Kirche ein dreischiffiger Emporenbau, der um 1900 noch einmal verändert wurde. Von der Ausstattung ist vor allem der spätromanische Taufstein bedeutend. Das einst ummauerte Winningen, das mit dem Horntor an der Moselseite noch ein „Stadt"-Tor besitzt, zeigt in seinem Ortskern etliche Häuser des 17./18. Jh., die manchmal auch über einen älteren Kern verfügen, so der frühere Zehnthof des Aachener Marienstifts mit seinen romanischen Fens-

Kobern-Gondorf, Matthiaskapelle und Oberburg oberhalb von Kobern

Kobern-Gondorf, Matthiaskapelle (um 1220)

tern oder der Heddesdorfer Hof, dessen Baugeschichte bis in das 16. Jh. führt. Für die jüngere Zeit sei die ehemalige Schule von 1833/34 genannt, deren Pläne von *Lassaulx* stammen.

Der katholischen Pfarrkirche in Dieblich liegt ein Plan von *Ferdinand Nebel* zugrunde (1842). Es handelt sich um eine dreischiffige Halle mit Querhaus. Die äußere Gliederung ergibt sich aus Lisenen mit einem Rundbogenfries. Im Übrigen ist dieser Bau neoromanisch geprägt, wie es besonders die Würfelkapitelle der hohen Säulen zwischen dem Langhaus und den Seitenschiffen verdeutlichen. Die Ausstattung ist größtenteils bauzeitlich, weist mit einer thronenden Muttergottes aber auch eine bemerkenswerte Arbeit aus der Zeit um 1400 auf. In der Nähe liegt die so genannte Heesenburg (Kirchstr. 15). Ihr Ecktürmchen am Giebel – früher gab es auf der anderen Seite ein Gegenstück – deutet auf eine Vergangenheit als adeliges Hofhaus hin. Der äußere Eindruck lässt Verhältnisse des 18. Jh. vermuten. Tatsächlich handelt es sich um ein ursprüngliches Burghaus, von dessen Mauerwerk im Inneren einiges erhalten ist. Beherrschender Bau des Dieblicher Marktplatzes ist das Rathaus von 1828/29, das als Schule geplant war und, wie unschwer zu erkennen ist, die architektonische Handschrift von *Lassaulx* mitteilt. Der Bau ist ähnlich wie die frühere Schule in Winningen konzipiert, verzichtet allerdings auf einen Dachreiter. Mehrere massive Wohnhäuser dieser Zeit sind im Ortskern zu finden, *Johann Claudius von Lassaulx* begegnet man noch einmal, und zwar in **Güls**, das bereits zu Koblenz gehört. Bei der dortigen „Neuen Kirche", ab 1833, bediente sich der Baumeister einer besonderen Technik. Er überspannte die dreischiffige Halle mit einem sternförmigen Gratgewölbe, das auf schlanken Rundpfeilern ruht. Diese Lösung gewährt einen hohen und lichten Raum. Das Bruchsteinmauerwerk ist wie bei den anderen Kirchen unverputzt. Lisenen mit Rundbogenfries gliedern die Außenmauern, was häufig nicht nur bei Lassaulx' Kirchen, sondern auch, wie Dieblich darlegt, bei denen von Ferdinand Nebel der Fall ist. Lassaulx' besondere Deckenkonstruktion hat übrigens eine moderne Variante, nämlich die von *Dominikus Böhm* 1950/51 für St. Martin in Cochem gewählte Lösung (vgl. S. 115ff.).

Güls kennt auch eine „Alte Kirche". Der Turm von St. Servatius, der aus dem frühen 13. Jh. stammt, ist schlicht und ungegliedert bis zu den Schallarkaden. Das dreischiffige Langhaus besteht aus zwei Jochen und wird von einem rechteckigen, geraden Chor abgeschlossen, der sich an das Mittelschiff anschließt und genauso hoch und gewölbt ist. Über den Seitenschiffen befinden sich Emporen, deren rundbogige Öffnungen von Dreipassblenden erhöht werden. Es ergibt sich somit eine dreifache Wandgliederung, die aus den spitzbogigen Arkaden des Erdgeschosses, den Emporenbögen und den darüberliegenden segmentförmig endenden Fenstern besteht. Es handelt sich um den Typ der rheinischen Emporenbasilika. Bei der Wiederherstellung von St. Servatius nach dem Zweiten Weltkrieg wurden die alte Farbfassung und spätromanische Wandmalereien freigelegt.

Auch die alten Pfarrkirchen in **Lay** und **Moselweiß** – den rechts der Mosel gelegenen Vororten der Koblenzer Altstadt – sind romanische Bauten. Der dreigeschossige, von einem Rhombendach bedeckte Glockenturm in Lay ist ein Beispiel für eine gegliederte Lösung. Die einzelnen Geschosse werden durch Gurte unterschieden, das oberste ist durch Ecklisenen und einen Kleeblattbogenfries hervorgehoben, und die Dreiecksgiebel der Dachzone weisen Doppelarkaden mit Kleeblattblenden auf. In Moselweiß ist der wieder ungegliederte Turm einer Vorgängeranlage an die Nordostecke der Kirche gerückt. Der Grundriss der Gewölbebasilika orientiert sich am gebundenen System. Die ursprünglichen Farbfassungen des

Dieblich, Kirchstr. 15, Heesenburg (im Kern 13. Jh.)

Dieblich, Kirchstr. 25 (mittleres 19. Jh.)

Koblenz-Lay, St. Martin (Mitte 13. Jh.)

Koblenz–Lay,
Pfarrkirche
St. Martin, Hunger-
tuch von 1691
mit der Inschrift:
Heil Dir o Kreuz/
einzige Hoffnung/
stärke in dieser Fas-
tenzeit/die Gerech-
tigkeit der From-
men/und gib Ihnen
Vergebung.

Kircheninneren konnten bei den letzten Renovierungen weitgehend wieder hergestellt werden. Wertvollstes Ausstattungsstück in Moselweiß ist eine Steinkanzel von 1467. In Lay ist ein Hun-

gertuch von 1691 erhalten. Darunter ist ein liturgisches Tuch zu verstehen, das während der Fastenzeit gezeigt wird. Koblenz-Lay besitzt ein spätmittelalterliches Fachwerk mit Schwebegiebel. Das Haus konnte dendrochronologisch 1470/71 datiert werden (Kaufunger Str. 14).

Schon die hohe Autobahnbrücke bei Winningen und Dieblich signalisiert die Nähe von Koblenz. Von dem 1970 eingemeindeten Lay sind es noch etwa 10 km bis zum Stadtkern und in Moselweiß – seit 1902 ein Stadtteil dieses Rhein-Mosel-Zentrums – halbiert sich die Strecke bis zum Deutschen Eck. Nach 545 oder möglicherweise 550 km (je Definition mündet) die Mosel in den Rhein.

Winningen, Autobahnbrücke (A 61)

Stadtrundgänge

Rundgang durch das mittelalterliche und frühneuzeitliche Toul

Erreicht man von der Strecke Metz/Pont-à-Mousson oder von Nancy, das heißt vom Norden oder Osten aus Toul und nähert sich der Mosel, so zeigt sich in beeindruckender Weise der Zitadellencharakter dieser Stadt, die im späten 17. Jh. unter Vauban völlig bastioniert wurde. Die an der Place Charles-de-Gaulle gelegene **Kathedrale** überragt mit ihren beiden Westtürmen weit die umgebende Bebauung. Während sie, wie die Westfassade überhaupt, den Flamboyant-Stil des 14./15. Jh. in reiner Weise verkörpern, stammen die unteren Partien der beiden niedrigen Osttürme, die von barocken Hauben bekrönt werden, noch vom romanischen Vorgängerbau. Im Inneren ist der mächtige Bau dreischiffig, mit ausgeschiedener Vierung, Querhaus,

Vorchor und Chor konzipiert. Die Wandgliederung besteht aus den hohen Mittelschiffbögen und den Obergadenfenstern und verzichtet auf eine Triforiumszone. Glasfenster des 13. Jh. finden sich in den östlichen Turmhallen; das große Fenster im Nordarm des Querhauses stammt von 1503. An den Chorflanken haben sich Chorgittertüren erhalten, und daneben steht der steinerne Bischofsthron aus der ersten Hälfte des 13. Jh. (Chaise de Saint Gérard). Die Bauarbeiten des Kreuzganges setzten ebenfalls im 13. Jh. ein und wurden im 14./15. im Stil des *Art Flamboyant* beendet. Wenn der Zugang zum Kreuzgang in der Kathedrale verschlos-

Kathedrale St. Étienne mit Kreuzgang, links ehem. Bischofspalais (Hôtel de Ville)

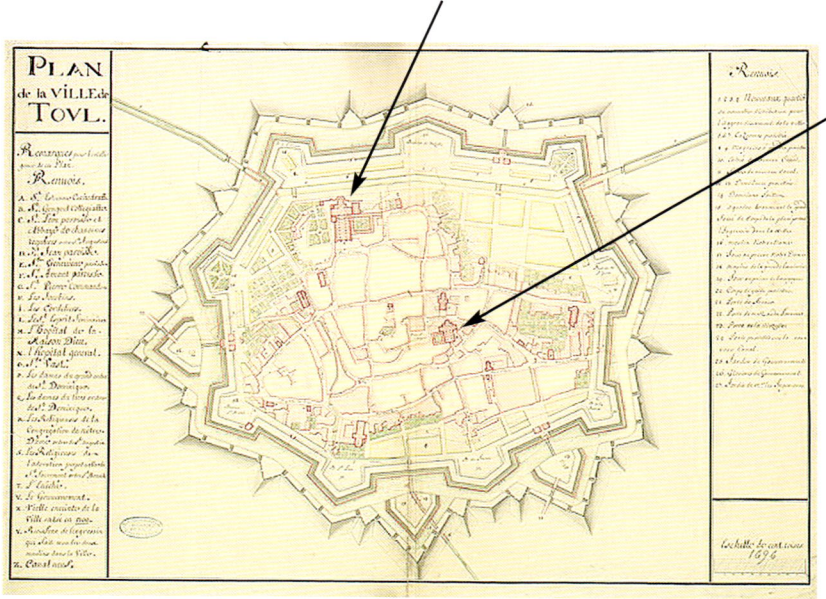

Kirche St. Gengoult mit Kreuzgang

Stadtplan von Toul (1696), Beispiel eines Bastionärsystems à la Vauban; A) Kathedrale St. Étienne, B) St. Gengoult.

Toul, Kathedrale St. Étienne (St. Stefan), (vgl. Abb. S. 30)

Toul, ehem. Bischofspalast, Parkseite (18. Jh., heute Hôtel de Ville)

sade mit ihrem weit vortretenden, überkuppelten Mittelrisalit. Von der *Place Charles-de-Gaulle* gelangt man über die *Rue de Liouville* und die *Rue Michâtel* – Nr. 16 ist ein Renaissancebau von 1550 – sowie die *Rue Dr. Chapuis* zur *Place des 3 Evêchés*. Dort nimmt man die erste Straße rechts und erreicht über die *Rue de Lattre de Tassigny* und die *Rue Carnot* die Stiftskirche **St. Gengoult**, die dicht von Häusern umgeben ist. Der Kirchenbau wurde um 1250 begonnen und im 15. Jh. beendet, ohne die geplante Höhe der beiden Türme erreicht zu haben. Der Erbauungszeit gehören auch die hervorragenden Glasfenster an. Zu bewundern ist der Kreuzgang mit seinem Sterngewölbe im nördlichen Teil von 1513. Der hier wieder ausgezeichnete Flamboyant-Stil leitet zur Renaissance über.

In der Altstadt, vor allem in der Umgebung von St. Gengoult, stößt man auf einige spätgotische Gebäude und etliche Renaissancebauten. In der *Rue du Général Gengoult* sieht man sich unter der Hausnr. 8 dem früheren Hôpital du Saint-Esprit gegenüber, dessen Parterrefassade von einer Dreiergruppe spitzbogiger, gotischer Fenster und dem ebenso gestalteten alten Eingang geprägt wird. In derselben Straße befinden sich als Renaissancebauten das frühere **Hôtel de Pimodan** (Nr. 6) sowie das Haus der Malteserritter (**maison des Chevaliers de Malte**, Hausnr. 30). Von der Rue du Général Gengoult geht man über die *Rue Pont de Vaux* und die *Rue Joly* in die *Rue du Collège*. Dort zeigt sich unter der Hausnr. 21 ein spätgotischer Hauseingang, dessen Sturz von einem Kielbogen und einer einbeschriebenen Kleeblattform geschmückt wird. Gleich in der Nachbarschaft – *Place de Croix-de-Füe* (Nr. 8) – befindet

sen ist, erreicht man ihn durch ein separates Portal an der Südseite (von der Place des Clercs aus).

Neben der Kathedrale liegt der frühere Bischofspalast des 18. Jh. (heute Rathaus), an dessen Bauplan der Architekt *Jean Antoine* mitgewirkt hat. Besonders sehenswert ist die Parkfas-

Toul, St. Gengoult
(St. Gangolf)

nen kleinen Fenstern weist auf dessen untergeordnete Bedeutung als Bleibe für das Personal oder als Lagerräume hin. Das Haus erschließt sich über eine prächtige, zum Hof hin offene Treppe. Deutlicher wird die von mittelalterlichen Bauten bekannte Funktionsgliederung oder Funktionshierarchie – das Parterre gewerblich, die erste Etage privat und das oberste Geschoss als Speicher und für Kammern genutzt – bei einem Haus in der sich an die *Place de Croix-de-Füe* anschließenden *Rue des Tanneurs* (Nr. 17). Eine Fenster- oder Ladentür mit über ihr angebrachter Aufzugsrolle im Giebelbereich ist ein eindeutiges Indiz für die Lagerungsaufgabe eines Speichers. Das Haus Nr. 7 in der benachbarten Rue de la Monnaie, das 1607 bezeichnet ist, zeigt eine ähnliche Fassadengliederung, auch wenn die äußere Speichertür fehlt. Bemerkenswert ist wieder die Höhe der Wohnetage mit den sehr dimensionierten Kreuzstockfenstern. Von der *Rue de la Monnaie* ist leicht der Ausgangspunkt des Rundganges, die Place *Charles-de-Gaulle* mit der Kathedrale und dem ehemaligen Bischofspalais, zu erreichen.

Besuchenswert ist das Museum in Toul (Musée d'Art et d'Histoire; 25, Rue Gouvion-Saint-Cyr), das im weitläufigen Komplex des früheren Hospitals (Maison-Dieu) eingerichtet ist und über 28 Säle verfügt. Der interessanteste dürfte der gewölbte Krankensaal des 13. Jh. sein. Die Sammlung führt von der Ur- und Frühgeschichte bis in die Gegenwart und geht detailliert auf die Regional- und Lokalgeschichte ein. Einen Schwerpunkt bildet eine Kollektion von Tapisserien ab dem 16. Jh.

sich ein besonders bekanntes Renaissancehaus, nämlich das „Apothekerhaus" (**maison de l'Apothicaire**) von 1594. Als Berufssymbol stellt der Sturz des großen Kreuzstockfensters am hohen, mittleren Stockwerk, der eigentlichen Wohnetage, einen Mörser mit einem Stampfer vor. Das sehr niedrige Mezzaningeschoss mit sei-

Toul, Ecke Rue
Joly/21, Rue du
Collège (16. Jh.)

Toul, 17, Rue des
Tanneurs (17. Jh.)

Rundgang durch das mittelalterliche Metz

Ausgangspunkt ist die **gotische Kathedrale**, deren Grundstein 1220 gesetzt wurde. Der Bau vereinigt in sich zwei Kirchen, nämlich den St. Stefans-Dom und die frühere **Kollegiatskirche St. Maria Rotunda**. Sie sind so miteinander verbunden, dass man ihre Nahtstelle außen kaum erkennt. An der südwestlichen Seite des Langhauses, an derjenigen zur **Place d'Armes**, liegt sie zwischen dem jetzigen Haupteingang (Liebfrauenportal) und dem großen Glockenturm (Tour Mutte), der den südöstlichen Endpunkt der eigentlichen Kathedrale bildet. Sein Gegen-

stück, der südwestliche Punkt auf der gegenüberliegenden Seite, ist der niedrigere Kapitelturm mit seinem St.-Stefans-Portal und dem daneben gelegenen nördlichen Zugang zur ehemaligen Marienkirche. Die Sockel beider Portale sind reich mit Draperien und allerlei kleinen menschlichen und tierischen Figuren reliefiert. Das größte der Portale, das sich an der Giebelseite der Kathedrale befindet und sich zur **Place Jean-Paul II**, der früheren *Place de la Cathédrale*, öffnet, wurde ab 1874 völlig neogotisch erneuert. Insofern finden sich dort keine origina-

Metz, Kathedrale St. Étienne (St. Stefan)

liches Gesicht verleihen, indem er den Säulenportikus des späten 18. Jh. beseitigte. Im Inneren der Kathedrale, deren Höhe den Besucher überwältigt, besteht seit dem späten 14. Jh. keine Trennmauer zwischen den beiden unter einem Dach zusammengefassten Kirchen. Neben der Vertikalität ruft vor allem die farbige Transparenz des Kirchenraums, die von den immensen Glasflächen der Fenster resultiert, unser Erstaunen hervor. Der Name „Laterne Gottes", wie auch die Kathedrale genannt wird, ist verständlich. Aus der älteren Zeit sind namentlich drei Glaskünstler bekannt, denen diese Lichte zu verdanken ist. Das Südwestfenster mit Rose aus den beiden letzten Jahrzehnten des 14. Jh. geht auf Hermann von Münster zurück. Der Lothringer Diebolt von Lixheim schuf das 1504 bezeichnete Fenster im westlichen Querhaus und der Straßburger Valentin Busch das im östlichen Querhaus sowie diejenigen im Chor. Aus der jüngeren Zeit stammen Entwürfe von den Künstlern Roger Bissière, Jacques Villon und vor allem von **Marc Chagall**, dessen Fenster aus den Jahren 1960/65 sich im westlichen Querhaus wie im Chorumgang befinden.

len Skulpturen der Erbauungszeit. Dies trifft weitgehend auch auf das Liebfrauenportal zu, das ebenfalls im 19. Jh. erneuert wurde (bis auf einige Partien der beiden obersten Reihen). Es handelte sich um eine Baumaßnahme des damaligen Dombaumeisters *Paul Tornow*. Er wollte der Kathedrale wieder ein einheitliches mittelalter-

Wendet man sich den unterhalb der Kathedrale und etwas moselabwärts gelegenen Straßen zu, so der *Rue des Piques*, so trifft man auf einen mächtigen, mit Zinnen ausgestatteten kubischen Bau, die so genannte Scheune der Antoniter (**Grange des Antonistes**). Die oberen Fensterreihen deuten auf das 13. Jh. hin. Es handelt sich um eines von mehreren Beispielen patrizierhafter Struktur, an denen man die große wirtschaftliche Bedeutung von Metz im Mittelalter ermessen kann. Das bekanntere Gegenstück hierzu ist

der frühere städtische Kornspeicher Chèvremont (**Grenier Chèvremont**), den man von der *Place d'Armes* an der Ostseite der Kathedrale (vorbei am Office de Tourisme) aus erreicht. Dieser Massivbau, der ebenfalls mit Zinnen bewehrt ist, bildet heute einen Teil der **Musées de la Cour d'Or** und ist zumindest teilweise zu besichtigen. Nicht weit davon entfernt liegt an der *Place Jeanne d'Arc* – erreichbar über die *Rue du Haut Poirier* und die *Rue des Trinitaires* – die gotische Kirche **St. Ségolène**, deren Westtürme allerdings in Anlehnung an St. Elisabeth in Marburg um 1895 neogotisch errichtet wurden. Vorbei an dem Trinitaire-Keller mit seinen gotischen Fenstern des 14. Jh. (gegenüber von St. Ségolène) gelangt man wieder in die *Rue des Trinitaires* und damit zu dem frühen Patrizierbau des **Hôtel Saint-Livier**, der eine Verbindung von Wohn- oder Geschlechterturm mit einem wohnliche-

ren Trakt darstellt. Die in das 12. Jh. datierte Anlage darf als bedeutendster mittelalterlicher Privatbau von Metz gelten. In der Nachbarschaft – 1, *Place Sainte Croix* – befindet sich ein nicht ganz so dominierender stadtadeliger Massivbau des 14. Jh., das **Haus de la Bulette**, dessen Zinnenabschluss

Metz, Porte des Allemands (Deutsches Stadttor, 14./15. Jh.)

von erkerartigen Eckwarten begleitet wird. Die Bauten gegenüber zeigen lange Fensterreihen, die im oberen Bereich romanisch und darunter gotisch gestaltet sind. Es folgt in der *Rue de l'Abbé Risse* das **Haus der Lombarden**, das ebenfalls im Kern mittelalterlichen Ursprungs ist und im 17. Jh. einige Umbauten erfahren hat. An der Ecke *Rue des Récollets/Rue de l'Abbé Risse* befindet sich das frühere **Rekollektenkloster** (14. Jh.), dessen schlichter, aber durchaus eleganter Kreuzgang mit hölzerner Decke den Forderungen des Ordens nach einer bescheidenen Lebensführung entspricht. Von dem einstigen Klosterterrain aus geht es in die *Rue d'Enfer* (vom lateinischen „via inferior" = Untere Straße) und in die Straße *En Jurue*, in der die so genannte **Kapelle St. Genest** und die teilweise erhaltene mittelalterliche **Synagoge** (auf der anderen Straßenseite) liegen. Unschwer ist zu erkennen, dass diese „Kapelle" aus der Umwandlung eines Patrizierhauses des 12./13. Jh. entstanden ist. Aufgrund seines Geschlechterturms liegt ein Vergleich mit dem Haus Saint

Metz, Place Saint-Louis (ab 13./14. Jh.)

Livier nahe. Es bietet sich hinter der Vereinigung der Straße *En Jurue* mit der *Rue d'Enfer* ein kurzer Gang in Richtung der Straße *En Fournirue* zum Renaissancehaus der Köpfe (**Maison des Têtes**) an, das von seinem alten Standort (Centre Saint-Jacques) hierhin transloziert worden ist. Die originalen Köpfe befinden sich allerdings teils im Städtischen Museum, teils in den USA (Museum Boston). Der Weg setzt sich von der Straße *En Fournirue* talwärts über die *Place Paraiges* in die *Rue des Allemands* bis zur Kirche **St. Eucaire** fort, deren romanischer Glockenturm der älteste von Metz ist. Das Innere ist ein Raum des 14./15. Jh., dessen Orgelempore mit einer spätgotischen Balustrade ausgezeichnet ist. Derselben Zeit gehört das bekannte Tillet-Portal im Flamboyant-Stil am äußeren rechten Seitenschiff an. Die *Rue des Allemands* endet an der Seille, wo sich das einzige befestigte, mittelalterliche Stadttor erhalten hat – das Deutsche Tor (**Porte des Allemands**). Die zugehörige **Stadtmauer** erstreckt sich von der Seille abwärts in Richtung der Mündung in die Mosel. Folgt man aber der Seille flussaufwärts, gelangt man zur Kirche **St. Maximin** in der *Rue Mazelle*. Die dreischiffige, kreuzförmige Basilika des späten 12. Jh. hat in der Spätgotik ein Rippengewölbe erhalten und besitzt einige von **Jean Cocteau** entworfene Glasfenster. Richtet man sich von St. Maximin wieder stadteinwärts und überquert die *Rue Haute Seille*, so erreicht man die **Place Saint-Louis**, den zentralen Platz des mittelalterlichen Metz, der im 13./14. Jh. zusammen mit der *Rue du Change* angelegt wurde. Die Arkadenbauten zeigen mannigfache verbaute gotische Relikte. Bemerkenswert sind die traufseitigen, manchmal mit Zinnen bewehrten Hausmauern, hinter denen sich die Walmdächer verbergen. Die *Place Saint-Louis* geht in die *Place du Quarteau* und anschließend in die *Rue de la Fontaine* über, an deren Ende sich das ehemalige St. Nikolaus-Hospital (Hôpital Saint-Nicolas; Place Saint-Nicolas) befindet. Unmittelbar in der Nähe liegen als weiterer Bau des mittelalterlichen Stadtpatriziats das Haus Heu (**Hôtel Heu**) in der *Rue de la Fontaine* und die **St. Martins-Kirche** (Place Saint-Martin) – ein gotischer Bau mit neogotischem Turm. Von der Place St–Martin folgt man der *Rue du Coëtlosquet*, überquert die *Place de la République* und wendet sich dem **Arsenal** (jetzt Konzert- und Ausstellungshalle) zu. Dort erhebt sich als älteste Kirche von Metz St. Peter auf der Zitadelle (**Saint-Pierre aux Nonnains**). Aus dem Bau, der auf römischem Grund steht, stammt die berühmte merowingische Chorschranke, die heute zu den Schätzen der *Musées de la Cour d'Or* gehört. Auf diesem Arsenal-Zitadellen-Gelände befindet sich außerdem die in der Form eines Oktogons gebaute **Templerkapelle** aus der Zeit um 1200 (Rue de la Citadelle). Zurück in die Altstadt geht es durch das Gelände der Esplanade und über die *Rue Poncelet* (hinter den Galeries Lafayette). Sehenswert ist in der von ihr abzweigenden Straße *En Nexirue* das auf der linken Straßenseite gelegene so genannte **Hôtel de Gargan** (9, En Nexirue). Es handelt sich wieder um einen mittelalterlichen Adels- oder Patriziersitz mit der charakteristischen Zinnenbewehrung und verschiedenen romanisch wie gotisch gestalteten Fenstern. Von dort erreicht man mühelos den Ausgangspunkt dieses Rundgangs, die Kathedrale.

Metz, Chapelle des Templiers (Templerkapelle, ab 13. Jh.)

Metz, Chapelle des Templiers (Templerkapelle), Ausmalung frühes 20. Jh.

Rundgang durch das neuzeitliche Metz

Für Metz sind zwei bedeutende neuzeitliche Bauperioden zu verzeichnen, die beide eng mit der militärisch-strategischen Lage der Stadt zusammenhängen. Ausdruck der ersten Phase ist die an die Kathedrale grenzende **Place d'Armes**, die 1771 unter der Leitung von **Jacques-François Blondel** angelegt wurde. Bezeichnend für sie ist die einheitliche, nüchterne, frühklassizistische Bebauung. Die gegenüber gelegene *Place Jean-Paul II* (Place de la Cathédrale) mit der Markthalle war im späten 18. Jh. für den Neubau des Bischofspalastes ausersehen, der wegen der Revolution aber nicht über die Grundmauern gedieh. Stattdessen wurde 1823 die **Markthalle** gebaut. Die *Rue d'Estrées* zwischen den beiden Plätzen führt zur **Place de la Chambre**, von der man über eine der Brücken die Moselinsel mit der **Place de la Comédie** erreicht. Entgegen diesem Namen handelt es sich aber nicht nur um die Komödie, sondern um eine dreiteilige, symmetrisch angeordnete Baugruppe von Oper, Theater und ehemaligen Offizierwohnungen

aus den Jahren zwischen 1738 und 1752. Getrennt von einem weiteren Moselarm liegt hinter diesem Komplex die ehemalige Benediktinerkirche St. Vinzenz (**Abbaye Saint-Vincent**; Place Saint-Vincent) – eine dreischiffige Basilika mit eleganten gotischen Seitentürmen. Die imposante dreigeschossige Säulenarchitektur der Fassade wurde 1754/56 dem Kirchenbau vorgeblendet. Zurückgekehrt auf die Moselinsel, gelangt man, vorbei an dem Ensemble von Theater und Oper, zu einem der wichtigen Repräsentanten der zweiten großen Bauphase von Metz, nämlich der kaiserlich-wilhelminischen Zeit nach 1870: dem **Temple Neuf**. Damals wurde die Stadt erneut militarisiert. Zur geistlichen Betreuung der preußischen Soldaten und Beamten wurde 1904 als protestantische Kirche errichtet, der **Temple Neuf** (als Vorbild diente u. a. der Dom zu Speyer). Der Bau beherrscht mit seinem hoch aufragenden Turm über der Vierung und den Flankierungstürmen nicht nur die südwestliche Spitze der Insel, sondern auch die benachbarte Stadtregion. Über die Moselbrücke in Richtung Altstadt zurückgekehrt, folgt man flussaufwärts dem Moselquai und der *Rue de la Garde* bis zur Abzweigung der *Rue Poncelet* mit dem Park der Esplanade, an dessen westlichem Ende sich das **Palais de Justice** befindet. Es wurde als Gouverneurspalast ab 1776 in klassizistischen Formen errichtet, die denjenigen der Bebauung an der *Place d'Armes* entsprechen. Weiter

Metz, Temple Neuf und die Türme von St. Vincent im Hintergrund (1904)

Metz, Hauptbahnhof (1908)

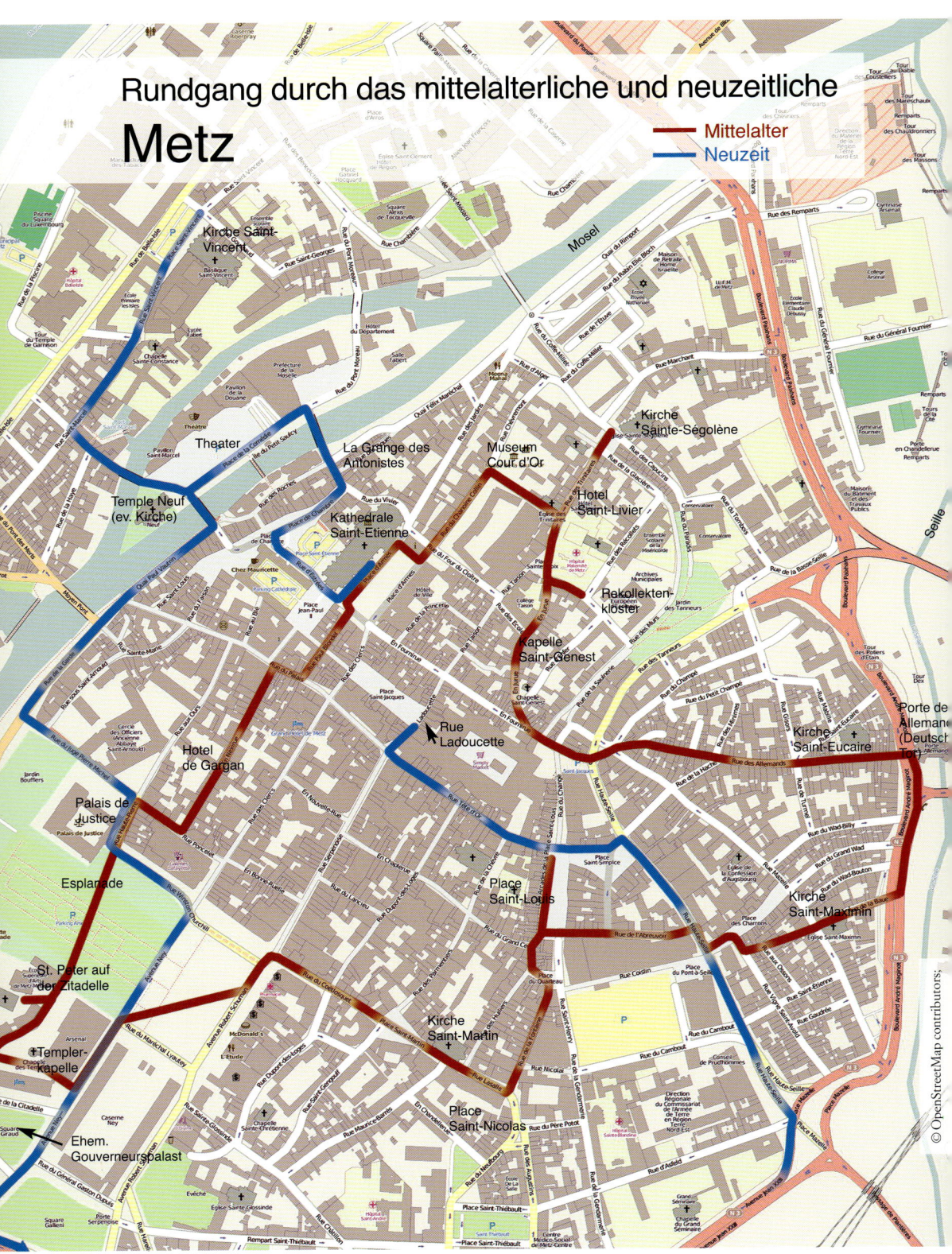

Rundgang durch das mittelalterliche und neuzeitliche

Metz

Mittelalter
Neuzeit

südlich steht der pompöse **Gouverneurspalast** der wilhelminischen Ära, der zwischen 1902 und 1905 entstanden ist. Von hier erschließt sich bis zum wuchtig-massigen **Hauptbahnhof** mit seinem mächtigen Turm (1908) die **Neustadt**. Neben dem Bahnhof ragt ein Wasserturm empor, der tatsächlich den schönen französischen Namen „château d'eau" verdient hat. Die Straßen dieses Viertels säumen vor allem großzügige, villenartige Mehrfamilienhäuser in geschlossener Bebauung. Es lohnt sich, beispielsweise die *Avenue Foch* zu durchwandern und die Reichhaltigkeit der vor allem historistischen Fassaden zu betrachten, an denen sich manchmal auch Jugendstilanklänge finden. Jenseits des Bahndamms liegt das neue **Centre Pompidou**, dessen bewegte Architektur einen Kontrapunkt zum Hauptbahnhof bildet. Befindet man sich wieder in der Altstadt, so sollte man sich der *Place Saint-Jacques* zuwenden. In der angrenzenden *Rue Ladoucette* (Nr. 18) stößt man auf einen Jugendstilbau von 1904, der offensichtlich vom Art Nouveau der École de Nancy inspiriert worden ist (einziges Beispiel in Metz). Dahinter schließt sich das zwischen der *Rue de la Tête d'Or* und der Straße *En Fournirue* gelegene Centre commercial Saint-Jacques an, das 1976 als innerstädtisches Einkaufszentrum in Betrieb genommen wurde und in den folgenden Jahrzehnten einige Umwandlungen erlebt hat.

Metz, Centre Pompidou (2010)

Metz, 18, Rue Ladoucette

Rundgang durch das 1986 von der UNESCO als Weltkulturerbe anerkannte römische Trier

Der Rundgang beginnt an der **Porta Nigra.** Sie stammt aus dem späten 2. Jh. n. Chr. und nahm innerhalb der damals gebauten Stadtmauer die nördliche Position ein. Dieses palastartige Stadttor ist aus ursprünglich hellen Sandsteinquadern errichtet, die im Laufe der Zeit ins Schwärzliche (*niger* = schwarz) nachdunkelten. Die Steinblöcke ruhen in keinem Mörtelbett, sondern sind mittels Eisenklammern miteinander verbunden. Im originalen Zustand handelte es sich um einen verputzten symmetrischen Bau mit zwei gleich hohen

Trier, Porta Nigra, Feldseite (spätes 2. Jh. n. Chr.) mit der Apsis der Doppelkirche St. Simeon (1. Hälfte 12. Jh.)

Türmen. Die Unregelmäßigkeit des Aufrisses geht auf einen Umbau unter Erzbischof Poppo in der ersten Hälfte des 11. Jh. zurück, als das römische Monument in eine Pfarrkirche und in ein Stift umgewandelt wurde – benannt nach St. Simeon, der im Nordturm als Einsiedler gelebt hatte. Das nun als Doppelkirche dienende Bauwerk erhielt einen zusätzlichen Turm und Chöre, von denen der an der Ostseite aus der ersten Hälfte des 12. Jh. mit seinem romanischen Ornament erhalten ist. Die sonstigen mittelalterlichen Bauzutaten wurden

ab 1803 auf Befehl Napoleons abgebrochen, der den ursprünglichen römischen Zustand wieder herstellen lassen wollte. Barocke Verzierungen aus dem mittleren 18. Jh. finden sich noch im Inneren der Porta Nigra. An sie schließen sich westlich die Bauten des ehemaligen St. Simeonstiftes an, dessen Kern aus dem frühen Mittelalter stammt. Ein besonderes Raumerlebnis vermittelt der rechteckige Innenhof mit zweigeschossigem Arkadenumgang. Die früheren Stiftsgebäude beherbergen das **Stadtmuseum Simeonstift**. Hinzuweisen ist auf die beiden dort präsentierten Stadtmodelle, die sehr informativ in die Baugeschichte von Trier einführen. Das eine zeigt den Zustand um 1800, das andere den des im Zweiten Weltkrieg bombardierten Dombereichs. Der damalige hohe Verlust wertvoller Bausubstanz in der gesamten Innenstadt fällt im heutigen Stadtbild kaum mehr auf.

Von der Porta Nigra erreicht man über die *Simeonstraße* – vorbei an dem so genannten **Dreikönigenhaus** aus der Zeit um 1230 auf der linken Straßenseite (Hausnr. 19) – den *Hauptmarkt* und die östlich von ihm abzweigende *Sternstraße*. Sie stößt auf die Doppelkirchenanlage des **Doms** und der Liebfrauenkirche. Als kirchlicher Immunitätsbezirk unterstand dieser heute noch teilweise ummauerte Bering ausschließlich der bischöflichen Rechtsprechung und war bis zur Französischen Revolution aufgrund seines Charakters als eigene Welt dem städtisch-bürgerlichen Geschehen entzogen. Die Geschichte des Doms verbindet sich mit dem Mythos einer Schenkung oder Stiftung durch die Kaiserin Helena, der Mutter Konstantins. Grabungen haben bestätigt, dass damals an dieser Stelle ein kaiserli-

cher Palast stand. Abgestürzte, ehemals kassetierte Deckengemälde dieses Vorgängerbaues, die unter der Domvierung während einer Grabung gefunden wurden, und die sich, obschon in kleinste Teile zerbrochen, wieder zusammensetzen ließen, weisen auf die Gründungszeit dieser Anlage des frühen vierten nachchristlichen Jh. hin (S. 153). Die Gemälde – Porträts und Erotenszenen – befinden sich im **Bischöflichen Dom- und Diözesanmuseum** nördlich des Doms (Windstr. 6–8). Die Mauerpartie dieser Domseite ist als „opus mixtum" römischen Ursprungs, wie es der Wechsel von Bruchstein- und Ziegelsteinreihen zeigt. Im Hinblick auf die römische Zeit ist im Inneren des Doms der so genannte Quadratbau von Interesse, der im vierten Jh. – zur Zeit von Kaiser Gratian – entstanden ist und dessen ehemalige Außenmauern in einer Höhe von bis zu 25 m in der westlichen Partie des Doms – in dem Bereich vor dem Westchor – erhalten sind. Von diesem Bau, der im 5. Jh. bei einem der fränkischen Einfälle weitgehend zerstört wurde, zeugen ein granitener Säulenrest neben dem südwestlichen Domportal am Domfreihof sowie Säulentrümmer

Trier, Porta Nigra, barocker Innenausbau

Trier, Dom, Liebfrauenkirche, Domfreihof, Hauptmarkt mit St. Gangolf

Trier, Dom, Liebfrauenkirche, Domfreihof und die Basilika am oberen Rand

im Kreuzgang. Das Fragment am Domeingang – *der Domstein* – bietet aufgrund seiner sagenhaften Erscheinung im trierischen Sprachschatz den Hintergrund für abenteuerliche Erzählungen. Die Instandsetzung des Quadratbaues erfolgte im 6. Jh. Für diese Zeit sprechen einige Kapitelle römischer Herkunft, die offenbar von nicht mehr erhaltenen Bauten stammen und als Spolien manchen Wandpfeiler des Doms schmücken. Die nächste Bauperiode, die der Westfront der Kirche ihr unverwechselbares romanisches Aussehen gab, ist mit dem Namen des Erzbischofs Egbert verknüpft. Er sah sich nach einer Verwüstung durch die Normannen, 882, zu einem Neuanfang gezwungen.

An der Ecke Liebfrauenstraße/Domfreihof befindet sich unmittelbar gegenüber der Liebfrauenkirche die 2003 eröffnete **Dominformation mit Besucherzentrum**. Bei den Bauarbeiten traten tief unter dem heutigen Bodenniveau Fundamente und andere bauliche Reste zutage, die zur ersten Gebets- und Versammlungsstätte der christlichen Gemeinde von Trier gehören. Die ältesten Teile reichen bis in die zweite Hälfte des 3. Jh. zurück und gelten damit als früheste Zeugnisse des Kirchenbaues nördlich der Alpen. Die Ausgrabungen sind zugänglich.

Das nächste römische Baudenkmal ist die so genannte **Basilika**, die man vom Dom aus über die *Liebfrauenstraße* erreicht. Aus dieser nördlichen Perspektive hat man den Bau, der als Solitär in beeindruckender Weise die Umgebung überragt, in seiner ganzen Monumentalität vor Augen. Je weiter man sich ihm nähert, umso deutlicher wird indes seine Zugehörigkeit zu einem großen Ensemble – dem des **Kurfürst-**

lichen Schlosses oder Palais, wie es in Trier heißt. Über lange Zeit, das heißt bis zur Französischen Revolution, galten beide Bauten als eine Einheit. Die Basilika bildete den westlichen Flügel der sich um einen Innenhof gruppierenden Schlossanlage, die auf einen mittelalterlichen Vorgängerbau mit bewusster Anlehnung an den Römerbau zurückgeht. Erst in der preußischen Zeit des Rheinlandes, im mittleren 19. Jh., erhielt die einstige römische Palastaula aus den Jahren um 305 ihre Selbständigkeit zurück und wurde in eine evangelische Kirche umgewandelt. Das äußere Erscheinungsbild wird von dem rötlichen Ziegelmauerwerk bestimmt, das ursprünglich verputzt war. Imponierend stellt sich die klare Fassadengliederung mit ihren hohen, in Blendarkaden zusammengefassten, halbrund abgeschlossenen Fenstern dar. Überwältigend ist das riesige, von keiner Säule oder keinem Pfeiler unterbrochene Innere, das mit seiner Länge von 67 m, einer Breite von 28 m und

Trier, Bischöfliches Dom- und Diözesanmuseum, Mosaikfragment aus dem sog. Quadratbau des Domes, spätes 4. Jh. n. Chr.

Trier, Dom, römisches Kapitell im sog. Quadratbau, südliches Langhaus

einer Höhe von 30 m ein einzigartiges Raumerlebnis darstellt. Die offensichtlich jüngere Konstruktion der frei hängenden, kassetierten Decke wurde nach Befund in der Wiederaufbauzeit nach dem Zweiten Weltkrieg eingezogen, der auch diesen Bau heimgesucht hatte. Seine danach betont herausgestellte Schlichtheit entspricht dem protestantischen Verständnis von Kirchen, geht aber nicht mit der einst üppigen römischen Raumausstattung konform. Der Fußboden war mit Marmorplatten ausgelegt, und die Mauern waren teilweise ebenso bekleidet. Zudem ist zu berücksichtigen, dass die Basilika ursprünglich kein Einzelbau war, sondern in einem größeren Zusammenhang stand.

Der konstantinischen Ära gehören zumindest in ihrer ersten Phase auch die **Kaiserthermen** an, zu denen man zu Fuß von der Basilika aus entweder durch den sehenswerten, barock angelegten Palastgarten südlich des Schlosses oder über den *Alleering*, vorbei am **Rheinischen Landesmuseum** (Weimarer Allee 1), gelangt. Auf beiden Wegen kann man sich an der mittelalterlichen Stadtmauer orientieren, welche die Kaiserthermen in ihren Bering einbezieht. Dort wendet sich die Mauer weiter nach Westen in Richtung Mosel. Der höchste aufragende und am besten erhaltene Teil dieser auf den ersten Blick verwirrenden Ruinenlandschaft ist das von Apsiden gesäumte, so genannte Caldarium (Warmwasserbad), das unmittelbar an die Ostallee stößt. Ursprünglich erstreckte sich die gesamte Anlage, die völlig symmetrisch ausgerichtet war, 250 m in die Länge und 145 m in die Breite. Sie enthielt, beidseitig einer Hauptachse, die verschiedenen Bade- und Ruheräume und den von Säulengängen umgebenen Gymnastikplatz, der das Zentrum des Ganzen bildete. Ein aufwendiges und ausgeklügeltes Heizsystem sorgte für die gewünschten Temperaturen. Technisch ausgefeilt waren auch die Wasserversorgung und die Ableitung der Abwässer. Der Wasserbedarf, nicht nur derjenige der Thermen, sondern weitgehend auch der allgemein trierische, wurde

Trier, Bischöfliches Dom- und Diözesanmuseum, konstantinische Deckenmalerei aus dem Dom, Putten und nimbierte Dame mit Doppelflöte

durch eine Leitung gedeckt, die den natürlichen Verlauf des Hunsrück-Gewässers Ruwer nutzte und das Wasser über einen Aquädukt bis in die Stadt und zu den Badeanlagen führte. Bei den archäologischen Grabungen wurden zwei Bauzustände der Kaiserthermen festgestellt, ein älterer des späten 3. Jh. und ein jüngerer aus der zweiten Hälfte des 4. Jh. Das ältere Konzept wurde wegen veränderter politischer Voraussetzungen nicht fertig gestellt. Die folgende Planänderung sah vermutlich eine Umwandlung der Anlage in ein Kaiserforum vor. Eines der berühmten römischen Mosaiken aus den Kaiserthermen befindet sich im Rheinischen Landesmuseum Trier. Dieses Kunstwerk stellt in seiner Mitte eine Quadriga dar. Südöstlich der Thermen liegt, einbezogen in das weite Oval der römischen Stadtmauer und außerhalb des reduzierten mittelalterlichen Berings, das einstige, um 100 n. Chr. errichtete **Amphitheater**. Es ist in den Hang des Petersberges eingebaut, auf dem sich in der frühen römischen Zeit ein Militärlager befand. Talseitig, Richtung Westen, musste das Gelände für das ellipsenförmige Theater aufgeschüttet werden, um die gewünschte Höhe der Ränge zu erhalten. Gut nachvollziehbar ist die ursprüngliche Situation der unterkellerten Arena mit ihren Zugängen zu den Käfigen der für den Kampf vorgesehenen wilden Tiere. Anfang des 5. Jh. diente der Bau der verbliebenen römischen Bevölkerung noch als eine Fluchtburg gegenüber den in Trier eingedrungenen Vandalen. Im Mittelalter wurde das Theater als Steinbruch ausgeschlachtet und wandelte sich danach zu einem landwirtschaftlich genutzten Areal.

Die in Moselnähe, unweit der Römerbrücke gelegenen **Barbarathermen** wurden in der Mitte des 2. Jh. erbaut

Trier, Basilika (im Kern um 305 n. Chr.)

Trier, Kurfürstliches Palais und Basilika

und sind damit älter als die Kaiserthermen, denen sie an ursprünglicher Größe nicht nachstehen. Auch hier handelte es sich um eine vielgliedrige Anlage mit prächtigen, monumentalen Fassaden, deren Ruinen noch bis 1611 bestanden. Das Steinmaterial wurde zugunsten des Neubaues des Jesuitenkollegs ausgebrochen. Weitere Bauteile der römischen Anlage wurden 1673 gesprengt, als die Stadt im Zuge einer französischen Besetzung gegen kaiserliche Belagerer zur Festung ausgebaut werden sollte.

Trier, Kaiserthermen
(4. Jh. n. Chr.)

Die **Römerbrücke**, in der Nähe der Barbarathermen, macht die überregionale Bedeutung Triers im Straßennetz der Provinz Gallia Belgica bewusst. Die ausschlaggebenden Überlegungen für eine solche Flussüberquerung waren staatlich-strategischer Natur. Es ging um die Anbindung in Richtung Norden, nach Köln hin. Das Baudatum der ersten Brücke, einer hölzernen Pfahljochkonstruktion, fällt in das Jahr 17 v. Chr. und damit in die Zeit von Kaiser Augustus. Dieser Moselübergang wurde gut ein halbes Jh. später,

Trier, Gelände der Kaiserthermen

Trier, Kaiser-thermen, römische Mauertechnik

anno 45 n. Chr., durch eine Anlage mit steinernen Pfeilern und hölzernen Auflagen ersetzt. Im nächsten Jh. folgte zwischen 144 und 152 wiederum eine Kombination von Massiv- und Holzbau. Die Einwölbung der Abstände zwischen den Pfeilern wurde unter Erzbischof Balduin im fünften Jahrzehnt des 14. Jh. durchgeführt. Von Zerstörungen und Änderungen blieb das Bauwerk auch in den nächsten Jahrhunderten nicht verschont. Im Prinzip handelt es sich aber bis heute um das spätrömische und mittelalterliche Konzept.

Von der Römerbrücke erreicht man in Richtung Zentrum als dritte römische Bäderanlage die **Viehmarktthermen**, die zwischen 1987 und 1994 ausgegraben wurden. Der Weg führt über die *Karl-Marx-Straße*, die *Jüdemerstraße* und die *Antoniusstraße* zu dem qualitativen städtebaulichen Kriterien kaum genügenden Viehmarkt. Vom Platz aus hat man einen tiefen Einblick in die Thermen, die von einem immensen, von dem Architekten *Oswald Mathias Ungers* entworfenen Stahl-Glas-Bau geschützt werden.

Will man die Vielfalt des römischen Lebens in der Provinz Gallica und in der Hauptstadt Augusta Treverorum im Detail kennen lernen, ist ein Besuch der beiden erwähnten Trierer Museen unumgänglich: **Rheinisches Landesmuseum** (Weimarer Allee 1) und **Bischöfliches Dom- und Diözesanmuseum** (Windstr. 6).

Trier, Kornmarkt, Therme; Heizeinrichtung des Praefurniums (3./4. Jh. n. Chr.)

Trier, Rheinisches Landesmuseum, Fröhlicher Steuermann, um 200 n. Chr., Fund aus Neumagen

Trier, Römerbrücke mit Doppelkreuz von 1718

Rundgang durch das romanische Trier

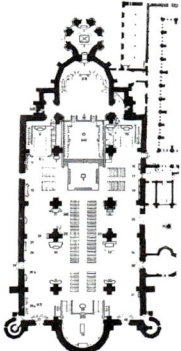

Trier, Grundriss des Domes

Wichtige einzele Ziele einer romanischen Erkundung Triers sind der mittelalterliche Ausbau **der Porta Nigra** als Doppelkirche, der **Hauptmarkt** mit dem **Marktkreuz**, der **Frankenturm** in der benachbarten **Dietrichstraße**, das **Dreikönigenhaus** in der **Simeonstraße** und selbstverständlich der **Dom** während des 11. bis mittleren 13. Jh., als er eingewölbt wurde. Darüber hinaus empfehlen sich zwei Rundgänge spezieller Art, nämlich ein Streifzug durch die frühere Domim-

munität und die Besichtigung einiger Kelleranlagen.

Domimmunität: Nach der Erstürmung Triers durch die Normannen (882) bot die übrig gebliebene römische Stadtmauer für die flächenmäßig geschrumpfte Stadt keine Verteidigungsfunktion mehr. Auf diese Notlage geht der ab dem 10. Jh. realisierte Plan zurück, den Dombereich mit einer Mauer („Helenenmauer") und einem Wall zu schützen. Dieser Bering – die Domfreiheit mit ihrem eigenen Status – entwickelte sich zu einer Art Stadt in der Stadt. Im Mittelalter richteten hier die Domherren ihre Domkurien als Wohnsitze ein, und im 17./18. Jh. unterhielt der kurtrierische Adel in diesem Bereich seine umfangreichen Hofhaltungen. Die Palais Kesselstatt (Liebfrauenstr. 9) und Walderdorff (Domfreihof 1) veranschaulichen diese Großzügigkeit noch heute. Die anderen Anlagen schirmen sich dagegen in der Regel mit hohen Mauern vom Straßenverkehr ab und bilden mit ihren manchmal barock ausgestatteten Häusern, ihren Höfen und Gärten besondere Refugien.

Der kleine Rundgang beginnt an dem barocken Bau Ecke *Hauptmarkt/Sternstraße*. Das ist die alte Grenze zwischen der Immunität und der bürgerlichen Stadt, und dies war zugleich der Standort der kurtrierischen Wache. Über die Sternstraße und in Richtung Dom erreicht man als ersten Gebäudekomplex auf dem *Domfreihof* (links) das Palais Walderdorff und die ehemalige Props-

Trier, Dom, Westfassade (11. Jh.; Erhöhung des Südwestturms frühes 16. Jh.)

tei, in deren Innenhof sich der Regierungsturm oder Heidenturm befindet. Er gehörte zur Kurie Jerusalem und sicherte als Wohnturm diesen Bereich der Immunitätsmauer. Die Fassade des Gebäudes wirkt aufgrund ihrer großen, rechteckigen Fenster auf den ersten Blick wie eine Anlage des 19. Jh. Im freigelegten kleinteiligen Mauerwerk mit Ziegelsteindurchschuss entdeckt man außer kleinen Plattenfenstern und Okuli romanischer Art unschwer alte Ansätze von Fensterbögen. Auf dem Domfreihof (Nr. 2) stößt man des Weiteren auf die so genannte „Geel Bux", ein frühklassizistischer Torbau, der sich zum Gelände der früheren Philippskurie öffnet. Ihr großes, barock gestaltetes Wohnhaus steht über einem mittelalterlichen Keller. Es folgt als ein kleiner barocker Eckbau *Domfreihof* Nr. 3, der unmittelbar an die Gasse *Sieh um Dich* anschließt. Dieses schmale Sträßchen, das schluchtartig von sehr hohen Mauern der umliegenden Kurien gesäumt wird, verbindet den Domfreihof mit der *Glockenstraße*. *Sieh um Dich* Nr. 2 geht in die *Flanderstraße* über und bildet die nördliche Begrenzung der Immunität. Die Wehrhaftigkeit dieser lokalen Situation bezeugt ein halbrund vorspringender Turm, an den sich nach einem kurzen Mauerstück die Kapelle der Kurie „Zur großen Eiche" („Schmittburg") anschließt. Der kleine sakrale Bau, dessen mit Lisenen und Rundbogenfries gegliederte Längsseite im Mauerverlauf liegt, ist 1199 datiert. Der *Flanderstraße* im Halbrund vorbei an der Abzweigung zur *Deworastraße* folgend, gelangt man in die *Windstraße*, die parallel zur nördlichen Dommauer verläuft und an der das Bischöfliche Dom- und Diözesanmuseum liegt. Unterhalb von ihm biegt eine Sackgasse zur Kurie Rollingen ab, deren Haupthaus mit barocker wie klassizistischer Ausstattung auf einen Bau des

Trier, Dreikönigenhaus, Simeonstr. 19, (um 1230)

Trier, Porta Nigra mit der Apsis der Doppelkirche St. Simeon (1. Hälfte 12. Jh.)

Trier, Porta Nigra, Kapitell in der Apsis der Doppelkirche St. Simeon, erstes Obergeschoss (1. Hälfte 12. Jh.)

Trier, Dom, Portal in Richtung Liebfrauenkirche (um 1200)

11./12. Jh. zurückgeht. Dazu gehört eine ebenfalls barockisierte, im Kern frühromanische Kapelle. Im Keller der früheren Kurie Dewora, *Windstraße* Nr. 4 (neben dem Museum), steckt noch der Rest eines Turmhauses des 11./12. Jh., des so genannten Gefängnisturms. An die *Windstraße* schließt sich gegenüber dem Dommuseum die Straße *Hinter dem Dom* an. Dort stößt man unter der Hausnr. 6 auf einen viergeschossigen, mit drei Fensterachsen klar gegliederten, steinsichtigen Bau, der unter dem Namen Konvikturm (heute Generalvikariat) bekannt ist. Es handelt sich um den ehemaligen Von-der-Leyenschen Hof, in dessen Umfassungsmauern sich unter anderem romanische Fenster erhalten haben. In dem benachbarten Antoniushaus sind mehrere romanische Spolien verbaut. *Hinter dem Dom* geht in die *Banthusstraße* über, in der sich die Banthuskurie befand. Von ihr existiert eine

Kapelle, die im Kern auf das 13. Jh. zurückgeht, im 18. Jh. allerdings recht umfassend umgestaltet wurde und sich jetzt in dem renovierten Zustand aus den Jahren nach dem Zweiten Weltkrieg zeigt. Von dort gelangt man zur *Mustorstraße* und weiter rechts *An der Meerkatze*, die nach einem Knick in die *Liebfrauenstraße* führt. Der sie überspannende Bogen aus dem Jahre 1909 markiert den erneuten Zugang zur Domimmunität. Auf der östlichen Straßenseite lag die Bischofspfalz, die topographisch mit dem heutigen Bischofshof (Liebfrauenstr. 1) identisch ist. Bedeutende Gliederungen der älteren Anlage, etwa eine Säulenfolge mit romanischen Kapitellen, finden sich im Keller des barocken Nachfolgebaues. Wieder an der Liebfrauenkirche und am Dom angekommen, endet dieser Rundgang durch die einstige Domimmunität. Es empfiehlt sich noch ein Besuch der **Domschatzkammer**, die einige kunsthistorisch besonders wertvolle Objekte ottonischer Goldschmiedekunst hütet, wie den Andreas-Tragaltar (Egbert-Schrein) das Reliquiar des hl. Nagels oder das Gozbert-Rauchfass.

Trier, Keller der Vereinigten Hospitien, zum Teil römisch

Trier, Simeonstr. 46/47, Keller des 13./14. Jh.

Kelleranlagen: Nicht nur unter etlichen Gebäuden des Immunitätsbezirks, sondern im gesamten historischen Stadtgebiet befinden sich mittelalterliche Keller, deren Alter sich allerdings nicht ohne weiteres bestimmen lassen. Klassifizierungen wie „romanisch", „gotisch" oder „barock" greifen hier wenig, weil die unterirdischen Gewölbe kaum mit Hilfe stilistischer Kriterien erschließbar sind. Diese entweder tonnen- oder kreuzgratgewölbten unterirdischen Anlagen sind beeindruckende bauliche Zeugnisse für den Weinbau in Trier und Umgebung sowie für den Weinhandel. Für den Transport der Fässer per Schiff benötigte man auch Kräne, von denen zwei drehbare (von 1413 und 1774) am Johanniterufer der Mosel stehen. Sie sind heute Dokumente der Wirtschafts- und Sozialgeschichte.

Manche der mittelalterlichen Keller sind zu besichtigen, wie dies ohne weiteres für die gastronomisch genutzten zutrifft. Unter einem Kaufhaus in der Simeonstraße (Nr. 46) besteht beispielsweise eine solche Gelegenheit. Die Anlage, die aus einer kreuzgratgewölbten Pfeilerhalle besteht und schätzungsweise aus dem 13./14. Jh. stammt, wurde einst, laut Lokaltradition, als Lager für Wollballen, später als Weinkeller genutzt. Erstaunlich ist das Raumvolumen. Weitere zugängliche Keller finden sich etwa unter dem Haus Hauptmarkt 5 (Restaurant *Zum Domstein*) oder unter den genannten *Palais Walderdorff* (Domfreihof) und *Kesselstatt*. Besonders beachtliche Dimensionen weist dieser tonnengewölbte Unterbau (Liebfrauenstr. 9) auf, der sich auch unter dem Innenhof und bis unter die Straße erstreckt. Besichtigenswert sind die Kellerräume der *Vereinigten Hospitien* (Krahnenufer 19), die in der napoleonischen Zeit (1804) als Zusammenschluss des ehemaligen kirchlichen Weingutsbesitzes begründet wurden. Die weitläufigen Keller befinden sich auf dem Gelände des früheren *Klosters St. Irminen* und beziehen die verbliebenen Gemäuer der römischen Getreidespeicher, die Horrea, ein (Besichtigung bei einer Weinprobe möglich). Häufig fällt die verwinkelte oder verschachtelte Anlage der Keller auf, die als ältere Bauten oft nicht mit den Maßen der jüngeren Gebäude darüber korrespondieren. Eine genaue Auskunft über diese Verhältnisse könnte nur ein Kellerkataster geben.

Vom Profanen nochmals zum Sakralen: Baulich gesehen sind Keller und **Krypten** ähnliche Erscheinungen. Beide befinden sich unter dem Fußbodenniveau, und bei beiden handelt es sich um eingewölbte Räume, die häufig von Säulen oder Pfeilern unterteilt werden. Nicht nur der Trierer Dom besitzt als weitgehend romanisch geprägter Bau Krypten, sondern sie finden sich auch unter anderen Kirchen der Stadt. Unter dem Chor von St. Paulin ist die Krypta ihres Vorgängerbaues aus dem 12. Jh. erhalten. Sie ist dreischiffig und vierjochig angelegt, und ihr Kreuzgratgewölbe wird von Pfeilern getragen. Die Krypten von St. Maximin sind nicht mehr erhalten. Archäologisch wurden unter anderem aus ihren Resten bestehende spätkarolingische Malereifragmente mit christlichen Szenen gesichert – im Dommuseum zu sehen. Auch unter St. Matthias liegt eine Krypta, die in ihrer heutigen Form indes dem frühen 16. Jh. angehört. Sie stellt die Verlängerung einer älteren Anlage des 10. Jh. dar, die im 19. Jh. abgebrochen wurde.

Trier, Benediktinerabtei St. Matthias; Krypta (16. Jh.)

Rundgang durch das gotische Trier

Trier, Hauptmarkt, Kaminanfänger der Steipe

Trier, Hauptmarkt, Marktkreuz (958), die Steipe (um 1430) und eines der beiden Renaissance-Häuser (1697)

Dieser Rundgang schließt sich an den durch das romanische Trier an und verknüpft sich mit ihm. Ausgangspunkt ist der *Hauptmarkt* mit der **Steipe**, dem spätmittelalterlichen Bau, der als das historische Rathaus der Stadt gilt (Eckhaus, Hauptmarkt 14). Das Gebäude wurde im Zweiten Weltkrieg (1944) mit den Nachbarhäusern vollständig zerstört und ist in den sechziger Jahren des vergangenen Jh. (1968–1970) in rein spätgotischer Gestalt wieder entstanden. Besondere Beachtung verdient der außen vortretende Kamin mit seiner Maßwerkverzierung an der Vorkragung. Schräg gegenüber der Steipe gewährt ein schmaler Durchgang mit

einem prächtigen, hervorquellenden barocken Portal den Zugang zur Bürgerkirche **St. Gangolf**, deren gotische Gestalt auf das 15. Jh. hinweist. Anfang des 16. Jh. wurde der mächtige Glockenturm aufgestockt, der die südliche Silhouette des Hauptmarkts beherrscht. Mit dieser Kirche identifiziert sich – ebenso wie mit der Steipe – das „bürgerliche" Trier im Gegensatz zum bischöflichen, das man über die *Sternstraße* in Richtung der ehemaligen Domimmunität mit der Bischofskirche und der Liebfrauenkirche erreicht. In der *Sternstraße* sollte man einen Blick auf das Fachwerkhaus (Nr. 3) werfen, das mit der Datierung 1475 das bisher älteste Holzhaus in Trier ist. Die Westfront des **Doms** ist aufgrund der Erhöhung des Südwestturms um ein Geschoss im ersten Drittel des 16. Jh. zwar etwas aus der symmetrischen Balance geraten, was dem Gesamteindruck aber nicht schadet. Das Westportal der *Liebfrauenkirche* mit seinen rekonstruierten Skulpturen macht die Verbindung mit der französischen Kathedralarchitektur (Reims und Chartres) offensichtlich. Der Charakter als Zentralbau wird in der Vierung besonders deutlich. Von großem Reiz ist der florale Schmuck der Kapitelle. Weiteren vegetabilen Dekor zeigen die Archivolten des Nordportals, durch das man den Dom erreicht. Die Einwölbung des Doms erfolgte in der ersten Hälfte des 13. Jh. An seiner Südseite befindet sich ein Portal zum Kreuzgang, in dessen Nordwestecke eine zierlich komponierte Totenleuchte postiert ist. Neben ihr befindet sich leicht erhöht die so genannte Malberg-Madonna. Sie wird dem niederländischen Bildhauer **Nikolaus Gerhaert von Leyden** (gest. 1473) zugeschrieben und bezaubert aufgrund ihrer Natürlichkeit. Bei einem Weg durch den Kreuzgang bietet sich die Gelegenheit, die östlichen Flankierungstürme des Doms in Augenschein zu nehmen, die in der ersten Hälfte des 14. Jh. erhöht wurden. Die den Kreuzgang säumenden Bauten des Domkapitels vermitteln einen guten Eindruck eines recht heterogenen Baugeschehens, das sich über das ganze Mittelalter erstreckte. Zurück durch den Dom, über den Domfreihof, die Sternstraße und links den Hauptmarkt passierend, geht es in die Palaststraße, in der sich rechts ein Bau befindet, der einen spätmittelalterlichen Kern besitzt (Nr. 12) und noch einen Teil seiner alten Kaminführung zeigt, Allerdings ist das Haus stark historistisch überformt worden. Die *Palaststraße* mündet in das Sträßchen *Am Breitenstein*, das seinerseits auf die *Konstantinstraße* stößt. Ihr folgt man in Richtung Basilika bis zur *Weberbachstraße*, um gleich rechts in die *Jesuitenstraße* abzubiegen. An ihrem Ende liegt das *Jesuitenkolleg*, deren Kirche als Niederlassung der Franziskanerminoriten um 1230/40 gegründet und 1570 von den Jesuiten übernommen wurde. Das Westportal, dessen Wimperg in ein großes Maßwerkfenster überleitet und das von Fialen begleitet wird, stammt aus dem frühen 15. Jh. Im Kolleggebäude befindet sich unter anderem das Bischöfliche Priesterseminar, dessen Bibliothek durch den Eingang am linken Treppenturm zu erreichen ist. Sehenswert ist der zweischiffige Lesesaal, der nach Vorarbeiten um 1615 im Jahr 1733 sei-

Trier, Hauptmarkt, Steipe mit „Rotem Haus" (1684)

Trier, St. Gangolf (Westturm, 14. Jh. und um 1500)

*Trier, Liebfrauen-
kirche, Nordwest-
seite (13. Jh.)*

*Trier, Liebfrauen-
kirche, Vierungs-
turm*

ne barocke Ausstattung mit imposanter barocker Stuckdecke erhielt. Unter dem letzten Kurfürsten, Clemens Wenzeslaus, wurde der Jesuitenorden im Kurtrierischen aufgehoben (1773). Die Kolleggebäude kamen in den Besitz der 1473 gegründeten Trierer Universität, die in der napoleonischen Zeit (1798) aufgelöst und 1970 neu ins Leben gerufen wurde.

Die Jesuitenstraße endet an der *Brotstraße*, der man ein kurzes Stück links folgt. Rechts zweigt die *Fahrstraße* ab, die zum *Viehmarkt* führt. An seinem Ende liegt die zwischen 1458 und 1514 errichtete spätgotische Pfarrkirche *St. Antonius*. Ihr Langhaus wird von einem Netzrippengewölbe überspannt. Von der Kirche aus wendet man sich über die *Stresemannstraße* der *Johannisstraße* zu, die ab einer sternförmigen Kreuzung unter anderem mit der *Fleisch-* und *Brückenstraße* in Richtung Mosel führt. Die Eckposition *Brückenstraße/Johannisstraße* nimmt das *Haus Venedig* ein – ein prächtiger Bau des mittleren 17. Jh. Vorbei an spätklassizistischen und historistischen Bauten gelangt man in die *Krahnenstraße*, deren Name auf die Verbindung mit dem Moselkran in diesem ehemaligen Fischer- und Schifferviertel hinweist. Es war in den ersten Jahrzehnten nach dem Zweiten Weltkrieg in einem derartig desolaten Zustand, dass einige Bauten abgerissen und anschließend rekonstruiert wurden. Transloziert wurde hierhin das aus dem Bereich des Irminenfreihofs stammende Haus Britannien, Nr. 18, das dendrochronologisch 1337 datiert ist. Ein besonderes Augenmerk verdient Nr. 30/31, dessen Vorderhaus Fenstergewände spätgotischen Dekors aufweist, die leicht zu Datierungsirritationen führen. Trier besitzt eine Reihe solcher Bauten, die in der Regel dem ersten Drittel des 16. Jh. angehören. Zu beachten ist auch der fratzenartige Kopf über dem Hauseingang von Nr. 30/31. Daneben befindet sich der Kellerzugang, über dem ein halb ausgehöhlter Stein eingelassen ist. Die Schröter – die für den Fasstransport zuständige Handwerkergruppe – stemmten in diese Aussparung den so genannten Schrotbaum, an dem Ketten befestigt waren. Mit ihrer Hilfe wurden auch die vollen Weinfässer aus dem Keller gezogen. In der Verlängerung der Krahnenstraße, die jetzt vom Moselufer durch einen Hochwasserschutzdamm und die Bundesstraße 49 abgeschnitten ist, steht der ältere der beiden Trierer Kräne. Der im Kern spätmittelalterliche Bau, der mehrfach erneuert worden ist, ist mit einem Tretrad ausgestattet und verfügt über ein

Trier, Liebfrauenkirche, Westportal mit rekonstruierten Skulpturen; die Originale im Bischöflichen Dom- und Diözesanmuseum Trier und im Bode-Museum/ Berlin (um 1240)

drehbares Kegeldach. Ganz ähnlich konstruiert ist der jüngere Moselkran von 1774.

Vom älteren Kran führt der Weg ein Stück moselabwärts und wendet sich ab der Höhe Irminenfreihof/ehemaliges Katharinenkloster wieder der Innenstadt zu. Gegenüber diesem früheren Kloster – Kreuzung *Böhmerstraße/Kalenfelsstraße* – befand sich einst der Echternacher Hof. Das Areal

Trier, Dom und Liebfrauenkirche mit Kreuzgang und sog. Weihbischofskapelle

Trier, Dom, Südostpartie mit Kreuzgang und Heiltumskapelle des frühen 18. Jh.

Trier, Kirche des ehem. Jesuitenkollegs, westliches Portal, letztes Drittel des 13. Jh.

Trier, Krahnenstr. 30/31 (Mitte 16. Jh.)

wird von einer hohen Mauer umfasst, in die etliche spätmittelalterlich-frühneuzeitliche Fenster- und Türgewände eingelassen sind. Beinahe wie in einer Glyptothek kann man manche Phasen des trierischen Steinmetzgewerbes und der Fassadengestaltung studieren. Die *Kalenfelsstraße* geht in die *Dietrichstraße* über, die kurz hinter dem Frankenturm in den Hauptmarkt mündet. Auf seiner linken Seite – in dem Geviert zwischen *Jakob-, Stock-* und *Simeonstraße* – öffnet sich unter der dortigen Fachwerkgruppe (Hauptmarkt 22, 23) ein Bogen zur *Judengasse*, die bereits 1235 als Judenviertel bezeichnet wurde. Es war, wie sich an der Pforte zum Hauptmarkt feststellen lässt, ein verschließbares Ghetto. Einige Fenster der schmalen Häuser zeigen spätgotische Konturen. Zurück auf dem Hauptmarkt, empfiehlt sich ein kurzer Weg auf der Simeonstraße Richtung Porta Nigra, von dort rechts in die *Glockenstraße*. Das Haus Nr. 2, Zur Glocke, ist ein spätgotisches Fachwerkhaus aus der Zeit um 1490. Der lokalen Tradition nach soll es im Zusammenhang mit einer früheren Glockengießerei gestanden haben. Haus Nr. 12 verfügt noch über einen hinteren mittelalterlichen Keller, während die als Fachwerk ausgeführte Straßenseite mit dem Kastenerker vermutlich erst dem 17. Jh. angehört. An der Ecke *Glocken-, Rindertanz-* und *Sichelstraße* befindet sich ein größerer Komplex, der zum so genannten Stadthof Fetzenreich gehört. Dieser merkwürdige Name geht auf einen reichen Trierer Bürger namens Bonifacius rex oder Bonifacius der Reiche zurück, der zwischen 1265 und 1285 als Inhaber hoher städtischer Ämter nachgewiesen ist. Durch Zusammenziehung der Silben ist der

Trier, St. Gangolf und Hauptmarkt

Trier, Dom mit Liebfrauenkirche

Trier, Krahnenstr. 30/31; Fratze über der Haustür (Mitte 16. Jh.)

Trier, „Alter Kran" am Krahnenufer (im Kern von 1413)

Trier, Turm des ehem. Benediktie- nerinnenklosters St. Irminen; romani- sches Geschoss 11. Jh.; gotisieren- des Geschoss von 1615

Trier, Irminenfreihof, mittelalterliche und frühneuzeitliche Architekturfrag- mente

Trier Hauptmarkt/ Simeonstraße; Fachwerkhäuser des späten 16./ frühen 17. Jh.

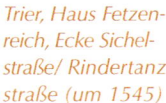

Trier, Haus Fetzen- reich, Ecke Sichel- straße/ Rindertanz- straße (um 1545)

wie eine Verballhornung klingende Hausname *Fetzenreich* entstanden. Anfang des 15. Jh. erwarb die Bene- diktinerabtei St. Maximin dieses An- wesen als städtisches Refugium. Das nahezu unbewehrte, vor der Stadt ge- legene Kloster sah sich öfters feindli- chen Übergriffen ausgesetzt, vor de- nen die Mönche mit einer Bleibe in der Stadt ausweichen wollten. *Fetzen- reich* blieb bis zur Säkularisation klös- terlicher Besitz. Aus bauhistorischer Sicht der späten Gotik ist vor allem der an die *Sichelstraße* grenzende Teil der Anlage von Interesse; denn er zeigt in seiner oberen Etage ein Fens- terband mit Dreipassstürzen, die für eine Zeit von etwa 1530 nach allge- meinem Verständnis als nahezu ana- chronistisch einzustufen sind, was be- reits erwähnt worden ist (vgl. u. a. Krahnenstr. 30/31). Die konservative Haltung Trierer Bauherren ist hier be- sonders greifbar. Dieses Verhaftetsein im Traditionellen ist allerdings nicht unbedingt mit Provinzialität gleich- zusetzen. Es handelt sich eher um ei- ne bewusste und wohl auch offiziel- le Haltung. So verbinden sich Welten miteinander, die sich sonst eher aus- schließen. Im Inneren des Hauses Fet- zenreich finden sich etliche figürliche Konsolsteine, ebenfalls aus der Zeit um 1530, die durchaus einem freisin- nigen Geist der Renaissance entspre- chen.

Vom Haus Fetzenreich aus ist es nicht weit zum Dom, den man über die hohlwegartige Gasse *Sieh um Dich* er- reicht. Diese bereits erwähnte histori- sche Straßenbezeichnung findet sich auf einem als Spolie eingelassenen Tür- sturz, der im Mauerwerk der Gasse kurz vor ihrem Übergang zum Dom- freihof zu entdecken ist.

Rundgang durch das barocke Trier

Ausgangspunkt ist der Hauptmarkt, und zwar die Ecke an der Steipe. Das neben ihr befindliche so genannte **„Rote Haus"** (Dietrichstr. 54) von 1684 steht in seiner Fassadengliederung, insbesondere im Hinblick auf die Fenstergestaltung noch in der Renaissancetradition, während das Portal und vor allem der üppig dekorierte Volutengiebel ganz barock geprägt sind. Wie die Steipe wurde auch dieses Haus ein Opfer des Zweiten Weltkrieges. Die rekonstruierte Fassade stammt von 1986/70. Sehenswert ist der zugängliche Innenhof, der einen Einblick in die enge Bebauung der spätmittelalterlich-frühneuzeitlichen Stadt gewährt.

Auf der Südseite des Hauptmarkts befindet sich, versteckt durch eine Häuserzeile, die **St. Gangolf-Kirche**, die nur durch ein schmales, hohes Portal vom Markt aus erreichbar ist. Dieses anspruchsvoll barock gestaltete Entree von 1731/32 tritt mit seinen übereck gestellten Säulen leicht aus der Häuserflucht heraus. Die ansonsten gotisch geprägte Kirche überrascht mit einem Seitenschiff, das 1746/47 barock stuckiert wurde.

Baugeschichtlich aufschlussreich ist das Eckhaus **Hauptmarkt 17/Jakobstraße**. Sein Konzept geht auf einen unter dem Namen „Zum blauen Löwen" bekannten Vorgängerbau des späten 18. Jh. zurück, dessen Fassadenproportionen bei einem Neubau von 1904/05 übernommen wurden. Aufsteigende Löwen zieren die mittlere Gaube des gebrochenen Dachs. Schräg gegenüber vom früheren „Blauen Löwen" zweigt die **Sternstraße** vom Hauptmarkt in Richtung Dom ab. Die

Eckbauten, deren linker in kurfürstlicher Zeit als Wache fungierte, deuten mit ihren ähnlichen barocken Fenstergewänden und den gleichen Traufhöhen der Mansarddächer auf die zweite Hälfte des 18. Jh. Die Sternstraße öffnet sich zum Domfreihof und gibt einen großartigen Blick auf den Dom frei. Drei Seiten dieses Platzes werden von früheren Domkurien gesäumt, den städtischen Wohnsitzen der Adelsgeschlechter, die früher maßgeblich das

wen getragen wird, die den Betrachter zu fixieren scheinen. Die Konterfeis der Tiere sind original, der Balkon ist es auch, der Vorbau als Mittelrisalt resultiert aber von einer Umbaumaßnahme des Jahres 1877, bei der die figürliche Plastik der alten Fassade in eine neue Situation versetzt wurde. Im Anschluss an das Palais Walderdorff folgt die ehemalige **Dompropstei** von 1758, in deren Dreiecksgiebel über dem Mittelrisalit ein preußischer Adler prangt. Er weist auf die Zeit nach 1815 hin, als sich in diesem Barockbau die preußische Regierung befand. Andere barock gestaltete Häuser großzügigen Zuschnitts verbergen sich hinter den hohen Mauern der Domimmunität. Im Blickfeld liegt allerdings eine weitere Dompropstei, die sich neben der Westseite des Domes befindet und an die *Windstraße* grenzt. Es handelt sich dabei nicht um ein Einzelgebäude, sondern um einen größeren Bering, von dem nur das Torhaus von 1654 mit seiner prächtigen Einfahrt und dem geschweiften Zwerchhaus als Dachaufbau sichtbar ist.

Vom Domfreihof geht in Richtung Norden die Gasse *Sieh um Dich* ab, die nach einer kurzen Strecke auf die *Glockenstraße* (links) und die *Flanderstraße* (rechts) stößt. Gleich an deren Anfang liegt das ehemalige **Welschnonnenkloster** (heute Augusta-Viktoria-Schule). Die Kirche ist ein barocker Saalbau in der für Trier kennzeichnenden traditionsverhafteten Art. Sie wurde ebenso wie die Klosterbauten um 1730 von *Joseph Walter* entworfen. Ihr Hauptportal ist wie der Zugang zur St. Gangolf-Kirche am Hauptmarkt zweigeschossig aufgebaut, besitzt einen gesprengten Segmentgiebel und eine Ädikula mit einer Heiligenskulptur darüber. Die Pilaster des Portals sind leicht

Domkapitel besetzten. Links, gleich im Anschluss an die Sternstraße, liegt als Eckbebauung das **Palais Walderdorff** aus der Zeit um 1765. Der Entwurf stammt von dem öfters genannten kurtrierischen Architekten *Johannes Seiz*. Man beachte den Mittelrisalit, dessen Balkon von lächelnden Lö-

übereck gestellt, wie sie häufig bei den Entwürfen von Walter positioniert sind. Die Flanderstraße führt an der Dommimmunität fort und geht schließlich in einem rechten Winkel in die Windstraße über, die parallel zur Nordseite des **Domes** verläuft. Dort befindet man sich in dem Sträßchen *Hinter dem Dom* und sieht sich dessen Ostchor gegenüber. An diese Apsis wurde im frühen 18. Jh. nach Plänen des Frankfurters *Johann Wolfgang Fröhlicher* ein kleiner Zentralbau angefügt – die **Heiltumskapelle**. Auffallend ist das runde, kuppelförmige Dach dieses Annexes mit seinem dreifach gestaffelten konvexen Aufbau.

Trier, Domfreihof 1b, ehem. Propstei (um 1758)

Die Kapelle, die als Aufbewahrungsstätte der bedeutendsten Trierer Reliquie, des Heiligen Rocks, errichtet wurde, dokumentiert die letzte große Phase der über Jahrhunderte zu verfolgenden baulichen Neuorientierung des Domes. Sie manifestiert sich auch in seinem Inneren, das zwischen 1719 und 1723 ein Querschiff mit hohen Armen erhielt. Schon einige Jahrzehnte zuvor – 1668 – hatte *Domenico Rossi* das Apsisgewölbe des Westchors mit einer üppigen Stuckatur bereichert. Von dieser wegen der dortigen Krypta erhöht gelegenen Stelle ergibt sich eine ungestörte Sichtachse bis zum Ostchor mit seinem hoch aufragenden, mehrgeschossigen Hochaltar. Aufmerksamkeit verdient noch eine besondere architektonische Disposition, die sich aus einem Umgang hinter dem Hochaltar ergibt. Zu dieser wieder erhöhten Position, von der aus sich ein Blick in die lichte, sozusagen spirituell illuminierte Heiltumskapelle eröffnet, gelangt man vom südlichen Seitenschiff. Insgesamt brachte die barocke Umgestaltung eine Vereinheitlichung des ganzen Kirchenraums mit sich.

Trier, Domfreihof 4, Dompropstei (1654)

Trier, ehem. Welschnonnenkloster in der Flanderstraße (um 1732)

Trier, Dom, Nordost-partie mit der Heiltumskapelle des frühen 18. Jh.

Trier, Dom und Liebfrauenkirche mit Kreuzgang und der Heiltumskapelle des frühen 18. Jh.

statt – neben dem ehemaligen Palais Walderdorff der bedeutendste barocke Adelssitz der Stadt, der 1746 nach Plänen des aus Mainz bekannten Architekten *Johann Anton Valentin Thoman* fertiggestellt wurde. Bedingt durch die schwierige Grundstücksituation, springt der Mittelrisalit der Schauseite nicht wie üblich vor, sondern zurück. Seine erste Etage wird von einem kleinen Saal eingenommen. Die Fenster neben dem Portal, das zugleich als Einfahrt für die Kutschen diente, sind mit figürlich gestalteten Keilsteinen geschmückt, über denen ein Adler seine Flügel ausbreitet. Er gehört wie die geflügelten Drachen im Dreiecksgiebel zum heraldischen Repertoire des Bauherrn.

Gegenüber dem Palais Kesselstatt liegt der heutige bischöfliche Amts- und Wohnsitz, der unter dem alten Namen

Verlässt man den Dom durch eines seiner westlichen Portale und passiert die Liebfrauenkirche, so befindet man sich gleich am Anfang der *Liebfrauenstraße* gegenüber dem *Palais Kessel-*

Trier, Dom, Stuckdecke im Westchor (1668)

Bischofshof bekannt ist. Zentrum der kurfürstlich-bischöflichen Autorität war allerdings das mit der römischen Palast-aula der Basilika eng verbundene **Palais am Konstantinplatz** – in der Nachbar-schaft der *Liebfrauenstraße*. Erwachsen aus einem Renaissanceschloss, be-schränkt sich der zwischen 1756 und 1762 verwirklichte Ausbau der Resi-denz auf dessen südlichen Flügel. *Jo-hannes Seiz*, der aus der Schule von *Balthasar Neumann* hervorgegangene kurtrierische Baudirektor, hat ihn ent-worfen. Das ursprüngliche Konzept sah eine symmetrische Gliederung vor. Er-reicht wurde aber nur ein Teilergebnis. Auf ihm beruht das Ungleichgewicht der langen Gartenfront mit dem nach Osten verschobenen „Mittelrisalit", der als Zentrum der Anlage geplant war und von seitlichen Eckrisaliten beglei-tet werden sollte. Somit wäre der süd-liche Giebel der Basilika bis ungefähr an den Sims ihres Dreiecksgiebels ver-deckt worden. Die alte Planungsidee verdeutlicht auch der Palastgarten, des-sen Mittelachse mit dem teilweise re-konstruierten Broderieparterre auf den „Mittelrisalit" und seine von Putten ge-säumte halbrunde Terrasse ausgerich-tet ist. Dieser aus der langen Schlossfas-sade vorspringende Trakt stellt zwei-felsohne das Herzstück der ganzen An-lage dar. Ein reicher, beinahe überbor-dender Dekor entfaltet sich am Balkon

Trier, Dom, Blick nach Osten

Trier, Liebfrauenstr. 9, Palais Kesselstatt

Trier, ehem. Palais Kesselstatt, Liebfrau-enstr. 9, Fensterbe-krönung mit dem Kesselstattschen Adler links der Tor-einfahrt (1746)

Trier, St. Gangolf, Detail des Heiligen Grabs, einer der Beisetzer (frühes 17. Jh.)

Trier, Sphinx an der Parkseite des Kurfürstlichen Palais

Trier, Kurfürstliches Palais, Treppe (mittleres 18. Jh.)

mit seinem prächtigen Geländer und bezieht die beiden nächsten Etagen mit ihren hohen Pilastern und den Fensterachsen ein, um sich im Segmentgiebel um die Gruppe von Flora und Ceres zu einem figürlichen und ornamental-barocken Höhepunkt zu steigern. Der Schmuck dieses Giebels, der von einem gebrochenen, gekuppelten Dach bekrönt wird, korrespondiert mit den Putten der Balkonbrüstung, die ihrerseits die Gesten der Skulpturen der Terrasse aufgreifen. Sie sind ein Werk des Bildhauers *Adam Ferdinand Tietz*, der einer der großen Vertreter des mainfränkischen Rokoko ist. Der „Mittelrisalit" war auch das repräsentiv-höfische Zentrum des Schlosses; denn er beherbergte den über zwei Geschosse reichenden Festsaal. Zu ihm gelangt man über ein seitlich versetztes, weitläufiges Treppenhaus, das in seinem Bewegungsablauf und seinem sandsteinernen Dekor der Reliefs zu den herausragenden baulichen Leistungen der späten Feudalzeit im Rheinland gehört. Das Innere des Schlosses wurde im Zweiten Weltkrieg weitgehend zerstört. Dabei ging seine Ausstattung unwiderruflich verloren.

Vom Kurfürstlichen Palais geht es zurück zum Konstantinplatz und von der zu überquerenden *Weberbachstraße* in die *Jesuitenstraße* mit der ehemaligen **Jesuitenkirche** und dem zugehörigen Kolleg (heute Priesterseminar /Theologische Fakultät), in dessen Hof ein mehrgeschossiger, steinerner Altaraufbau mit bekrönender Muttergottes von 1727 steht. Der zugängliche Lesesaal der Bibliothek zeigt eine reich gegliederte Stuckdecke aus der Zeit um 1730. Die Jesuitenstraße mündet in die *Brotstraße*, von der die *Johann-Philipp-Straße* abzweigt. Sie geht in den *Korn-*

markt über. Ihn schmückt ein 1749 von *Johannes Seiz* entworfener und 1750 zu Ehren des Kurfürsten Franz Georg von Schönbrunn aufgestellter **Georgsbrunnen**. Den zweiten Vornamen des Souveräns symbolisiert die St. Georg-Skulptur auf dem Brunnenobelisk. Ikonographisch lässt sich das sonstige darstellerische Programm als das der vier Jahreszeiten verstehen. Teilweise war der Platz ursprünglich von barocken Bauten gesäumt, deren bedeutendster das so genannte **Palais Zur Kronenburg** war, das auch *Johannes Seiz* entworfen hatte. Teile seiner Fassade wurden Ende des 19. Jh. in den repräsentativen neobarocken Bau integriert, der die Westseite des Kornmarkts beherrscht. Seine südöstliche Ecke nimmt das klassizistische **Casino** von 1824/25 ein, das von dem Trierer Stadtbaumeister *Johann Georg Wolff* entworfen wurde. Es erlitt im Zweiten Weltkrieg schwere Beschädigungen und wurde

Trier, Basilika, Kurfürstlicher Palast und Palastgarten

Trier, ehem. Jesuitenkolleg, Lesesaal der Theologischen Fakultät (um 1730)

1953 mit weitgehend original rekonstruierter Fassade wieder aufgebaut. Folgt man der *Fleischstraße* bis zur Kreuzung mit der *Johannes-* und *Brückenstraße*, so stößt man auf das so genannte **Haus Venedig** aus dem mittleren 17. Jh., das – charakteristisch für die damalige bauhistorische Situation

in Trier – ein durchaus traditionsverhaftetes Erscheinungsbild besitzt, wenn auch die Straßenecke seines Vorderhauses von einer großen barocken Muschelädikula mit der Skulptur des hl. Johannes des Täufers bereichert wird. Der Bau bewahrt in seinem hinteren Trakt eine besonders kostbare bauzeitliche Stuckdecke. Weiter der Brückenstraße entlang erreicht man das Geburtshaus von *Karl Marx* (Nr. 10) – einen wohlproportionierten Barockbau von 1727, der zu besichtigen ist. Die Verlängerung der Brückenstraße bildet die *Karl-Marx-Straße*, die weitere Häuser des 18. und frühen 19. Jh. aufweist

Trier, Kornmarkt, St. Georgsbrunnen, Figuration des Sommers (1750)

Trier, Kornmarkt 2, sog. Casino (1824/25)

und zur Römerbrücke führt. Sie wurde 1674 von den Franzosen gesprengt und 1717/18 wieder aufgebaut. Aus dieser Zeit stammen auch das steinerne Kreuz und die Statue des hl. Nikolaus, des Patrons der Moselschiffer.

An die Römerbrücke schließt sich flussabwärts das Johanniterufer an, an dem das 1829/30 nach Plänen des Stadtbaumeisters *Wolff* errichtete klassizistische **Hauptzollamt** liegt (Hausnr. 1). Vorbei an dem großen Komplex des Mutterhauses der Borromäerinnen kann man einen Abstecher in die *Krahnenstraße* unternehmen, die einige ansehnliche Bausubstanz des 18. Jh. präsentiert. Herausragendes Beispiel ist das Haus Nr. 39, dessen Fassade von einer betonten Mittelachse belebt wird. Dies ergibt sich aus dem Zusammenspiel von Portal und der darüberliegenden Fenstertür mit Balkon.

Nördlich der Krahnenstraße breitet sich das weitläufige Areal von **St. Irminen** mit seinem Bürgerhospital aus. Die langgestreckte moselseitige Fassade dieses früheren Benediktinerinnenklosters, dessen Keller zum Teil noch römischen Ursprungs sind, wird nur durch einen Mittelrisalit mit Segmentbogen aufgelockert. Die Klosterkirche ist über die *Böhmerstraße* zugänglich, die vom Krahnenufer abzweigt. Angefügt an den verbliebenen romanischgotischen Turm der Vorgängerkirche ist ein Saalbau aus der Zeit um 1770, als dessen Architekt der genannte Franzose *Jean Antoine* aus Metz gilt. Die Ähnlichkeiten in der Anlage dieses Kirchenbaues mit St. Paulin liegen auf der Hand.

Von St. Irminen kann man sich wieder der Mosel und dem Katharinenufer zuwenden, das vom Martinsufer fortgesetzt wird. Längs zu ihm liegt ein Flügel des ehemaligen **Martinsklosters**

Trier, Brückenstr. 10, Geburtshaus von Karl Marx (Fassade von 1727)

Trier, Ecke Brückenstr. 2/ Johannisstr. 1b, sog. „Haus Venedig" mit Johannes dem Täufer (spätes 17. Jh.)

Trier, Krahnenstr. 39 (Mitte 18. Jh.)

Trier, Johanniterufer 1–3, Hauptzollamt (1829–1831)

Trier, ehem. Benediktinerinnenkloster St. Irminen, Mittelrisalit in Richtung Moselufer

Trier, ehem. Benediktinerinnenkloster St. Irminen; barocker Ausbau von 1768–1771

(1626) – ein streng axial gegliederter Bau mit lebhaft geschweiften Zwerchhausgiebeln. Auf der Höhe des benachbarten Schießgrabens ist eine Partie der Stadtmauer sichtbar. Sie stößt auf die

Ausoniusstraße, an die die ehemalige Deutschordenskommende grenzt. Das Wohnhaus der Komturei weist mit seinem Mittelrisalit an der Längsseite, der mit seinem geschweiften Giebel in das Dach ragt, charakteristische Bauformen des als Architekt tätigen Augustinerbruders *Joseph Walter* auf. Seine Meisterschaft zeigt sich vor allem in barocken Portalbauten, die sich wie der Zugang zu St. Gangolf am Hauptmarkt auf geringstem Baugrund geschickt in die Häuserfront einfügen. An der Ordenskommende bilden der Hauseingang, das Fenster der Etage darüber und der Dachaufbau eine Einheit, so wie dies in ähnlicher, allerdings nur zweigeschossiger Weise beim früheren Klarissenkloster in der *Dietrichstraße* der Fall ist (Nr. 30; heute Missionshaus der Weißen Väter). Sie ist über die Verlängerung der Ausoniusstraße – die *Langstraße* und den *Paulusplatz* – zu erreichen. Am Ende der *Dietrichstraße* zweigt die *Wilhelm-Rautenstrauch-Straße* ab, die sich über die *Jakobstraße* zum *Stockplatz* öffnet. Dort befindet sich als Nr. 2 ein vornehmes Wohnhaus aus der Zeit um 1730, dessen Portalaufbau das darüberliegende Fenster der nächsten Etage einbezieht. Diese Zusammenfassung sowie der reiche Dekor mit dem Spiel der Voluten deuten auch auf *Joseph Walter* oder eine künstlerische Verwandtschaft hin. Der Stockplatz wird von der Jakobstraße gesäumt, die kurz danach in den Hauptmarkt, den Ausgangspunkt dieses Rundgangs durch das barocke Trier, mündet. Vielleicht wendet man sich nochmals der Porta Nigra zu, und zwar unter dem Aspekt der Barockisierung ihres Inneren. Zwischen 1747 und 1750 wurden die Kirchenwände prächtig in der Art von Stuckaturen reliefiert. Bei diesem innerstädtischen Rundgang

sind zwei wichtige Kirchen unberücksichtigt geblieben, weil sie außerhalb des historischen Berings und damit vom Zentrum entfernt liegen, nämlich St. Paulin und St. Matthias.

St. Paulin – nach der Zerstörung des Vorgängerbaues zwischen 1734 und 1757 neu erstanden – ist als ein Höhepunkt des südwestdeutschen Barocks anzusehen, wie er vor allem von *Balthasar Neumann* und seinem kurtrierischen Schüler und Kollegen *Johannes Seiz* geprägt worden ist. Die Planautorenschaft kreist um diese Architekten und ist noch nicht bis in die Einzelheiten geklärt. St. Paulin ist eine Hallenkirche mit Westturm, was für die Moselregion nichts Außergewöhnliches darstellt. Als Besonderheit lässt sich allerdings die ausgesprochen harmonische Verbindung von Turm und Langhaus bezeichnen. Ihr liegt eine schwingende Bewegung seines Traufgesimses mit

dem Zusammenspiel der Voluten am oberen Turmansatz zugrunde. Die Vertikalität darüber ist mehretagig abgestuft und wird von einer Laterne mit einem zierlich gebauschten Helm bekrönt. Die räumliche Disposition ergibt sich aus den übernommenen Fundamenten des Vorgängerbaues, dessen erhaltene Krypta umgestaltet wurde. Der Neubau besteht aus einem langen Saal mit einem eingezogenen Chor und abgerundeter Apsis. Dieses an sich einfache Schema wird insofern modifiziert, als die gestaffelten Wandvorlagen der Pilaster jochweise weit vorspringen und zusammen mit ihren kräftigen Gesimsabschlüssen eine besondere räumlich-plastische Wirkung hervorrufen, zu der auch das in einzelne Szenen unterteilte Deckengemälde beiträgt. Die Dynamik des Bewegungsablaufs erhält von den Chorschranken und dem zugehörigen Gitter, die den Laien- vom

Trier, Martinskloster am Martinsufer (1626)

Trier, Stockplatz 2, Toreinfahrt, um 1730

Priesterraum trennen, ein Gegengewicht. Der durchbrochene, von Säulen getragene Baldachinaltar akzentuiert die Apsis aufgrund seines filigranen Aufbaues und seiner Transparenz. Vollendet ist das Bewegungsspiel auch an der Westseite des Langhauses, deren Orgelempore über Arkaden in den Raum schwingt. Sie bilden zusammen mit dem Hauptportal und dem Orgelcorpus ebenfalls eine harmonische Einheit. Das den ganzen Innenraum überspannende Deckengemälde, das der Augsburger Künstler *Christoph*

Trier, St. Paulin (um 1757)

Thomas Scheffler geschaffen hat, ist wie ein Himmelsgewölbe zu verstehen. Die einzelnen Bilder, die den hl. Paulus und die Trierer Märtyrer glorifizieren, erhöhen optisch das Kircheninnere aufgrund ihrer perspektivischen Tiefe.

St. Matthias ist im Gegensatz zu anderen Trierer Kirchen einer Zerstörung im späten 17. Jh. entgangen. So konnte man sich weiter dem Ausbau widmen, der sich vor allem auf den turmartigen Westbau konzentrierte. Er erhielt 1689 ein neues mittleres Portal,

Trier, St. Paulin, Westportal
Trier, St. Paulin, Innenansicht

Trier, St. Paulin, Detail des Decken-gemäldes (um 1757)

Trier, St. Paulin, Krypta

*Trier, Benediktinerabtei St. Matthias, Westbau
(im Kern 2. Hälfte 12. Jh.; Turmbekrönung 1786)*

als dessen Architekt der Frankfurter *Johann Wolfgang Fröhlicher* angenommen wird. Auf seine Planung geht, wie angemerkt, die Heiltumskapelle des Domes zurück. Es handelt sich bei der Baumaßnahme von St. Matthias nicht um einen einfachen neuen Eingang, sondern um einen monumentalen dreigeschossigen Portalvorbau, der sich bis in die romanische Fenstergruppe dieser Westseite erhebt. Voll entfaltet sich das palladianische Vokabular einer von Säulen und klassischen Giebeln bestimmten Architektur. Sie wurde später – 1719/20 – von den beiden seitlichen Portalen und den sie begleitenden Zugängen zum Klosterbereich und Friedhof in abge-

stuften Formen ergänzt. Insgesamt wurde eine einheitliche, in sich stimmige Parterresituation geschaffen, die in ihrer bewegten Gestalt fast das romanische Wesen der Kirche vergessen lässt. Dieser Eindruck wird noch durch die Voluten über den Schrägen der Seitenschiffe und den geraden spätbarock-frühklassizistischen Abschluss des Turms von 1786 verstärkt. Für Stilpuristen handelt es sich sicherlich um ein verwirrendes Nebeneinander unterschiedlicher Formgebung. Sie ist andererseits ein Beispiel einer sich am Neuen orientierenden Architektur, der man das Bemühen, ein einheitliches Ganzes schaffen zu wollen, nicht absprechen kann.

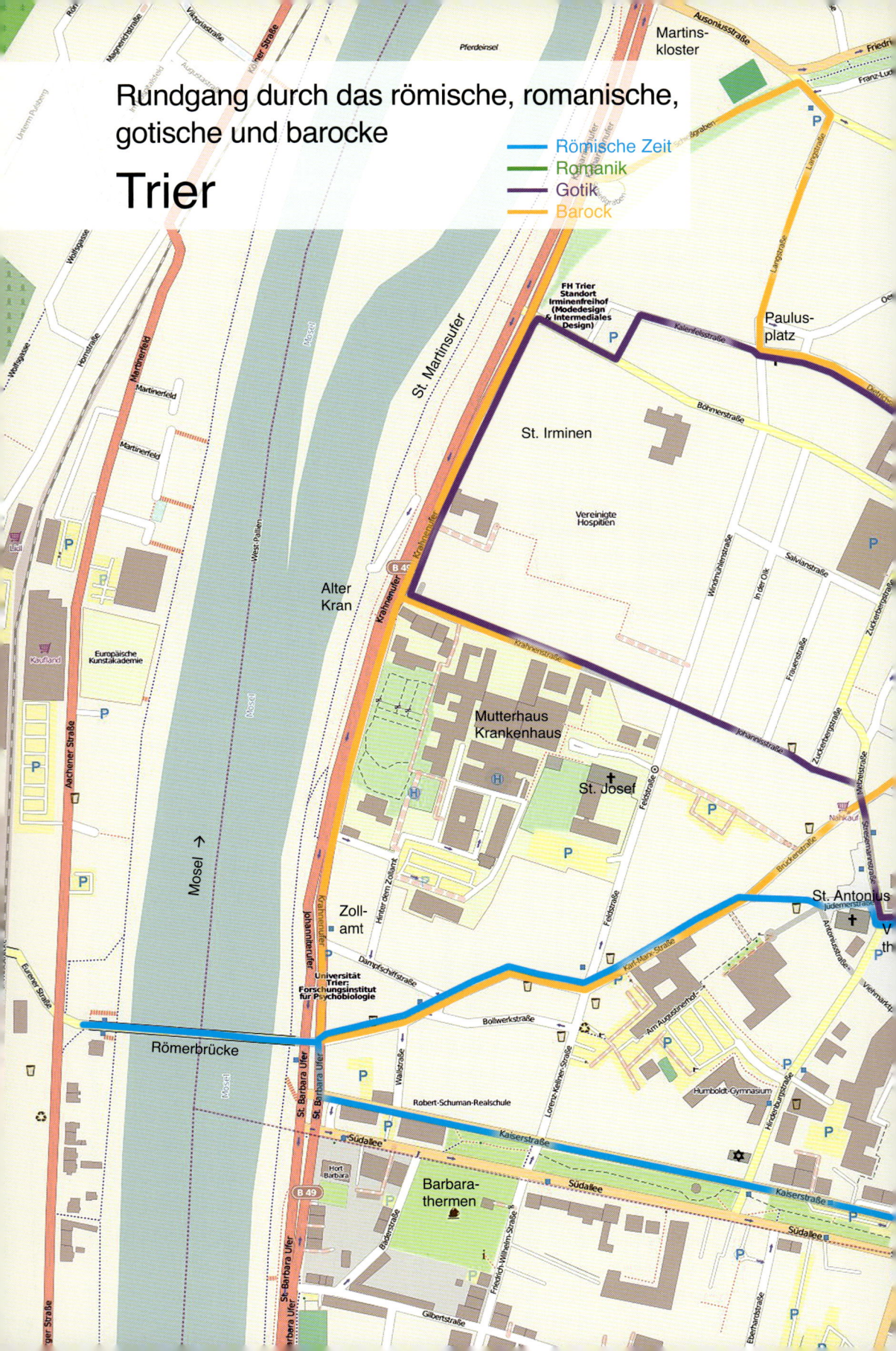

Rundgang durch das römische, romanische, gotische und barocke

Trier

Römische Zeit
Romanik
Gotik
Barock

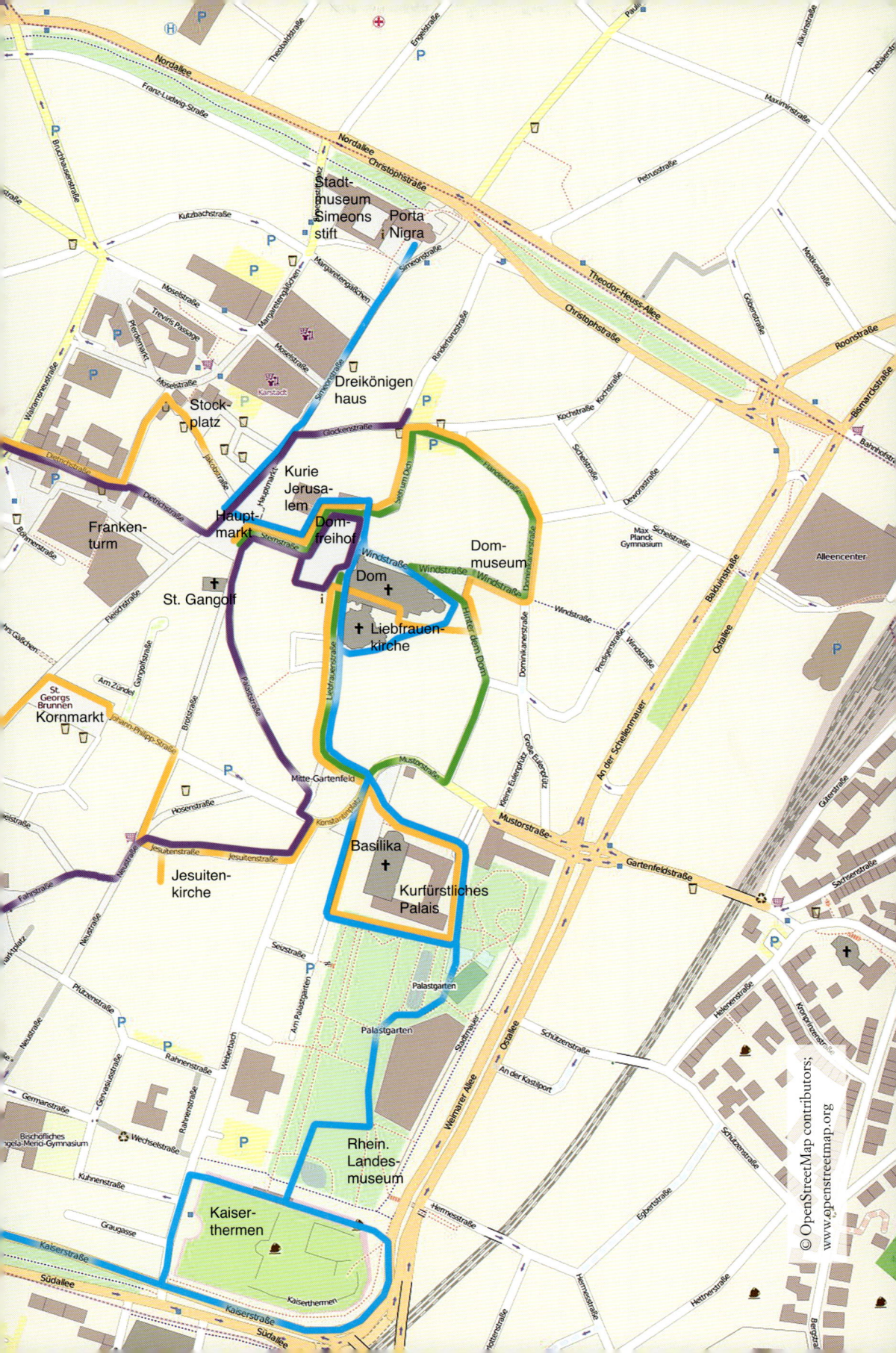

Stadt-
museum
Simeons
stift

Porta
Nigra

Nordallee

Christophstraße

Theodor-Heuss-Allee

Roonstraße

Bismarckstraße

Bahnhofstraße

Franz-Ludwig-Straße

Kutzbachstraße

Stock-
platz

Dreikönigen
haus

Kurie
Jerusa-
lem

Haupt-
markt

Dom-
freihof

Dom-
museum

Frankenturm

St. Gangolf

Dom

Liebfrauen-
kirche

Windstraße

Windstraße

Max Planck
Gymnasium

Alleencenter

St.
Georgs
Brunnen
Kornmarkt

Mitte-Gartenfeld

Mustorstraße

Gartenfeldstraße

Jesuiten-
kirche

Basilika

Kurfürstliches
Palais

Palastgarten

Palastgarten

Rhein.
Landes-
museum

Kaiser-
thermen

Kaiserstraße

Südallee

Kaiserstraße

Südallee

© OpenStreetMap contributors;
www.openstreetmap.org

Rundgang durch das mittelalterliche und neuzeitliche Koblenz

Koblenz, St. Kastor, Ostpartie

Koblenz, St. Kastor, Grabmal des Erzbischofs Werner von Falkenstein, gest. 1418

Der Rundgang beginnt an der **St. Kastor-Kirche** – dem bedeutendsten mittelalterlichen Bau der Stadt. Er ist mit seiner markanten Doppelturmfassade eines der profiliertesten rheinischen romanischen Beispiele. Offensichtlich handelt es sich bei dem obersten Stockwerk der Türme um eine spätere Erhöhung, wie es die unterschiedlichen Proportionen und die Formen mitteilen. Besondere Wertschätzung gilt der Ostpartie aufgrund ihrer harmonischen, abgestuften Gestaltung (S. 181). Insgesamt zeichnen sich folgende Bauphasen ab: der Westbau mit den Türmen und das Querschiff gehören dem 9. Jh. an, der Ostchor der Zeit um 1150/60; das Langhaus geht auf die Jahre um 1200 zurück; und die erwähnte Einwölbung wurde um 1500 durchgeführt. Was die Ausstattung betrifft, so sind vor allem die Grabmäler erwähnenswert und unter ihnen die Wand- oder Hochgräber der Trierer Erzbischöfe Kuno II. von Falkenstein (gest. 1388) an der linken und Werner von Königstein (gest. 1418) an der rech-

ten Chorwand. Beide Arbeiten sind in ihrem Aufbau mit der krabbenbesetzten Spitzbogen- beziehungsweise Kielbogenblende und dem reichen Maßwerkschmuck, den begleitenden Fialen sowie der Darstellung der ruhenden Verstorbenen eng miteinander verwandt.

Auf dem Gelände des **Kastorhofs** befindet sich ein zur französischen Zeit errichteter klassizistischer Brunnen, der Kastorbrunnen, dessen Inschriften lesenswert sind. Die des Stifters von 1812 verherrlicht französische Heldentaten, die des russischen Kommandanten von 1814 geht ironisch auf diese Widmung ein und genehmigt sie nachträglich.

In Richtung Mosel-Rhein-Mündung liegt das **Deutsche Eck**, dessen Name sich keineswegs von einem nationalen Mythos, sondern von dem ehemaligen Deutschherrenhaus ableitet. Es beherbergt heute als **Ludwig-Museum** vor allem die jüngste französische Moderne. Attraktion und Touristenmagnet ist allerdings das benachbarte monumental-monströse Reiterdenkmal Kaiser Wilhelms I., das 1897 errichtet, 1945 weitgehend zerstört und 1993 unter Begleitung heftiger Diskussionen als Nachguss wieder aufgestellt wurde.

Gegenüber von St. Kastor befindet sich der ehemalige **Von-der-Leyensche Hof** – einer der großen innerstädtischen Adelssitze. Von der einstigen Vierflügelanlage, deren Baubeginn in der zweiten Hälfte des 16. Jh. liegt, hat indes nur der barocke südliche Teil die Zerstörungen des Zweiten Weltkriegs überstanden. Es handelt sich um die Gartenfront mit der sich anschließenden gotischen Kapelle.

Folgt man der Kastorstraße moselaufwärts, so stößt man an der Ecke *Peter-Altmeier-Ufer/Kornpfortstraße* auf das Haus **„Deutscher Kaiser"**, das eines der wenigen übrig gebliebenen Beispiele der Wende vom späten Mittelalter zur frühen Neuzeit darstellt. Das extrem schmale und hohe Eckhaus schließt mit einem Zinnenkranz ab, der von einem spätgotischen Fries mit Dreipassblenden gesäumt wird. Ein vortretender, traufseitiger Kamin offenbart zudem die moselländisch-mittelrheinische Tradition. In der Diele hat sich teilweise ein Sterngewölbe erhalten, das ebenfalls der Spätgotik angehört.

Vom „Deutschen Kaiser" folgt man der *Kornpfortstraße* und erreicht rechts das einstige **Krämerzunfthaus** (Nr. 17), das Anfang des 18. Jh. nach der Beschießung von Koblenz im Pfälzischen Erbfolgekrieg (1688) errichtet wurde. Charakteristisch für diese Wiederaufbauzeit ist der rechteckige Erker, dessen Brüstung in diesem Fall allegorische Figuren zeigt. Der benachbarte Eltz-Rübenachsche

Koblenz, St. Florin

Hof – *Ecke Kornpfortstraße/Auf der Danne* – besitzt ebenfalls einen solchen steinernen Erker. Seine Brüstungsfelder sind mit Reliefs der Heiligen Drei Könige verziert – daher auch die zweite Hausbezeichnung **Dreikönigenhaus**.

Zwischen dem Krämerzunfthaus und dem Dreikönigenhaus führt die Straße Auf der Danne leicht bergwärts zum **Florinsmarkt**, dessen beherrschender Bau die frühere Stiftskirche **St. Florin** ist. Es handelt sich wie bei St. Kastor um eine Doppelturmanlage. Allerdings steht man hier keiner durch Arkaden und Rundbogenfriese gegliederten Westseite gegenüber, sondern einer ursprünglich bis zur Traufe geschlossenen Front. Der im Kern aus der Zeit um 1100 stammende Bau vereinigt wieder verschiedene Bauphasen in sich, von denen die gotischen Gliederungen – das große Fenster im Westen und der polygonale Chor – besonders deutlich hervortreten.

Der Florinsmarkt ist der Mittelpunkt von Koblenz, der die wichtigsten stadthistorisch-öffentlichen Bauten vereinigt, nämlich das ehemalige **Schöffenhaus** von 1528/30 und das so genannte **Kauf- und Danzhaus** von 1419/25, das 1674 zum Rathaus avancierte. Beide Bauten gehören derzeit zum **Mittelrhein-Museum** (Umzug in ein Kulturzentrum am Zentralplatz vorgesehen). Besonders reizvoll zeigt sich das spätgotische Schöffenhaus, dessen Ecken wie auch die moselseitigen des Kaufhauses flankierende spätgotische Türmchen aufweisen. Zudem ziert die zum Fluss zugewandte Partie des Gebäudes ein überaus eleganter, 1530 bezeichneter Erker, ebenfalls in spätgotischen Formen. Wieder zeigt sich die für die Moselregion festzustellende Langlebigkeit spätmittelalterlicher Gestaltung, die mancherorts auch noch in der zweiten Hälfte des 16. Jh. zu konstatieren ist. An das Kauf- und Danzhaus schließt sich

Koblenz, Florinsmarkt 15, Schöffenhaus; Moselseite (1530)

Koblenz, Alte Burg, Renaissance-Portal (Mitte 16. Jh.)

Koblenz, Alte Burg, Wendeltreppe (1557/1599)

der frühere **Bürresheimer Hof** – ein Adelshof – an, dessen mehrfach geschwungene Dachkontur auf das mittlere 17. Jh. deutet. Auch dieser Bau bildet einen Teil des Mittelrhein-Museums. Das ganze bauliche Ensemble überstand den Zweiten Weltkrieg mehr oder weniger stark zerstört. Es wurde unter Korrektur von Veränderungen des 19. Jh. zumindest äußerlich in den überkommenen Formen rekonstruiert.

Hinter dem geräumigen Florinsmarkt verengt sich die städtebauliche Situation, und man gelangt durch die *Burgstraße* zum Zentrum der mittelalterlichen kurfürstlichen Macht, nämlich zur **Burg**. Es kommt wohl nicht von ungefähr, dass sie sich in der Nähe der Moselbrücke befindet, deren Name an ihren Bauherrn Kurfürst Balduin erinnert. Die hoch über dem Moselufer gelegene Burg, die an dieser Seite zwei Rundtürme bewehren,

wurde Mitte des 16. Jh. um einen Renaissancetrakt erweitert. Als eine Bereicherung ist vor allem der an der Ostseite angefügte Treppenturm herauszustellen, dessen Portal mit seinen kannelierten Säulen, profilierten Gesimsen, dem Blattwerk und den Medaillons mit ihren erzbischöflichen Wappen die antikisierende Sprache der neuen Kunstauffassung in reiner Form verkündet. Das Portal führt zu einer kunstvollen Wendeltreppe mit hohler Spindel. Das 1599 bezeichnete Geländer ist reich verziert, allerdings nicht in Renaissanceformen, sondern in solchen, wie man sie mit einem Maßwerk der Spätgotik verknüpft. Entsprechend ist auch das Netzgewölbe des Treppenhauses zu verstehen. Zugleich beweist aber die in die hohle Spindel eingefügte dünne Säule, die durch alle Geschosse reicht und mit Renaissanceapplikationen bedeckt ist, eine hohe Kennerschaft neuzeitlicher Gestaltung.

Von der Burgstraße geht es durch das so genannte Paradies zum **Münzplatz**, an dem sich einst die kurfürstliche Münze befand. Das Haus des Münzmeisters – ein Bau von 1763 – erinnert an die einstige Bestimmung (Nr. 1). An diesem Platz liegt auch der ehemalige Metternicher Hof (Nr. 7/8), das Geburtshaus des späteren Fürsten und österreichischen Kanzlers Clemens Wenzeslaus von Metternich.

Über die *Münzstraße* und ihre Verlängerung, die *Marktstraße*, erreicht man den Platz **Am Plan**, dessen Nordostecke von den Türmen der Liebfrauenkirche überragt wird. Dort befinden sich einige stattliche Bauten des 18. Jh., die aufgrund ihrer ausladenden Zwerchhäuser mit abschließendem Giebel in dreieckiger oder geschweifter Art an Höhe gewinnen, so die ehemalige Stadtkommandantur von 1719 (Nr. 9), eine frühere Städtische Schule von 1776 (Nr. 11) und ein Eckhaus von 1779 (Nr. 13). Der Schulbau

Koblenz, „Vier Türme" an der Straßenkreuzung Altengraben/ Am Plan und Löhrstraße/Marktstraße (im Kern 1608)

wurde von Stadtbaumeister *Nikolaus Lauxen* entworfen, den man als Architekten auch an der Mosel in der Gegend um Cochem und am unteren Mittelrhein antrifft. Unmittelbar an der südwestlichen Ecke des Platzes *Am Plan* ergibt sich mit dem *Altengraben* und der *Löhr-* sowie der *Marktstraße* eine Kreuzung. An dieser städtebaulich hervorgehobenen Situation befinden sich die **Vier Türme** – aufeinander bezogene Fachwerkhäuser mit jeweils einem Erker zwischen zwei geschweiften Giebeln an jeder Straßenecke. Die Bauten sind 1608 datiert, zeigen indes einen Dekor des späten 17. Jh., sicherlich aus der Zeit, als sie nach dem Bombardement auf Koblenz wieder hergestellt wurden.

Vom Platz Am Plan findet man über den so genannten Entenpfuhl zur **Liebfrauenkirche**. Es handelt sich um die dritte der großen mittelalterlichen Kirchen von Koblenz. Auch die Liebfrauenkirche ist im Kern romanisch, wie es vor allem der wieder als Doppelturmfassade ausgeführte Westbau mitteilt. Die barocken Turmhauben stammen aus der Restaurierungszeit nach 1689. Im ersten Drittel des 15. Jh. erhielt die Kirche ihren spätgotischen Chor mit seinen hohen, die Wandflächen einnehmenden Fenstern und den mit Fialen besetzten Strebepfeilern.

Zurück über den Entenpfuhl geht es zum **Jesuitenplatz** mit der ehemaligen Ordenskirche und dem im rechten Winkel anstoßenden Kollegium (heute Rathaus). Die Kirche wurde 1944 größtenteils zerstört. Die Westfassade des von *Gottfried Böhm* konzipierten Neubaues von 1958/59 bezieht das erhaltene, manieristisch geprägte Portal von 1617 ein und erinnert mit dem großen Radfenster darüber an die Architektur der Vorgängeranlage. Das ehemalige Kolleg besitzt ein repräsentatives Treppenhaus mit aufwendigen Stuckarbeiten des frühen 18. Jh.

Einen Blick verdient die an die nördliche Seite des Jesuitenplatzes grenzende **Firmungstraße**, vor allem die mit den Nummern 34 und 36 bezeichneten Bauten, die deutliche Parallelen zu einigen Häusern Am Plan (ehemalige Schule, Nr. 11) aufweisen, nämlich in ihrer Anlage als Traufenhäuser mit repräsentativen, sich breit darbietenden Zwerchhäusern, deren Dächer geschweift sind. Es sind fast bis in die Details gleichartige Bauten, die 1773 der Stadtbaumeister *Nikolaus Lauxen* entworfen hat.

Vom Jesuitenplatz bietet sich über die *Gymnasialstraße* ein Gang in die Ende des 18. Jh. angelegte **Neustadt** an, die man auf der Höhe der **Clemensstraße** mit dem sich angliedernden **Deinhardplatz** betritt. Die Entwürfe dieser Häuser, deren herausragender Bau das Stadttheater ist, gehen größtenteils auf den mehrfach genannten städtischen Baudirektor *Nikolaus Lauxen* sowie auf die Architekten *Peter Joseph Krahé (Krahe)* und *Christian Trosson* zurück. Lauxen ist als Planer des Hauses Deinhard (Deinhardplatz 3) nachgewiesen, dessen Fassade ausschließlich durch Fensterachsen und Gurtgesimse gegliedert wird und als einziges aufwendigeres Element ein Portal mit kannelierten Pilastern besitzt. Ideengeber des Eckbaues, des Hotels „Zum

Koblenz, Stadttheater am Deinhardplatz (1786/87) mit Obelisk des Clemensbrunnens (1791), erinnert an den letzten kurtrierischen Kurfürsten, Clemens Wenzeslaus

Koblenz, Liebfrauenkirche

Koblenz, Schloss vom Rhein aus gesehen (Ende 18. Jh.)

Trierischen Hof" (Deinhardplatz 1), war vermutlich Trosson. Die Gestaltung dieses Hauses – wandhohe Pilaster mit einer Art Mittelrisalit und abschließendem Dreiecksgiebel – ist nahezu ein Spiegelbild des Eckhauses Clemensstraße 2, das ebenfalls *Trosson* zugeschrieben wird. Das 1787 erbaute **Stadttheater** geht auf *Krahé* zurück, der damals an der Düsseldorfer Akademie lehrte und noch 1790 zum kurtrierischen Hofkammerrat befördert wurde. Dieses Haus, vor dem seit 1970 der Clemensbrunnen mit seinem 1791 datierten Obelisken aufgestellt ist, ist neben dem Schloss zweifelsohne der wichtigste frühklassizistische Bau von Koblenz. Die Clemensstadt oder Vorstadt hat im Zweiten Weltkrieg schwere Schäden erlitten; so ist manches in vereinfachten Formen wieder aufgebaut worden.

Das frühklassizistische **Schloss,** das bei der jüngsten Renovierung seine ursprüngliche Farbfassung in grau-weiß abgestuften Tönen wieder erhalten hat,

Koblenz, Rheinufer, Rheinzollstr. 2, ehem. Mädchenschule St. Kastor (1835)

und die Neustadt sind untrennbar miteinander verbunden. Sie entstanden in der Dämmerungszeit des kurfürstlichen Territorialstaates an der Mosel. Die Protagonisten dieser letzten großen Bauentwürfe sind *Clemens Wenzeslaus* als Bauherr und die Architekten *Michel d'Ixnard* sowie *Antoine-François Peyre.*

Vom ehemaligen Schloss gelangt man über die *Stresemannstraße*, die von der Neustadt abzweigt, zum Konrad-Adenauer-Ufer. Damit geht es längs des Rheins mit der Sicht auf die Festung Ehrenbreitstein wieder stadteinwärts. Man streift die Regierungsgebäude der wilhelminischen Zeit, deren Monumentalität offensichtlich Respekt einflößen sollte, und erreicht den **Rheinkran** von 1609/11. In Richtung Deutsches Eck kommt man zur *Rheinzollstraße*, wo sich eines der von *Johann Claudius von Lassaulx* entworfenen Häuser (Nr. 2) befindet. Die Fassade dieses spätklassizistisch geprägten Baues von 1838/39 ist ein besonderer Beleg für die beeindruckende Verbindung verschiedener Steinmaterialien, die farblich aufeinander abgestimmt sind. Schlichter gestaltet sind das ebenfalls von Lassaulx entworfene Pfarrhaus am Kastorhof 8 (1827) und die benachbarte frühere Schule (Kastorhof 6 von 1847/49). Damit ist man zum Ausgangspunkt des Rundganges durch Koblenz – St. Kastor – zurückgekehrt.

Koblenz

— **Mittelalter und Neuzeit**

Mosel →

Deutsches Eck

Ludwig Museum

Alte Burg

Mittelrhein-Museum

Florins-kirche

St. Kastor Basilika

Haus Metternich

Liebfrauen-kirche

Vier Türme

Theater Koblenz

Schloss

Rhein →

© OpenStreetMap contributors; www.openstreetmap.org

Literatur

Ausonius, siehe Weis, B. K.

Ausstellungskatalog: *Gallien in der Spätantike. Von Kaiser Constantin zu Frankenkönig Childerich*, Ausstellung Römisch-Germanisches Zentralmuseum Mainz, Mainz 1980.

Ausstellungskatalog: *2000 Jahre Weinkultur an Mosel – Saar – Ruwer. Denkmäler und Zeugnisse zur Geschichte von Weinanbau, Weinhandel, Weingenuß*, Ausstellung Rheinisches Landesmuseum Trier, Trier 1987.

Ausstellungskatalog: *Mosel – Fluß und Wasserstraße – Lebensraum*, Ausstellung Zell/Mosel und Rheinisches Landemuseum Trier. Hrsg.: Landesarchivverwaltung Rheinland-Pfalz, Koblenz 1989.

Ausstellungskatalog: *Vivre au Moyen Âge: Luxembourg, Metz et Trèves/Leben im Mittelalter: Luxemburg, Metz und Trier*. Les catalogues du Musée d'Histoire de la Ville de Luxemburg, 4, Luxemburg 1998.

Ausstellungskatalog: *Grenzenlos. Lebenswelten in der deutsch-französischen Region an Saar und Mosel seit 1840*. Ausstellung Historisches Museum Saar, Saarbrücken 1998.

Berg, Axel von/Jost, Cliff A./Mohr, Michael/Thoma, Martin/Wegner, Hans-Helmut, *Cochem-Zell. Landschaft an der Mosel* (Führer zu archäologischen Denkmälern in Deutschland, 46), Stuttgart 2005.

Bonneton, Christine (Hrsg.), *Luxembourg*, Le Puy-en-Velay 1984.

Borger-Keweloh, Nicola, *Die Liebfrauenkirche in Trier. Studien zur Baugeschichte* (Trierer Zeitschrift für Geschichte und Kunst des Trierer Landes und seiner Nachbargebiete, Beiheft 8), Trier 1986.

Brachmann, Christoph, *Gotische Architektur in Metz unter Bischof Jacques de Lorraine (1239–1260). Der Neubau der Kathedrale und seine Folgen*, Berlin 1998.

Brachmann, Christoph, *Um 1300. Vorparlerische Architektur im Elsass, in Lothringen und Süddeutschland* (Studien zur Kunstgeschichte des Mittelalters und der Frühen Neuzeit, 1), Korb 2008.

Burnand, Marie-Claire, *La Lorraine Gothique* (Les Monuments de la France gothique), Paris 1989.

Caspary, Hans/Götz, Wolfgang/Klinge, Ekkart/ Karn, Peter/Klewitz, Martin (Bearbeiter), *Georg. Dehio. Handbuch der Deutschen Kunststätten. Rheinland-Pfalz, Saarland*, München 1984[2].

Clemens, Gabriele/Clemens, Lukas, *Geschichte der Stadt Trier*, München 2007.

Clemens, Lukas, *Hochmittelalterliche Turmhäuser in Trier*. In: L. Clemens/S. Schmitt (Hrsg.), Zur Sozial – und Kulturgeschichte der mittelalterlichen Burg, S. 71–87 (Interdisziplinärer Dialog zwischen Archäologie und Geschichte, 1), Trier 2010.

Custodis, Paul-Georg, *Technische Denkmäler in Rheinland-Pfalz, Spuren der Industrie- und Technik-Geschichte*, Koblenz o. J.

Dauber, Reinhard, *Ferdinand Jakob Nebel (1782–1860). Kgl. Preußischer Landbauinspektor in Koblenz*, Diss. Aachen 1975.

Decomps, Claire, *Thionville – Moselle* (Inventaire général des monuments et richesses artistiques de la France), Metz 1998.

Dehio, siehe Caspary, H.

Die Mittelmosel. Hrsg.: Rheinischer Verein für Denkmalpflege und Heimatschutz, Neuß o. J. (1962).

Euskirchen, Claudia, *Nikolaus Lauxen (1722–1791). Ein Baumeister des rheinisch-moselländischen Barock* (Pulheimer Beiträge zur Geschichte und Heimatkunde, 16. Sonderveröffentlichung), Pulheim 1997.

Faust, Sabine/Gilles, Karl-Josef/Hupe, Joachim u. a., *Führer zu archäo-logischen Denkmälern des Trierer Landes* (Schriftenreihe des Rheinischen Landesmuseums Trier, 35), Trier 2008.

Fehr, Horst (Hrsg.), *Römische Rheinbrücke Koblenz mit Beiträgen von E. Mensching, F.-D. Schieferdecker und B. Schmidt*. Sonderdruck aus Bonner Jahrbüchern, Band 181, 1981 (Archäologie an Mittelrhein und Mosel, 2), Koblenz/Kevelaer 1980.

Fischer, Doris, Die St.-Paulinuskirche in Trier. Studien zu Architektur, Bau- und Planungsgeschichte (Manuskripte zur Kunstwissenschaft, 40), Worms 1994.

Fischer, Heinz, *Rheinland-Pfalz und Saarland. Eine geographische Landeskunde* (Wissenschaftliche Länderkunden, 8; Bundesrepublik Deutschland und Berlin West, IV. Rheinland-Pfalz und Saarland), Darmstadt 1989.

Fleck, Udo/Röder, Bernd (Hrsg.), *Weinschlösser an Mosel, Saar und Ruwer*, Trier 2000.

Franz, Erich, *Pierre Michel d'Ixnard, 1723–1795, Leben und Werk*, Weißenhorn 1985.

Freckmann, Klaus, *Das Bürgerhaus in Trier und an der Mosel mit einem Beitrag von Reinhold Schommers* (Das deutsche Bürgerhaus, 32), Tübingen 1984.

Freckmann, Klaus, *Einführung in die Geschichte der Burgen und Schlösser an der Mosel*. In: Forschungen zu Burgen und Schlössern, 2; Burgenbau im späten Mittelalter. Hrsg.: Wartburg-Gesellschaft zur Erforschung von Burgen und Schlössern, München/Berlin 1992, S. 9–30.

Freckmann, Klaus, *Hausformen, Bauweisen und Nutzungsarten vom Mittelalter bis in die Neuzeit* (Publikationen der Gesellschaft für Rheinische Geschichtskunde, XII. Abt. 1b NF), [Geschichtl. Atlas der Rheinlande, Karte und Beiheft XI/6 bis XI/7], Köln 2002.

Freckmann, Klaus, *La maison rurale dans les régions frontalières de la Rhénanie allemande: Lorraine, Grand-Duché du Luxembourg et Belgique. Un aperçu des problèmes liés à la typologie générale des maisons de la fin du Moyen Age au XXe siècle* (Hrsg.: Jean-René Trochet, Maisons paysannes en Europe occidentale – XVe – XXIe siècles), Paris 2008, S. 197–212.

Freckmann, Klaus/Mangold, Josef/Wenke, Gabriele, *Weinkultur im Rheinland-Pfälzischen Freilichtmuseum Bad Sobernheim* (Schriftenreihe des Freilichtmuseums Bad Sobernheim, 18), Köln/Bonn 2003.

Frey, Julia, *Aquae Treverenses – Brunnen in Trier*, Trier 1988.

Friedhoff, Jens/Wagener, Olaf (Hrsg.), *Romantik und Historismus an der Mosel. Verklärtes Mittelalter oder geprägte Moderne? Akten der 4. wissenschaftlichen Tagung in Oberfell an der Mosel*. Hrsg.: Freundeskreis Bleidenberg, Petersberg 2009.

Friderichs, Alfons, *Klotten und seine Geschichte* (Schriftenreihe der Ortschroniken des Trierer Landes, 29), Briedel 1997.

Führer zu vor- und frühgeschichtlichen Denkmälern, Band 32, *Trier* (1977); Band 33, *Südwestliche Eifel: Bitburg – Prüm – Daun – Wittlich* (1977); Band 34, *Westlicher Hunsrück: Bernkastel-Kues – Idar-Oberstein – Birkenfeld – Saarburg* (1977). Hrsg.: Römisch-Germanisches Zentralmuseum Mainz.

Gilles, Karl-Josef/Schneiders, Winfried/Busch, Alois, *Pünderich. Geschichte eines Moseldorfes* (Ortschroniken des Trierer Landes, 51), Trier 2009.

Groben, Joseph, *Mosella. Historisch-kulturelle Monographie*, Luxemburg 2004.

Günster, Nina (Bearbeiterin)/Großmann, G. Ulrich (Hrsg.), *Blicke auf die Burg. Zeichnungen und Aquarelle des 19. Jahrhunderts aus den Beständen Karl August von Cohausen und Botho Graf zu Stolberg-Wernigerode im Germanischen Nationalmuseum*, Nürnberg 2010.

Habicht, Werner, *Dorf und Bauernhaus im deutschsprachigen Lothringen und im Saarland* (Arbeiten aus dem Geographischen Institut der Universität des Saarlandes, 27), Saarbrücken 1980.

Haubrichs, Wolfgang/Laufer, Wolfgang/ Schneider, Reinhard (Hrsg.), *Zwischen Saar und Mosel. Festschrift für Hans-Walter Herrmann zum 65. Geburtstag* (Veröffentlichungen der Kommission für Saarländische Landesgeschichte und Volksforschung, 24), Saarbrücken 1995.

Heinz, Stefan/Schmid, Wolfgang, *Grab und Dynastie. Zur Bildhauerei der Renaissance in geistlichen und weltlichen Residenzen an Mittelrhein, Saar und Mosel*. In: Wallraf-Richartz-Jahrbuch, 63/2002, S. 159–196.

Heyen, Franz-Josef/Mötsch, Johannes (Hrsg.), *Balduin von Luxemburg. Erzbischof von Trier – Kurfürst des Reiches – 1285 – 1354. Festschrift aus Anlass des 700. Geburtsjahres* (Quellen und Abhandlungen zur Mittelrheinischen Kirchengeschichte, 53), Mainz 1985.

Hofmann, Helga D., *Die lothringische Skulptur der Spätgotik. Hauptströme und Werke (1390–1520)*, (Veröffentlichungen des Instituts für Landeskunde des Saarlandes, 7), Saarbrücken 1963.

Hotz, Walter, *Handbuch der Kunstdenkmäler im Elsass und in Lothringen*, München/Berlin 1965.

Hubert, Philippe/Legay, Christian, *Metz ville d'architecture*, Metz 2004.

Hudemann, Rainer/Wittenbrock, Rolf (Hrsg.), *Stadtentwicklung im deutsch-französisch-luxemburgischen Grenzraum (19. u. 20. Jh.) – Développement urbain dans la région frontalière France – Allemagne – Luxembourg (XIXe et XXe siècles)*, (Veröffentlichungen der Kommission für Saarländische Landesgeschichte und Volksforschung, 21), Saarbrücken 1991.

Hüttel, Richard/Dühr, Elisabeth (Hrsg.), *Klassizismus in Trier. Photos aus der Sammlung Prof. Wilhelm Deuser. Katalog des Städtischen Museums Simeonstift*, Trier 1994.

Irsch, Nikolaus, *Die Trierer Abteikirche St. Matthias und die trierisch-lothringische Bautengruppe* (Germania Sacra, Serie B: Rhenaia Sacra Regularis), Augsburg/Köln/Wien 1927).

Jakobs, Ingrid, *Christian Kretzschmar – Steinhauer und Baumeister des 18. Jh. in Kurtrier*, Saarbrücken 1991.

Joachim, Hans-Eckart, *Die Hunsrück-Eifel-Kultur am Mittelrhein* (Beihefte der Bonner Jahrbücher, 29), Köln 1968.

Klapheck-Strümpell, Anna, *Die Mosel* (Rheinischer Verein für Denkmalpflege und Heimatschutz, 28. Jg./1935).

Kraus, Franz-Xaver, *Kunst und Alterthum in Elsass-Lothringen. Beschreibende Statistik*, 4 Bände, Straßburg 1876–1892.

Kubach, Hans Erich/Verbeek, Albert, *Romanische Baukunst an Rhein und Maas. Katalog der vorromanischen und romanischen Denkmäler*, 4 Bände, Berlin 1976–1989.

Kulturdenkmäler = *Kulturdenkmäler in Rheinland-Pfalz*, ab 1987 (Bd. 3.2: Stadt Koblenz, Innenstadt, 2004; Bd. 12.1 und 12.2: Kreis Trier-Saarburg, 1994; Bd. 17.1 und 17.2: Stadt Trier, Altstadt, 2001; Stadt Trier, Stadterweiterung und Stadtteile, 2009).

Kunow, Jürgen/Wegner, Hans-Helmut (Hrsg.), *Urgeschichte im Rheinland* (Jahrbuch 2005 des Rheinischen Vereins für Denkmalpflege und Landschaftsschutz), Leipzig/Treis-Karden 2006.

Kunstdenkmäler (I) = *Die Kunstdenkmäler der Rheinprovinz*, von 1891 bis 1944: Kreis Wittlich, 1934; Kreis Bernkastel, 1935; Landkreis Trier, 1936; Die kirchlichen Denkmäler der Stadt Koblenz, 1937; Kreis Zell an der Mosel, 1938; Kreis Saarburg, 1939; Landkreis Koblenz, 1944.

Kunstdenkmäler (II) = *Die Kunstdenkmäler von Reinland-Pfalz*, 1977–1997: Die Kunstdenkmäler der Stadt Koblenz – Die profanen Denkmäler und die Vororte, 1954; Landkreis Cochem, 1959.

Lohmeyer, Karl, *Johannes Seiz – Kurtrierischer Hofarchitekt, Ingenieur sowie Obristwachtmeister und Kommandeur der Artillerie 1717–1779. Die Bautätigkeit eines rheinischen Kurstaates in der Barockzeit* (Heidelberger Kunstgeschichtliche Abhandlungen, 1), Heidelberg 1914.

Losse, Michael, *Burgen, Schlösser, Adelssitze und Befestigungen von Trier bis Koblenz*, Petersberg 2007.

Mathar, Ludwig, *Die Mosel* (Die Rheinlande. Bilder von Land, Volk und Kunst, 2), Köln 1924.

Matheus, Michael (Hrsg. u. a.), *Weinbau zwischen Maas und Rhein in der Antike und im Mittelalter* (Trierer Historische Forschungen, 23), Mainz 1997.

Parisse, Michel (Bearbeiter)/Herrmann, Hans-Walter (Deutsche Ausgabe), *Lothringen – Geschichte eines Grenzlandes*, Saarbrücken 1984.

Petri, Franz/Droege, Georg (Hrsg.), *Rheinische Geschichte*, 3 Bände, Düsseldorf 1978.

Reber, Horst, *Die Baukunst im Kurfürstentum Trier unter den Kurfürsten Johann Hugo von Orsbeck, Karl von Lothringen und Franz Ludwig von Pfalz-Neuburg. 1676–1729* (Veröffentlichungen des Bistumsarchivs Trier, 5), Trier 1960.

Restorff, Jörg, *Die Baukunst des kurtrierischen Hofarchitekten Johannes Seiz unter besonderer Berücksichtigung der Schlösser und Residenzen*, Diss. Münster, Typoskript, Münster 1992.

Restorff, Jörg, *Die Schloß- und Residenzbautätigkeit des kurtrierischen Hofarchitekten Johannes Seiz (1717–1779) unter Johann Philipp von Walderdorff*. In: Friedhelm Jürgensmeier, *Die von Walderdorff. Acht Jahrhunderte Wechselbeziehungen zwischen Region – Reich – Kirche und einem rheinischen Adelsgeschlecht*, Köln 1998, S. 271–296.

Ronig, Franz J. (Redaktion), *Der Trierer Dom* (Rheinischer Verein für Denkmalpflege und Landschaftsschutz, Jb. 1978/79), Neuss 1980.

Schindler, Reinhard, *Die Altburg von Bundenbach und andere spätkeltische Befestigungen im Trevererland*. In: Ausgrabungen in Deutschland, Teil 1, Vorgeschichte – Römerzeit (Monographien 1,1 des Römisch-Germanischen Zentralmuseums Mainz), S. 273–286, Mainz 1975.

Schmidt, Burghart/Köhren-Jansen, Helmtrud/ Freckmann, Klaus, *Kleine Hausgeschichte der Mosellandschaft* (Schriftenreihe zur Dendrochronologie und Bauforschung, 1), 2. Aufl., Marburg, 2000².

Schmitt, Michel, *Die Bautätigkeit der Abtei Echternach im 18. Jh. (1728–1793). Ein Beitrag zur Geschichte des Luxemburger Bauwesens im Barockzeitalter*, Luxemburg 1970.

Schmoll gen. Eisenwerth, Josef Adolf, *Die Mosel von der Quelle bis zum Rhein*, München/ Berlin 1972.

Schmoll gen. Eisenwerth, Josef Adolf, *Die lothringische Skulptur des 14. Jh. Ihre Voraussetzungen in der Südchampagne und ihre außerlothringischen Beziehungen* (Studien zur internationalen Architektur- und Kulturgeschichte, 29), Petersberg 2005.

Schommers, Reinhold, Die *Mosel*, Köln/Ostfildern 2001.

Schreiber, Georg, *Deutsche Weingeschichte. Der Wein in Volksleben, Kult und Wirtschaft* (Werken und Wohnen. Volkskundliche Untersuchungen im Rheinland, 13), Köln 1980.

Schwieger, Frank, *Johann Claudius von Lassaulx, 1781–1848, Architekt und Denkmalpfleger in Koblenz* (Rheinischer Verein für Denkmalpflege und Heimatschutz, Jb. 1969), Neuss/Köln 1968.

Suckale, Robert (Hrsg.), *Schöne Madonnen am Rhein*, Ausstellung Rheinisches Landesmuseum Bonn, Leipzig 2009.

Villes, Alain, *La Cathédrale de Toul: histoire d'un grand édifice gothique en Lorraine*, Toul 1983.

Vogts, Hans, *Das Bürgerhaus in der Rheinprovinz*; erweiterter Nachdruck, hrsg. von K. Freckmann, Düsseldorf 1986.

Wagener, Olaf, *Bleidenberg und Burg Thurant mit Beiträgen von Günter Brücken und Udo Liessem*, Koblenz 2009.

Wagener, Olaf (Hrsg.), *Die Burgen an der Mosel. Akten der 2. internationalen wissenschaftlichen Tagung in Oberfell an der Mosel*. Hrsg.: Freundeskreis Bleidenberg, Koblenz 2007.

Wagner, Pierre-Edouard/Jolin, Jean-Louis, *15 Siècles d'Architecture et d'Urbanisme autour de la Cathédrale de Metz*, Metz 1987.

Weis, Bertold K., *Ausonius MOSELLA. Herausgegeben und in metrischer Übersetzung vorgelegt von Bertold K. Weis*, Darmstadt 1994².

Wiedenau, Anita, *Katalog der romanischen Wohnbauten in westdeutschen Städten und Siedlungen* (ohne Goslar und Regensburg), (Das deutsche Bürgerhaus, 34), Tübingen 1983.

Wilcken, Niels, *Architektur im Grenzraum. Das öffentliche Bauwesen in Elsass-Lothringen (1871–1918)*, (Veröffentlichungen des Instituts für Landeskunde im Saarland, 38), Saarbrücken 2000.

Zahn, Eberhard, *Stadthof Fetzenreich in Trier*, Trier 1975.

Zahn, Eberhard, *Trier*, München/Berlin 1976.

Zimmermann, Michael, *Klassizismus in Trier. Die Stadt und ihre bürgerliche Baukunst zwischen 1768 und 1848. Eine bau- und sozialhistorische Betrachtung vom letzten Kurfürsten bis zur Revolution*, Trier 1997.